会计从业资格考试系列丛书

初级会计电算化(用友 T3 版)

(第 2 版)

丛书主编 林云刚

本册主编 胡挺峰

本册副主编 孙雪娟 沈国兴

电子工业出版社

Publishing House of Electronics Industry

北京·BEIJING

内 容 简 介

    本书根据第一版在教学实践中所积累的经验，吸取了使用第一版的同行所提出的宝贵意见，并依据财政部 2014 年 4 月新颁布的《会计从业资格考试大纲——初级会计电算化》要求进行了修订。此次修订，由于大纲变动较大，相当重新编写。全书由两大部分组成。第一部分为初级会计电算化知识，原第一章和第三章合并、修改成新的第一章，原第二章按新大纲要求进行了调整，原第四章的例题重新依据会计从业资格考试软件进行编写成新的第三章，依据考试大纲要求增加了 Excel 操作部分作为新的第四章。第二部分包括 10 套综合模拟试卷。本书的例题、习题均按新大纲要求进行了增加、调整，详细列出了每章的考试要点及精选例题，每章结束后均附有考点强化训练，更具有针对性。全书所有习题的答案均可在华信教育资源网下载。

    本书可作为职业院校及培训机构会计从业资格考试初级会计电算化科目教材及教学辅导用书，也可作为考生和自学者的学习用书及会计人员的参考用书。

图书在版编目（CIP）数据

初级会计电算化：用友 T3 版 / 胡挺峰主编. —2 版. —北京：电子工业出版社，2016.3
ISBN 978-7-121-28136-5

Ⅰ. ①初…　Ⅱ. ①胡…　Ⅲ. ①会计电算化－资格考试－自学参考资料②财务软件－资格考试－自学参考资料　Ⅳ. ①F232

中国版本图书馆 CIP 数据核字（2016）第 025483 号

策划编辑：徐　玲
责任编辑：赵　娜
印　　刷：北京七彩京通数码快印有限公司
装　　订：北京七彩京通数码快印有限公司
出版发行：电子工业出版社
　　　　　北京市海淀区万寿路 173 信箱　　邮编　100036
开　　本：787×1 092　1/16　印张：13.75　字数：352 千字
版　　次：2016 年 3 月第 1 版
印　　次：2025 年 7 月第 6 次印刷
定　　价：33.00 元

凡所购买电子工业出版社图书有缺损问题，请向购买书店调换。若书店售缺，请与本社发行部联系，联系及邮购电话：(010) 88254888。
质量投诉请发邮件至 zlts@phei.com.cn，盗版侵权举报请发邮件至 dbqq@phei.com.cn。
服务热线：(010) 88258888。

前　言

本书是为适应财政部 2014 年全面修订的《会计从业资格考试大纲》对会计电算化科目考试大纲的调整与变化，为会计从业资格"全国统一题库"的考试而编写的，用于满足会计电算化科目的教学使用。

根据财政部办公厅 2014 年 4 月《关于印发会计从业资格考试大纲（修订）的通知》（财办会〔2014〕13 号）的要求，2014 年 10 月 1 日起全国各地开始采用按新大纲要求的题库。各地考虑新旧大纲交替衔接问题，会有一定的过渡期，但最晚一般在 2015 年下半年都会使用新大纲题库。

《初级会计电算化》科目考试有理论与实操两部分。理论部分有单选题、多选题、判断题，实操部分有财务软件操作与 Excel 软件操作。其中财务软件操作部分为解决原来考试中各地使用不同财务软件的问题，财政部专门开发了一套专用于考试的软件。因此本书第三章会计软件的应用的操作示例采用财政部的考试软件，同时为兼顾理论部分的考试需要，知识点按实际的财务软件用友 T3 编写。为了使教师在教学时突出重点，学生在学习时简单易行、事半功倍，本书在编写时着重突出以下几点。

1. 体系完整，突出考点

本书改变了其他教材重操作、轻理论的问题，精心梳理出考试大纲里涉及的所有考点，并进行了详细的解读。

2. 精选习题，详尽解析

每个考点后面都附有考试真题，每一章后面均有考点强化训练，并附有详细的答案解析，便于学生学习。

3. 图文并茂，强化记忆

理论知识部分的考点主要以知识点概括的形式呈现，操作部分以图文方式呈现，一目了然，便于强化记忆，使考生经过学习能顺利通过考试。

本套丛书由无锡城市职业技术学院林云刚主编。本书由无锡城市职业技术学院胡挺峰主编，孙雪娟、沈国兴担任副主编。其中第一、二章由孙雪娟编写，第三章由胡挺峰编写，第四章由沈国兴编写。

本书的执笔教师都有多年从事会计电算化考试辅导的经验，在编写过程中结合了自身的成功经验，能使考生在学习过程中少走弯路，使更多的考生通过考试。

由于编者水平有限，书中不足之处在所难免，敬请广大读者批评指正。

编　者

目　录

第一章

会计电算化概述

第一节 会计电算化的概念及其特征

一、会计电算化的相关概念

考点1 会计电算化的概念与起步

（一）会计电算化

会计电算化有狭义和广义之分。狭义的会计电算化是指以电子计算机为主体的电子信息技术在会计工作中的应用；广义的会计电算化是指与实现电算化有关的所有工作，包括会计软件的开发应用及其软件市场的培育，会计电算化人才的培训，会计电算化的宏观规划和管理，会计电算化制度建设等。

【例题·单选题】我国会计电算化工作起步于（　　　）。

A. 20世纪50年代　　B. 20世纪60年代　　C. 20世纪70年代　　D. 20世纪80年代

【答案】D

【解析】我国会计电算化工作起步于20世纪80年代。

【例题·单选题】会计电算化简单地说就是（　　　）在会计工作中的应用。

A. 会计理论　　　　B. 计算机技术　　　　C. 会计法规　　　D. 会计准则

【答案】B

【解析】本题考核会计电算化的狭义含义。狭义的会计电算化的含义是指以电子计算机为主体的当代电子信息技术在会计工作中的应用。

（二）会计信息化

考点2 会计电算化的概念

会计信息化是指企业利用计算机、网络通信等现代信息技术手段开展会计核算，以及利用上述技术手段将会计核算与其他经营管理活动有机结合的过程。

相对于会计电算化而言，会计信息化是一次质的飞跃。现代信息技术手段能够实时便捷地获取、加工、传递、存储和应用会计信息，为企业经营管理、控制决策和经济运行提供充足、实时、全方位的信息。

【例题·多选题】下列有关会计电算化和会计信息化的关系表述中，正确的有（　　　）。

A. 会计电算化是会计信息化的初级阶段　　B. 会计电算化是会计信息化的基础工作

C. 会计信息化是会计电算化的初级阶段　　D. 会计信息化是会计电算化的基础工作

【答案】AB

【解析】会计电算化解决的是利用信息技术进行会计核算和报告工作的相关问题。会计信息化则是在会计电算化工作的基础上，以构建和实施有效的企业内部控制为引导，集成管理企业的各种资源和信息。

（三）会计软件

考点 3　会计软件的概念

会计软件是指专门用于会计核算、财务管理的计算机软件、软件系统或其功能模块，包括一组指挥计算机进行会计核算与管理工作的程序、存储数据以及有关资料。

会计软件具有以下功能：

（1）为会计核算、财务管理直接提供数据输入；

（2）生成凭证、账簿、报表等会计资料；

（3）对会计资料进行转换、输出、分析、利用。

【例题·单选题】一个完善的会计软件系统必定包括（　　）功能模块，其他功能模块直接或间接与它进行联系。

A. 报表　　　　B. 固定资料　　　C. 财务处理　　　D. 销售处理

【答案】C

【解析】会计软件是指专门用于会计核算、财务管理的计算机软件、软件系统或其功能模块，包括一组指挥计算机进行会计核算与管理工作的程序、存储数据以及有关资料。

（四）会计信息系统

考点 4　会计信息系统的概念

会计信息系统（Accounting Information System，AIS），是指利用信息技术对会计数据进行采集、存储和处理，完成会计核算任务，并提供会计管理、分析与决策相关会计信息的系统，其实质是将会计数据转化为会计信息的系统，是企业管理信息系统的一个重要子系统。

会计信息系统根据信息技术的影响程度可划分为手工会计信息系统、传统自动化会计信息系统和现代会计信息系统；根据其功能和管理层次的高低，可以分为会计核算系统、会计管理系统和会计决策支持系统。

（五）ERP 和 ERP 系统

考点 5　ERP 的概念

ERP（Enterprise Resource Planning，企业资源计划），是指利用信息技术，一方面将企业内部所有资源整合在一起，对开发设计、采购、生产、成本、库存、分销、运输、财务、人力资源、品质管理进行科学规划，另一方面将企业与其外部的供应商、客户等市场要素有机结合，实现对企业的物资资源（物流）、人力资源（人流）、财务资源（财流）和信息资源（信息流）等进行一体化管理（"四流一体化"或"四流合一"），其核心思想是供应链管理，强调对整个供应链的有效管理，提高企业配置和使用资源的效率。

在功能层次上，ERP 除最核心的财务、分销和生产管理等管理功能以外，还集成了人力资源、质量管理、决策支持等其他企业管理功能。会计信息系统已经成为 ERP 系统的一个子系统。

（六）XBRL

考点 6　XBRL 的概念、优势与发展

XBRL（Extensible Business Reporting Language，可扩展商业报告语言），是一种基于可扩展标记语言（Extensible Markup Language）的开放性业务报告技术标准。

1．XBRL 的作用与优势

XBRL 的主要作用在于将财务和商业数据电子化，促进了财务和商业信息的显示、分析和传递。XBRL 通过定义统一的数据格式标准，规定了企业报告信息的表达方法。

企业应用 XBRL 的优势主要有：①提供更为精确的财务报告与更具可信度和相关性的信息；②降低数据采集成本，提高数据流转及交换效率；③帮助数据使用者更快捷方便地调用、读取和分析数据；④使财务数据具有更广泛的可比性；⑤增加资料在未来的可读性与可维护性；⑥适应变化的会计准则制度的要求。

2．我国 XBRL 的发展历程

我国的 XBRL 发展始于证券领域。2003 年 11 月上海证券交易所在全国率先实施基于 XBRL 的上市公司信息披露标准；2005 年 1 月，深圳证券交易所颁布了 1.0 版本的 XBRL 报送系统；2005 年 4 月和 2006 年 3 月，上海证券交易所和深圳证券交易所先后加入了 XBRL 国际组织；2008 年 11 月，XBRL 中国地区组织成立；2009 年 4 月，财政部在《关于全面推进我国会计信息化工作的指导意见》中将 XBRL 纳入会计信息化的标准；2010 年 10 月 19 日，国家标准化管理委员会和财政部颁布了可扩展商业报告语言（XBRL）技术规范系列国家标准和企业会计准则通用分类标准。

【例题·单选题】下列关于 ERP 系统与会计信息系统关系的表述中，正确的是（　　　）。

A．ERP 系统和会计信息系统互不相关

B．会计信息系统包括 ERP 系统

C．ERP 系统包括会计信息系统

D．ERP 系统和会计信息系统分属不同的管理信息系统

【答案】C

【解析】会计信息系统是 ERP 系统的一个子系统。

【例题·判断题】2009 年 4 月，国家标准化管理委员会和财政部颁布了可扩展商业报告语言（XBRL）技术规范系列国家标准和企业会计准则通用分类标准。（　　　）

【答案】错

【解析】2009 年 4 月，财政部将 XBRL 纳入会计信息化的标准。2010 年 10 月 19 日，国家标准化管理委员会和财政部颁布了可扩展商业报告语言（XBRL）技术规范系列国家标准和企业会计准则通用分类标准。

二、会计电算化的特征

考点 7　会计电算化的特征

（一）人机结合

人：数据录入、审核、发出指令

机：记账、结账、报表

并非所有工作都交给计算机完成。

（二）会计核算自动化、集中化

自动化：计算机代替人工自动记账、结账和报账

集中化：通过网络，实现财务业务一体化

（三）数据处理及时准确

在较短的时间内完成会计数据的分类、汇总、计算、传递和报告等工作，能够避免在手工会计处理方式下出现的一些错误。

（四）内部控制多样化

手工：人工控制（账证相符、账账相符、账表相符）

电算化：人机结合控制（重点控制数据的输入、处理和控制）

【例题·判断题】在会计电算化方式下，全部的会计工作都可以交由计算机自动完成，大大减轻了会计人员的工作负担。（　　）

【答案】错

【解析】在会计电算化方式下，大部分的会计工作可以由计算机自动完成，但电子凭证等的输入仍然需要人工完成，即人机结合。

【例题·多选题】会计电算化的特征有（　　）。

A. 人机结合　　　　　　　　　B. 会计核算自动化、分散化

C. 数据处理及时准确　　　　　D. 内部控制多样化

【答案】ACD

【解析】选项 B，会计核算自动化、集中化。数据共享程度提高，增强企业集中管控的能力。

第二节　会计软件的配备方式及其功能模块

一、会计软件的配备方式

考点 8　企业获取会计软件的方式

（一）购买通用会计软件

通用会计软件是指软件公司为会计工作而专门设计开发，并以产品形式投入市场的应用软件。

通用会计软件的优点如下：

（1）企业投入少，见效快，实现信息化的过程简单；

（2）软件性能稳定，质量可靠，运行效率高，能够满足企业的大部分需求；

（3）软件的维护和升级由软件公司负责；

（4）软件安全保密性强，用户只能执行软件功能，不能访问和修改源程序。

通用会计软件的缺点如下：

（1）软件的针对性不强，通常针对一般用户设计，难以适应企业特殊的业务或流程；

（2）为保证通用性，软件功能设置往往过于复杂，业务流程简单的企业可能感到不易操作。

（二）自行开发

自行开发会计软件的优点如下：

（1）企业能够在充分考虑自身生产经营特点和管理要求的基础上，设计最有针对性和适用性的会计软件；

（2）由于企业内部员工对系统充分了解，当会计软件出现问题或需要改进时，企业能够及时高效地纠错和调整，保证系统使用的流畅性。

自行开发会计软件的缺点如下：

（1）系统开发要求高、周期长、成本高，系统开发完成后，还需要较长时间的试运行；

（2）自行开发软件系统需要大量的计算机专业人才，普通企业难以维持一支稳定的高素质软件人才队伍。

（三）委托外部单位开发

委托外部单位开发会计软件的优点如下：

（1）软件的针对性较强，降低了用户的使用难度；

（2）对企业自身技术力量的要求不高。

委托外部单位开发会计软件的缺点如下：

（1）委托开发费用较高；

（2）开发人员需要花费大量的时间了解业务流程和客户需求，会延长开发时间；

（3）开发系统的实用性差，常常不适用于企业的业务处理流程；

（4）外部单位的服务与维护承诺不易做好。

因此，这种方式目前已很少使用。

（四）企业与外部单位联合开发

由本单位财务部门和网络信息部门进行系统分析，外单位负责系统设计和程序开发工作，开发完成后，对系统的重大修改由网络信息部门负责，日常维护工作由财务部门负责。

企业与外部单位联合开发会计软件的优点如下：

（1）开发工作既考虑了企业的自身需求，又利用了外单位的软件开发力量，开发的系统质量较高；

（2）企业内部人员参与开发，对系统的结构和流程较熟悉，有利于企业日后进行系统维护和升级。

企业与外部单位联合开发会计软件的缺点如下：

（1）软件开发工作需要外部技术人员与内部技术人员、会计人员充分沟通，系统开发的周期较长；

（2）企业支付给外单位的开发费用相对较高。

【例题·多选题】下列说法中，属于购买通用会计软件优点的有（　　　）。

A. 软件的针对性较强　　　　　　B. 企业投入少，见效快，实现信息化的过程简单

C. 软件性能稳定，质量可靠　　　D. 当会计软件需要改进时，能够及时纠错和调整

【答案】BC

【解析】选项 A，针对性不强；选项 D，为自行开发的优点。

【例题·多选题】企业定制开发会计软件的方式主要有（　　　）。

A. 自行开发　　　　　　　　　　B. 委托外部单位开发

C. 企业与外部单位联合开发　　　D. 购买通用会计软件

【答案】ABC

【解析】定制开发包括企业自行开发、委托外部单位开发、企业与外部单位联合开发三种具体的开发方式。

二、会计软件的功能模块

考点 9　会计核算软件功能模块的构成和联系

（一）会计软件的各模块的功能描述

会计核算软件的功能模块，是指会计核算软件中具备相对独立地完成会计数据输入、处理和输出功能的各个部分。

考试大纲中，完整的会计软件的功能模块包括 11 个，其中前 7 个可以视为会计核算模块，后 4 个为财务管理模块。

1. 会计核算（7 个）：账务处理模块、固定资产管理模块、工资管理模块、应收应付管理模块、成本管理模块、报表管理模块、存货核算模块。

（1）账务处理模块：初始化、凭证处理、查询、对账、结账、打印输出等功能。

（2）固定资产管理模块：通过固定资产卡片管理固定资产的增减变动，并每月自动计提折旧。

（3）工资管理模块：计算职工应发、实发工资并根据工资用途进行分配。

（4）应收应付管理模块：单独对应收或应付科目进行往来账核算管理。

（5）成本管理模块：归集、分配各种成本费用，计算产品成本，计算和结转成本差异，输出有关信息，以满足会计核算的事前预测、事后核算分析的需要。

（6）报表管理模块：报表定义、计算、汇总、查询、输出。

（7）存货核算模块：核算存货的出入库和库存金额、余额，确认采购成本，分配采购费用，确认销售收入、成本和费用。

2. 财务管理（4 个）：财务分析模块、预算管理模块、项目管理模块、其他管理模块。

（1）财务分析模块：生成各种分析和评价企业财务状况、经营成果和现金流量的各种信息。

（2）预算管理模块：确立各责任中心，根据实际数据和预算数据自动进行预算执行差异分析和预算执行进度分析。

（3）项目管理模块：与其他模块集成管理，是对项目的物流、信息流、资金流的综合控制。

（4）其他管理模块：一般包括领导查询模块、决策支持模块等。

（二）会计软件各模块的联系

1. 控制联系：一个模块的输出对另一个模块的输出产生影响。

2. 数据联系：一个模块的输出作为另一个模块的输入。其中，账务处理模块是会计核算软件的核心模块。

（1）模块间没有直接联系，如工资与固定资产模块。

（2）模块只有输出数据，如工资与固定资产只向总账提供数据。

（3）模块只接受输入数据，如报表模块。

（4）模块既输出又接受输入数据，如账务处理、成本核算、存货模块。

【例题·单选题】会计软件以（　　）模块为核心。

A. 报表管理　　　　B. 成本管理　　　　C. 账务处理　　　　D. 工资管理

【答案】C

【解析】账务处理模块是会计软件的核心模块。

【例题·单选题】下列模块中，（　　）模块与"应收应付款核算模块"之间存在数据传递关系。

A. 账务处理　　　　B. 工资管理　　　　C. 固定资产管理　　　　D. 成本管理

【答案】A

【解析】账务处理模块与"应收应付款核算模块"之间存在数据传递关系。

【例题·判断题】如果不使用工资管理、固定资产管理、存货核算模块，则成本管理模块就无法取得数据。（　　）

【答案】错

【解析】如果不使用工资管理、固定资产管理、存货核算模块，则成本管理模块可以自动从账务处理模块中取得人工费用、折旧费用和材料费用等数据。

【例题·多选题】下列模块中，与成本管理模块存在数据传递关系的有（　　）模块。

A. 存货核算　　　　B. 工资管理　　　　C. 固定资产管理　　　　D. 账务处理

【答案】ABCD

第三节　企业会计信息化工作规范

2013 年 12 月 6 日，财政部以财会〔2013〕20 号印发《企业会计信息化工作规范》。该《规范》分总则、会计软件和服务、企业会计信息化、监督、附则 5 章 49 条，自 2014 年 1 月 6 日起施行。

一、会计软件和服务的规范

考点 10　会计软件和会计软件供应商服务的规范

【提示】记忆"应当"、"鼓励"、"不得"、"可以"等字眼，注意判断题的识别。

（1）会计软件应当保障企业按照国家统一会计准则制度开展会计核算，不得有违背国家统一会计准则制度的功能设计。

（2）会计软件的界面应当使用中文并且提供对中文处理的支持，可以同时提供外国或者少数民族文字界面对照和处理支持。

（3）会计软件应当提供符合国家统一会计准则制度的会计科目分类和编码功能。

（4）会计软件应当提供符合国家统一会计准则制度的会计凭证、账簿和报表的显示和打印功能。

（5）会计软件应当提供不可逆的记账功能，确保对同类已记账凭证的连续编号，不得提供对已记账凭证的删除和插入功能，不得提供对已记账凭证日期、金额、科目和操作人的修改功能。

（6）鼓励软件供应商在会计软件中集成可扩展商业报告语言（XBRL）功能，便于企业生成符合国家统一标准的 XBRL 财务报告。

（7）会计软件应当具有符合国家统一标准的数据接口，满足外部会计监督需要。

（8）会计软件应当具有会计资料归档功能，提供导出会计档案的接口，在会计档案存储格式、元数据采集、真实性与完整性保障方面，符合国家有关电子文件归档与电子档案管理的要求。

（9）会计软件应当记录生成用户操作日志，确保日志的安全、完整。

（10）以远程访问、云计算等方式提供会计软件的供应商，应当在技术上保证客户会计资料的安全、完整。例如：金蝶 K/3 Cloud。

（11）客户以远程访问、云计算等方式使用会计软件生成的电子会计资料归客户所有。

【提示】第（1）～（11）点是关于会计软件的规范。

（12）以远程访问、云计算等方式提供会计软件的供应商，应当保障在本厂商不能维持服务的情况下，做好企业电子会计资料安全以及企业会计工作持续进行的预案。

（13）软件供应商应当努力提高会计软件相关服务质量，按照合同约定及时解决用户使用中的故障问题。

（14）鼓励软件供应商采用呼叫中心、在线客服等方式为用户提供实时技术支持。

（15）软件供应商应当就如何通过会计软件开展会计监督工作，提供专门教程和相关资料。

【提示】第（12）～（15）点是关于售后服务的规范。

【例题·判断题】会计软件的界面应当使用中文，不得提供外国或者少数民族文字支持。
（　　）

【答案】错

【解析】会计软件的界面应当使用中文并且提供对中文处理的支持，可以同时提供外国或者少数民族文字界面对照和处理支持。

【例题·判断题】会计软件不得提供对已记账凭证的删除和插入功能。（　　）

【答案】对

【例题·多选题】下列关于会计软件和服务规范的说法中，不正确的有（　　）。

A. 会计软件不得有违背国家统一会计准则制度的功能设计

B. 会计软件应当提供符合国家统一会计准则制度的会计科目分类和编码功能

C. 客户以远程访问、云计算等方式使用会计软件生成的电子会计资料归软件供应商所有

D. 软件供应商必须要采用呼叫中心、在线客服等方式为用户提供实时技术支持

【答案】CD

【解析】选项 C，客户以远程访问、云计算等方式使用会计软件生成的电子会计资料归客户所有；选项 D，鼓励软件供应商采用呼叫中心、在线客服等方式为用户提供实时技术支持。

二、企业会计信息化的工作规范

考点 11　企业会计信息化的工作规范

（一）会计信息化建设

关注：下列（3）、（6）、（7）、（9）、（10）

（1）企业应当充分重视会计信息化工作，加强组织领导和人才培养，不断推进会计信息化在本企业的应用。

（2）企业开展会计信息化工作，应当根据发展目标和实际需要，合理确定建设内容，避免投资浪费。

（3）企业开展会计信息化工作，应当注重信息系统与经营环境的契合。

（4）大型企业、企业集团开展会计信息化工作，应当注重整体规划，统一技术标准、编码规则和系统参数，实现各系统的有机整合，消除信息孤岛。

（5）企业配备会计软件，应当根据自身技术力量以及业务需求，考虑软件功能、安全性、稳定性、响应速度、可扩展性等要求，合理选择购买、定制开发、购买与开发相结合等会计软件配备方式。

（6）企业通过委托外部单位开发、购买等方式配备会计软件，应当在有关合同中约定操作培训、软件升级、故障解决等服务事项，以及软件供应商对企业信息安全的责任。

（7）企业应当促进会计信息系统与业务信息系统的一体化，通过业务的处理直接驱动会计记账，减少人工操作，提高业务数据与会计数据的一致性，实现企业内部信息资源共享。

（8）企业应当根据实际情况，开展本企业信息系统与银行、供应商、客户等外部单位信息系统的互联，实现外部交易信息的集中自动处理。

（9）企业进行会计信息系统前端系统的建设和改造，应当安排负责会计信息化工作的专门机构或者岗位参与，充分考虑会计信息系统的数据需求。

（10）企业应当遵循企业内部控制规范体系要求，加强对会计信息系统规划、设计、开发、运行、维护全过程的控制。

（11）处于会计核算信息化阶段的企业，应当结合自身情况，逐步实现资金管理、资产管理、预算控制、成本管理等财务管理信息化；处于财务管理信息化阶段的企业，应当结合自身情况，逐步实现财务分析、全面预算管理、风险控制、绩效考核等决策支持信息化。

（二）信息化条件下的会计资料管理

关注：（1）、（2）、（3）、（7）、（8）、（9）、（11）

（1）对于信息系统自动生成，且具有明晰审核规则的会计凭证，可以将审核规则嵌入会计软件，由计算机自动审核。未经自动审核的会计凭证，应当先经人工审核再进行后续处理。

【提示】当前的大部分会计软件，仍然需要人工审核。

（2）分公司、子公司数量多、分布广的大型企业、企业集团应当探索利用信息技术促进会计工作的集中，逐步建立财务共享服务中心。

（3）外商投资企业使用的境外投资者指定的会计软件或者跨国企业集团统一部署的会计软件，应当符合会计软件和服务的规范的要求。

（4）企业会计信息系统数据服务器的部署应当符合国家有关规定。

（5）企业会计资料中对经济业务事项的描述应当使用中文，可以同时使用外国或者少数民族文字对照。

（6）企业应当建立电子会计资料备份管理制度，确保会计资料的安全、完整和会计信息系统的持续、稳定运行。

（7）企业不得在非涉密信息系统中存储、处理和传输涉及国家秘密，关系国家经济信息安全的电子会计资料；未经有关主管部门批准，不得将其携带、寄运或者传输至境外。

（8）企业内部生成的会计凭证、账簿和辅助性会计资料，如果同时满足所记载的事项属于本企业重复发生的日常业务、由企业信息系统自动生成且可查询和输出、企业对相关数据建立了电子备份制度及完善的索引体系等这些条件，可以不输出纸面资料。

（9）企业获得的需要外部单位或者个人证明的原始凭证和其他会计资料，如果同时满足会计资料附有可靠的电子签名且电子签名经符合《中华人民共和国电子签名法》的第三方认证、所记载的事项属于本企业重复发生的日常业务，可及时在企业信息系统中查询和输出、企业对相关数据建立了电子备份制度及完善的索引体系等这些条件，可以不输出纸面资料。

（10）企业会计资料的归档管理，遵循国家有关会计档案管理的规定。

（11）实施企业会计准则通用分类标准的企业，应当按照有关要求向财政部报送 XBRL 财务报告。

（三）会计信息化的监督管理

（1）企业使用会计软件不符合《企业会计信息化工作规范》（以下简称《规范》）要求的，由财政部门责令限期改正。限期不改的，财政部门应当予以公示，并将有关情况通报同级相关部门或其派出机构。

（2）财政部采取组织同行评议，向用户企业征求意见等方式对软件供应商提供的会计软件遵循《规范》的情况进行检查。省、自治区、直辖市人民政府财政部门发现会计软件不符合《规范》的，应当将有关情况报财政部。

（3）软件供应商提供的会计软件不符合《规范》的，财政部可以约谈该供应商主要负责人，责令限期改正。限期内未改正的，由财政部予以公示，并将有关情况通报相关部门。

【例题·多选题】下列关于会计信息化建设的说法中，正确的有（　　）。

A. 企业开展会计信息化工作，应当重视信息系统与经营环境的契合

B. 企业应当促进会计信息系统与业务信息系统的一体化，通过会计记账直接驱动业务的处理

C. 企业应当安排负责会计信息化工作的专门机构或者岗位参与

D. 企业应当遵循企业内部控制规范体系要求

【答案】ACD

【解析】企业应当促进会计信息系统与业务信息系统的一体化，通过业务的处理直接驱动会计记账。

【例题·判断题】处于财务管理信息化阶段的企业，应当结合自身情况，逐步实现会计核算信息化。（　　）

【答案】错

【解析】处于会计核算信息化阶段的企业，应当结合自身情况，逐步实现资金管理、资产管理、预算控制、成本管理等财务管理信息化；处于财务管理信息化阶段的企业，应当结合自身情况，逐步实现财务分析、全面预算管理、风险控制、绩效考核等决策支持信息化。

【例题·单选题】下列关于信息化条件下会计资料管理的说法中，不正确的是（　　）。

A. 对于信息系统自动生成且具有明晰审核规则的会计凭证，可以将审核规则嵌入会计软件，由计算机自动审核

B. 外商投资企业使用的境外投资者指定的会计软件，可以不符合会计软件和服务的规范的要求

C. 企业会计信息系统数据服务器的部署应当符合国家有关规定

D. 企业内部生成的会计凭证、账簿和辅助性会计资料，满足一定的条件，可以不输出纸面资料

【答案】B

【解析】外商投资企业使用的境外投资者指定的会计软件或者跨国企业集团统一部署的会计软件，应当符合会计软件和服务的规范要求。

本章小结

【考试大纲基本要求】

1. 了解会计电算化和会计信息化的概念
2. 了解会计电算化的特征
3. 了解 ERP 及 ERP 系统与会计信息系统的关系
4. 了解 XBRL 发展历程、作用和优势
5. 了解企业会计信息化工作规范
6. 熟悉会计软件的配备方式
7. 熟悉会计软件的功能模块

考点强化训练

一、单项选择题

1. 按规定，各会计核算单位使用定点开发的专用会计核算软件之前，使用的软件必须经过（　　）。

　　A. 财政部门评审　　　B. 功能测试　　　　C. 数据模拟测试　　　D. 破坏性测试

2. 实行会计电算化的单位，要建立会计电算化（　　）的原则。

　　A. 内部控制制度　　B. 岗位责任制　　　C. 管理制度　　　　D. 内部监督制度

3. （　　）是会计信息化的初始阶段，是会计信息化的基础工作。

　　A. 手工记账　　　　B. 计算机技术　　　C. 会计电算化　　　D. 会计软件

4. 会计电算化工作成功的基础是（　　）。

　　A. 初始设置　　　　　　　　　　　　　B. 认真准备

　　C. 制定良好的会计电算化组织管理制度　　D. 做好会计电算化组织管理工作

5. 通用会计软件最大的缺陷是（　　）。

　　A. 软件开发水平较高　B. 通用性强　　　C. 成本相对较低　　　D. 专业性差

6. 下列不属于会计信息化与会计电算化区别的是（　　）。

　　A. 历史背景不同　　B. 目标不同　　　　C. 技术手段不同　　　D. 信息对象不同

7. 下列各项中最容易造成信息孤岛的是（　　）。

　　A. 模拟手工记账　　　　　　　　　　　B. 与其他业务结合

　　C. 引入会计专业判断　　　　　　　　　D. 与内控相结合建立 ERP 系统

8. 使用总账系统，修改和删除会计科目时，会计科目（　　）。

    A. 可以随时删除　　　　　　　　　　　B. 编码可以修改

    C. 已在输入凭证中使用，不能删除　　　D. 建立后，不能删除

9. 会计核算软件与手工会计核算的不同是（　　）。

    A. 会计目标不一致　　　　　　　　　　B. 遵守不同的会计准则

    C. 会计核算方法不一致　　　　　　　　D. 会计核算工具不同

10. 会计核算软件对打印输出的明细账不能提供的账簿形式是（　　）。

    A. 三栏式　　　　B. 多栏式　　　　C. 数量金额式　　　　D. 订本式

11. （　　）是进行会计工作的法律依据。

    A. 会计法规　　　B. 会计准则　　　C. 会计制度　　　　D. 单位内部会计制度

12. 对会计信息系统来说，最关键的是（　　）环节。

    A. 数据输入　　　B. 数据处理　　　C. 数据输出　　　　D. 数据查询

13. 会计软件系统可以是一个独立的系统，也可以是（　　）的一个子系统。

    A. ERP　　　　　B. AIS　　　　　C. Windows　　　　D. Excel

14. 会计电算化的发展过程不包括（　　）。

    A. 模拟手工记账的探索起步阶段　　　　B. 引入会计专业判断的渗透融合阶段

    C. 与其他业务结合的推广发展阶段　　　D. 电算化管理的研究阶段

15. 下列模块中可以生成各种分析和评价企业财务状况、经营成果和现金流量信息的是（　　）。

    A. 存货核算模块　　B. 财务处理模块　　C. 财务分析模块　　　D. 工资管理模块

16. 下列计算机程序中，不属于支持服务的是（　　）。

    A. 杀毒程序　　　B. 调试程序　　　C. 诊断程序　　　　D. 计算机语言编译程序

17. 国外先进的工业国家，会计电算化工作从（　　）世纪 50 年代开始。

    A. 19　　　　　　B. 21　　　　　　C. 20　　　　　　　D. 18

18. 使用总账系统，在日常账务处理中最频繁的工作是（　　）凭证。

    A. 输入　　　　　B. 审核　　　　　C. 修改　　　　　　D. 记账

19. 专用会计核算软件的特点是（　　）。

    A. 使用范围广　　　　　　　　　　　　B. 一般由专门的考试软件开发并公开销售

    C. 使用范围小　　　　　　　　　　　　D. 研制效率高

20. 以会计核算数据、市场数据、管理数据为基础，侧重于事前决策的系统是（　　）。

    A. 会计管理信息系统　　　　　　　　　B. 会计核算信息系统

    C. 会计决策支持系统　　　　　　　　　D. 供应链管理系统

21. 下列有关会计准则体系的表述中，不正确的是（　　）。

    A. 引入会计专业判断要求　　　　　　　B. 对会计业务作出系统规范

    C. 广泛引入公允价值计量基础　　　　　D. 适度审慎引入公允价值计量基础

22. 会计核算软件是一种（　　）。

    A. 计算机应用软件　　B. 记账规则　　C. 计算机语言　　　D. 计算机系统软件

23. 下列关于会计核算软件和手工会计核算的表述中，不正确的是（　　）。

    A. 最终目标是提高企业经济效益

    B. 需要遵守相同的会计法规

    C. 遵守的基本会计理论和会计方法不同

    D. 会计核算软件数据处理流程的本质是模仿手工会计核算

24. 商品化会计软件的缺点是（   ）。

    A. 见效快   B. 成本低

    C. 安全可靠   D. 不能全部满足使用单位的核算与和管理要求

25. 企业实现会计电算化后，（   ）是保障会计电算化顺利进行的最重要的一环。

    A. 建立各种管理制度   B. 会计核算软件

    C. 代替手工记账   D. 试运行

26. 下列配备方式中，成本最高的是（   ）。

    A. 购买通用会计软件   B. 自行开发

    C. 委托外部单位开发   D. 企业与外部单位联合开发

27. 一个完整的计算机系统是由（   ）组成的。

    A. 硬件系统和软件系统   B. 键盘和显示器

    C. 内存和外存   D. 系统软件和应用软件

28. 在会计电算化的发展进程中，使会计信息和业务信息能够做到你中有我、我中有你的阶段是（   ）。

    A. 单项会计业务处理阶段   B. 会计业务综合处理阶段

    C. 管理信息系统阶段   D. 建立 ERP 系统的集成管理阶段

29. （   ）电算化是会计电算化的早期目标，这个目标在 20 世纪 90 年代中期就从技术上全面实现，开创了会计史上的一场技术革命。

    A. 财务会计   B. 管理会计   C. 财务管理   D. 银行会计

30. 通用会计核算软件比专业会计核算软件（   ）。

    A. 通用性强，开发水平高   B. 维护量小，购置成本高

    C. 成本高，开发水平高   D. 通用性差，维护量大

31. 会计电算化简单说就是（   ）。

    A. 会计工作用于计算机   B. 计算机技术用于会计工作中

    C. 计算机技术用于会计核算中   D. 计算机技术用于财务管理中

32. 一个完整的会计软件系统必定包括（   ）功能模块，其他功能模块直接或间接与它进行联系。

    A. 报表   B. 固定资产   C. 账务处理   D. 工资

33. 在电算化会计核算系统中，会计工作岗位分工的有效性依赖于（   ）。

    A. 计算机操作系统的先进性   B. 会计工作环境的好坏

    C. 会计人员的数目   D. 核算软件的内部控制功能

34. 会计核算软件的核心模块是（   ）。

    A. 账务处理模块   B. 财务分析模块   C. 销售核算模块   D. 固定资产核算模块

35. 会计管理电算化阶段的主要任务是（   ）。

    A. 运用计算机替代手工核算，完成初始化和日常的会计核算业务

    B. 进行会计预测，编制财务计划、进行财务控制和开展会计分析

    C. 帮助决策者制定科学的决策方案

    D. 将原始凭证进行登记

36. 会计电算化的发展过程主要分为（   ）、会计管理电算化、会计辅助决策电算化三个阶段。

    A. 会计核算电算化   B. 会计记账电算化   C. 会计初始电算化   D. 会计审计

37. 可扩展商业报告语言的缩写是（   ）。

    A. CBAIS   B. ERP   C. AIS   D. XBRL

38. 对于业务量较少的账户，会计软件可以提供会计账簿的（   ）打印输出功能。

A. 满页　　　　　　B. 满表　　　　　　C. 半页　　　　　　D. 跨年度

39. 对会计软件的全套文档资料以及会计软件程序，保管期截止日期是该软件停止使用或有重大更改之后的（　　）年。

A. 2　　　　　　　　B. 5　　　　　　　　C. 8　　　　　　　　D. 10

40. 根据国家统一的会计制度，会计核算软件必须提供（　　）功能。

A. 防止病毒入侵　　　　　　　　　　　B. 防止黑客入侵

C. 外国文字自动翻译成中文　　　　　　D. 人员岗位和操作权限设置

41. 在会计核算软件发展过程的数据库系统阶段，下列各项中，属于 ERP 系统中会计信息系统组成部分的是（　　）。

A. XBRL　　　　B. 管理控制系统　　　C. 预算会计系统　　　D. 管理会计系统

42. 专用会计核算软件也称为（　　）。

A. 特殊财务软件　　B. 通用财务软件　　C. ERP 务软件　　　D. 定点开发核算软件

43. 以供应链产生的入库单、出库单、采购发票等核算单据为依据，进行成本计算和费用分配的模块是（　　）。

A. 成本管理模块　　B. 存货核算模块　　C. 项目管理模块　　D. 采购销售模块

44. 在 ERP 系统中，用于处理会计核算数据部分的功能模块为（　　），属于会计核算软件的范畴。

A. 财务会计模块　　B. 管理会计模块　　C. 报表核算模块　　D. 往来账核算模块

45. 会计电算化的最终目的和表现形式就是用计算机（　　）替代手工操作。

A. 部分　　　　　　B. 全部　　　　　　C. 一半　　　　　　D 没有

46. 会计电算化未来的发展趋势要求会计电算化与（　　）相结合。

A. 内部控制　　　　B. 内部审计　　　　C. ERP 系统　　　　D. 内部监督

47. 专用会计核算软件的使用一般不需进行（　　）。

A. 初始化设置　　　B. 输入凭证　　　　C. 记账　　　　　　D. 审核

48. 会计电算化方式下，许多会计核算基本上实现了自动化，但以下工作中（　　）仍需手工完成。

A. 登记账簿　　　　B. 会计数据的收集　　C. 记账　　　　　　D. 主管签字

49. 目前计算机应用最广泛的领域是（　　）。

A. 科学计算　　　　B. 过程控制　　　　C. 信息处理　　　　D. 计算机通信

50. 会计电算化的发展进程可以划分为三个阶段，下列不属于这三个阶段的是（　　）。

A. 单项会计业务处理阶段　　　　　　　B. 会计业务综合处理阶段

C. 管理信息系统阶段　　　　　　　　　D. 建立 ERP 系统的集成管理阶段

51. 下列对计算机存储器说法错误的是（　　）。

A. 内存储器由许多存储单元组成　　　　B. 访问存储器中的信息不需要存储单元的地址

C. 存储器的存储单元都有自己的单元地址　　D. 度量存储器容量的基本单位为字节

52. 会计电算化简单地说就是（　　）在会计工作中的应用。

A. 会计理论　　　　B. 会计准则　　　　C. 计算机技术　　　D. 会计法规

53. 下列关于 ERP 系统的表述中，不正确的是（　　）。

A. ERP 是企业资源计划的简称

B. ERP 系统是信息技术和先进管理思想的结合体

C. ERP 尚未成为现代企业的运行模式

D. ERP 为企业决策层及员工提供决策运行手段的管理平台

54. 商品化会计核算软件开发经销单位在售出软件后应承担售后服务工作，在下列工作中，（　　）不是软件开发销售商必须提供的。

  A．对用户进行软件使用前的培训   B．对用户的软件进行维护

  C．对用户的硬件进行维护   D．对用户的软件版本进行更新

55．目前我国的通用会计核算软件以（ ）为主。

  A．自行开发软件 B．合作开发软件 C．商品化软件   D．委托开发软件

56．下列不属于会计软件初始化功能的是（ ）。

  A．选择会计核算方法   B．删除凭证

  C．输入操作人员岗位分工情况   D．对初始数据进行正确性校验

57．下列关于通用会计核算软件特点的表述中，不正确的是（ ）。

  A．能够适应不同行业需要   B．能够适应不同企业需要

  C．研制难度较小   D．研制效益较高

58．下列不属于会计信息化特点的是（ ）。

  A．人机结合   B．自动化集中化 C．主动性能动性 D．数据及时准确

59．下列关于 ERP 系统的表述中，正确的是（ ）。

  A．数据来源唯一 B．数据来源多元化 C．数据延时共享 D．数据分阶段共享

60．会计软件的通用性是指（ ）。

  A．能适应一个单位不同时期会计工作的需求

  B．满足不同单位会计工作的不同要求

  C．适应不同行业、不同记账方法的企事业或行政单位的核算需求

  D．只能满足一个行业会计工作的需求

61．会计核算软件的功能模块是（ ）。

  A．一种文件

  B．一种计算功能

  C．一种打印功能

  D．一个有会计数据输入、处理、输出功能的软件程序

62．下列各项中，属于会计核算软件和手工会计核算的相同点是（ ）。

  A．会计信息载体相同   B．记账规则完全相同

  C．账务处理流程类型相同   D．遵守共同的基本会计理论和会计方法

63．下列不属于会计电算化特征的是（ ）。

  A．人机结合   B．简单性   C．集中化   D．自动性

64．下列子系统不属于会计核算软件的是（ ）。

  A．工资核算系统 B．存货核算系统 C．生产计划管理系统 D．成本核算系统

65．专用会计核算软件一般是（ ）。

  A．单位购买的商品化软件

  B．单位自行开发或委托其他单位开发的会计核算软件

  C．适合多数单位使用的会计核算软件

  D．适合多数行业使用的会计核算软件

66．会计工作适宜采用计算机技术，因为会计本身就是一个（ ），尤其财务核算工作比较规范，一般有严格的核算程序。

  A．电算系统   B．自动系统   C．信息系统   D．ERP 系统

67．由账务处理系统以外的其业务子系统生成会计凭证数据，应当经（ ）后生成记账凭证。

    A．签章   B．记账   C．打印   D．审核确认

68．会计核算软件应当按照国家统一（　　　）的规定划分会计期间，分期结算账目和编制会计报表。

    A．会计准则   B．内部控制   C．会计制度   D．会计法

69．选择会计软件时，应选择（　　　）产品。

    A．原版或盗版   B．原版   C．原版或部分原版   D．自行开发

70．决策型会计电算化系统是（　　　）。

    A．完成事中控制   B．完成事后核算

    C．完成事前辅助决策   D．完成事前预测、事中控制和事后核算

71．按会计核算软件的（　　　），会计核算软件可划分为通用会计核算软件和专用会计核算软件两种。

    A．硬件结构   B．通用范围   C．功能模块   D．开发方法

72．多用户会计核算软件又称（　　　）。

    A．专用会计核算软件   B．通用会计核算软件

    C．网络会计核算软件   D．单用户会计核算软件

73．企业投入少、见效快，实现信息化的过程简单的软件配备方式是（　　　）。

    A．企业自行开发   B．购买通用软件

    C．企业与外部单位联合开发   D．在通用软件基础上二次开发

74．下列各项中，不属于通用会计核算软件特点的是（　　　）。

    A．只适用于个别单位   B．一次开发

    C．多次使用   D．研制效益比较高

75．将会计准则与计算机语言结合的最新公认标准和技术的语言，是（　　　）。

    A．CBAIS   B．ERP   C．AIS   D．XBRL

76．实现减少库存、优化库存的管理目标处在 ERP 系统发展的（　　　）。

    A．MRP 阶段   B．MRPⅡ阶段   C．ERP 阶段   D．ERPⅡ阶段

77．会计软件中的账务处理系统以（　　　）作为数据的处理起点，它是账簿数据和报表数据的主要来源。

    A．记账凭证   B．科目汇总表   C．账簿   D．原始凭证

78．下列关于会计核算软件应当符合的原则要求的说法中，错误的是（　　　）。

    A．会计核算软件设计应当符合我国法律、法规、规章的规定

    B．会计核算软件的文字输入、屏幕提示和打印输出必须采用中文，不可以提供少数民族文字或外国文字对照

    C．会计核算软件必须提供人员岗位及操作权限设置的功能

    D．会计核算软件应当具有数据恢复的功能

79．手工会计核算规定，日记账、总账要用（　　　）账册。

    A．活页式   B．订本式   C．卡片式   D．数量金额式

80．下列各项中，叙述错误的是（　　　）。

    A．管理会计子系统以企业内部管理为目标，可以灵活设置核算对象

    B．财务会计子系统从财务角度为管理提供必要的信息

    C．财务会计子系统处理日常的财务作业

    D．财务会计子系统以企业实体为单位对外出具各种会计报表

81．下列属于会计软件数据最基本的输出形式是（　　　）。

    A．向磁盘输出   B．查询与打印   C．网络传输输出   D．备份

82．会计核算软件的功能模块是（　　　）。

A．一种软件程序　B．一种计算功能　　C．一种文件　　　D．一种打印功能

83．会计核算软件在某月进行月末结账以后，系统应能自动控制（　　）。

A．不得再录入当月凭证　　　　　　B．不得录入下月凭证

C．不得再进行凭证查询　　　　　　D．不得再进行账簿打印

84．在会计电算化中，（　　）是基础。

A．手工会计资料　B．会计软件　　C．手工会计人才　　D．会计电算化人才

85．一般中、小企业实施会计电算化的合理做法是（　　）。

A．购买商品化会计软件　　　　　　B．本单位定点开发软件

C．使用国外会计软件　　　　　　　D．从其他企业复制取得会计软件

86．会计电算化的作用主要是（　　）。

A．发展计算机技术　B．提高经营管理水平　C．增加会计人员就业　D．提高会计人员工资

87．现在单位获得会计核算软件最主要的方式是（　　）。

A．自行开发　　　　　　　　　　　B．合作开发

C．等待上级主管部门配发　　　　　D．在市场上购买商品化会计核算软件

88．模拟手工记账阶段的基本特征，是采用相应的（　　），并开发企业自身的"账务处理系统"。

A．数据库管理系统　B．计算机操作系统　C．网络应用系统　　D．凭证处理系统

89．以下（　　）是职责不相容岗位。

A．电算化主管与审核　　　　　　　B．凭证录入与修改

C．凭证录入与审核　　　　　　　　D．电算化主管与记账

90．对基层单位开展会计电算化工作具有指导性的文件主要是（　　）。

A．《中华人民共和国会计法》　　　B．《会计电算化工作规范》

C．《会计电算化管理办法》　　　　D．《会计核算软件基本功能规范》

91．微型计算机系统中的中央处理器主要由（　　）构成。

A．内存储器和控制器　　　　　　　B．内存储器和运算器

C．控制器和运算器　　　　　　　　D．内存储器、控制器和运算器

92．在会计信息化领域中，ERP就是（　　）。

A．有效辐射功率　B．企业资源计划　　C．地球自转参数　D．误差校正过程

93．会计电算化后，会计系统可能面对新的问题包括（　　）。

A．重复同一错误的操作　　　　　　B．泄露机密会计资料

C．凭证不用审核　　　　　　　　　D．处理过程存在错误

94．将会计软件划分为通用会计软件和专用会计软件的依据是（　　）。

A．按照会计信息系统的服务层次　　B．按照会计软件不同的适用范围

C．按会计信息的共享功能　　　　　D．会计档案的需求

95．不同类型的企业组织、规模、生产特点、会计职能等方面往往不尽相同，所以所需会计软件的基本组成也不完全一样，必须经过（　　）按实际情况确定。

A．系统分析　　　B．系统设计　　C．领导提议　　　D．软件供应商的推荐

96．（　　）是指由软件公司统一设计、开发，并作为软件商品在市场销售的会计软件。

A．通用会计核算软件　　　　　　　B．专用会计核算软件

C．商品化会计软件　　　　　　　　D．多用化会计核算软件

97．下列不属于模拟手工记账探索起步阶段基本特征的是（　　）。

A．程序简单　　　　　　　　　　　B．程序和数据相互联系

C. 无数据管理　　　　　　　　　　　D. 以文件来实现数据管理

二、多项选择题

1. 下列有关会计电算化重要作用的说法正确的是（　　）。

   A. 降低成本，减少库存

   B. 提高会计核算的水平和质量，减轻会计人员的劳动强度

   C. 提高经营管理水平，为管理信息化打下基础

   D. 推动会计技术、方法、理论创新和观念更新

2. 下列关于通用会计核算软件的叙述，正确的有（　　）。

   A. 是指在一定范围内适用的会计软件

   B. 必须通过财政部门评审并能在市场上销售的会计软件

   C. 必须具有初始化设置功能模块，以满足用户的特殊需要

   D. 仅在一两个单位使用的会计软件

3. 不属于审核记账岗位职责的是（　　）。

   A. 修改错误凭证　　　　　　　　　　B. 审核原始凭证的真实性、正确性

   C. 保证计算机硬件、软件的正常运行　D. 对通过审核的凭证及时记账

4. 微观管理中的日常操作管理主要包括（　　）。

   A. 计算机系统使用管理　　　　　　　B. 上机操作管理

   C. 会计业务处理程序的管理　　　　　D. 电算化软件管理

5. 下列属于会计软件的配备方式的是（　　）。

   A. 购买通用会计软件　　　　　　　　B. 自行开发

   C. 委托外部单位开发　　　　　　　　D. 企业与外部单位联合开发

6. 引入会计专业判断的渗透融合阶段的基本特征有（　　）。

   A. 数据冗余度减到最低　　　　　　　B. 数据可以无限扩张

   C. 集成管理　　　　　　　　　　　　D. 有分布式终端的构造网络

7. 下列关于会计核算软件数据库系统阶段的表述中，正确的有（　　）。

   A. 会计电算化成为管理信息系统的子系统

   B. 管理信息系统的重要发展是 ERP 系统的推广和应用

   C. 会计电算化日益与企业管理活动相互渗透和结合

   D. 会计核算软件无法进行事中控制

8. 下列各项中，（　　）属于会计核算软件发展阶段。

   A. 人工管理阶段　　B. 人工管理阶段　　C. 会计信息系统阶段　　D. 数据库系统阶段

9. 下列有关专用会计核算软件的说法中正确的有（　　）。

   A. 适合本单位的会计核算　　　　　　B. 简便易行

   C. 系统适用范围和时间受限制　　　　D. 成本低

10. 下列属于专用会计核算软件特点的是（　　）。

    A. 通用性强　　　　　　　　　　　　B. 受适用范围和时间限制

    C. 系统只适用于个别单位　　　　　　D. 软件开发水平较高

11. 在会计电算化条件下，输入的会计数据主要有（　　）。

    A. 初始数据　　　B. 记账凭证数据　　　C. 原始凭证数据　　　D. 会计账簿数据

12. 下列操作会计主管在年度账中可执行的是（　　）。

A. 结转上年度　　　　B. 删除年度　　　　C. 输入　　　　D. 引入

13. 会计电算化系统极大地提高了会计核算工作的水平和质量，主要表现在（　　）。

A. 减轻了会计人员的劳动强度，提高了工作效率

B. 缩短了会计数据处理的周期，提高了会计数据的时效性

C. 提高了会计数据处理的正确性和规范性

D. 绝对保证会计数据的生成能够准确无误

14. 下列属于 ERP 系统基本功能的是（　　）。

A. 生产规划系统　　　　　　　　　B. 财务会计系统

C. 销售、分销系统　　　　　　　　D. 企业情报管理系统

15. 下列关于会计信息化建设的说法中，正确的有（　　）。

A. 企业开展会计信息化工作，应当重视信息系统与经营环境的契合

B. 企业应当促进会计信息系统与业务信息系统的一体化，通过会计记账直接驱动业务的处理

C. 企业应当安排负责会计信息化工作的专门机构或者岗位参与

D. 企业应当遵循企业内部控制规范体系要求

16. 按照会计电算化的服务层次和提供信息的深度，可以分为（　　）不同的发展阶段。

A. 会计核算电算化　　B. 会计管理电算化　　C. 会计决策电算化　　D. 会计智能电算化

17. 下列属于 ERP 系统管理思想的是（　　）。

A. 对整个供应链资源进行管理　　　　B. 精益生产

C. 敏捷制造　　　　　　　　　　　　D. 事先计划

18. ERP 系统是一个"四流一体化"或"四流合一"的管理信息系统。其中的"四流"是指（　　）。

A. 物流　　　　　　B. 人流　　　　　　C. 财流　　　　　　D. 信息流

19. 对工业企业而言，会计电算化系统一般由（　　）组成。

A. 财务系统　　　　B. 供应链系统　　　　C. 账务系统　　　　D. 管理注册系统

20. 商品化会计软件售后服务主要包括（　　）。

A. 软件的日常维护　　　　　　　　B. 人员培训

C. 软件版本升级　　　　　　　　　D. 软件二次开发

21. 总账系统日常账务处理的内容主要包括（　　）。

A. 填制凭证　　　　B. 审核凭证　　　　C. 记账　　　　D. 结账

22. 下列有关会计信息化渗透融合阶段会计标准建设的标书中，正确的有（　　）。

A. 建立了与国际准则趋同的企业会计准则体系

B. 会计准则体系适度审慎地引入了公允价值计量基础

C. 会计准则体系引入了会计专业判断要求

D. 企业会计标准进行了重大改革

23. 应用软件包括（　　）。

A. 文字处理软件　　B. 表格处理软件　　C. 图形图像软件　　D. 网络通信软件

24. 下列属于手工会计信息系统与电算化会计信息系统共同点的有（　　）。

A. 系统目标一致　　　　　　　　　B. 遵循的会计准则和会计制度一致

C. 会计数据处理流程大体一致　　　D. 遵守共同的基本会计理论和会计方法

25. 下列有关会计核算软件文件管理系统阶段的表述中，正确的有（　　）。

A. 单项会计核算软件实现有机整合

B. 会计核算软件实现了主要会计核算业务的自动化

C. 会计核算软件能够有效地进行事中控制

D. 会计核算软件基本实现由计算机替代手工会计核算

26. 会计电算化的实施要求规范会计基础工作，内容主要包括（　　）。

A. 会计业务流程的规范　　　　　　　B. 会计核算方法的规范

C. 会计数据的规范　　　　　　　　　D. 会计账表的规范

27. 电算化会计账务处理程序的管理要求是（　　）。

A. 要按照《会计基础》规范的要求处理会计业务

B. 期末要按规定时间及时结账

C. 要按照有关规定装订会计原始凭证、记账凭证账簿、报表等

D. 要按照软件的操作功能和会计业务处理流程操作软件

28. 下列属于会计软件功能的是（　　）。

A. 数据输入　　　B. 数据处理　　　C. 数据输出　　　D. 数据保存

29. 下列属于会计核算电算化阶段任务的是（　　）。

A. 设置会计科目　　B. 登记会计账簿　　C. 编制会计报表　　D. 编制财务计划

30. 商品化会计软件的优点是（　　）。

A. 见效快　　　B. 成本低　　　C. 安全可靠　　　D. 维护有保障

31. 下列有关会计软件的叙述中，正确的有（　　）。

A. 会计软件以会计理论和会计方法为核心，以会计制度为依据

B. 会计软件以管理和控制计算机系统资源的运行为任务

C. 会计软件以计算机技术为基础，以会计数据为处理对象

D. 会计软件以提供会计信息为目标

32. 下列关于文件管理系统阶段会计核算软件的表述中，正确的有（　　）。

A. 是企业会计部门专用的信息系统

B. 在物理上与其他部门信息系统紧密相连

C. 被动依赖业务部门提供相关信息

D. 对管理决策的支持是只能提供事后的统计、分析和评价

33. 下列关于通用会计核算软件的叙述中，正确的有（　　）。

A. 是指在一定范围内适用的会计软件

B. 必须通过财政部门评审并能在市场上销售的会计软件

C. 必须具有初始化设置功能模块，以满足用户的特殊需要

D. 仅在一两个单位适用的会计软件

34. 按照会计电算化的服务层次和提供信息的深度，一般可将其分为（　　）不同的发展阶段。

A. 会计核算电算化　　　　　　　　　B. 会计计划电算化

C. 会计管理电算化　　　　　　　　　D. 会计决策电算化

35. 凡是具备相对独立完成（　　）的软件均可视为会计核算软件。

A. 会计数据输入功能　　　　　　　　B. 会计数据处理功能

C. 会计数据整理功能　　　　　　　　D. 会计数据输出功能

36. 下列属于会计核算软件的是（　　）。

A. 固定资产核算软件　　　　　　　　B. 存货核算软件

C. ERP 软件　　　　　　　　　　　　D. 报表生成与汇总

37. 商品化会计软件的特点是（　　）。

A. 通用性强且具有保密性   B. 与专用软件相比，易学性较弱

C. 软件出厂家统一维护与更新   D. 与专用软件相比初始化工作量较大

38. 下列各项中，属于会计核算软件和手工会计核算相同点的有（   ）。

     A. 会计数据处理流程大体一致   B. 会计信息载体相同

     C. 遵守的会计准则和会计制度相同   D. 遵守的基本会计理论和会计方法相同

39. 会计核算软件的发展主要经历了（   ）。

     A. 人工管理阶段   B. 计算机操作系统阶段

     C. 数据库系统阶段   D. 文件管理系统阶段

40. 下列属于通用会计核算软件特点的是（   ）。

     A. 通用性强   B. 受适用范围和时间限制

     C. 系统只适用于个别单位   D. 软件开发水平较高

41. 在会计信息化推广发展阶段，会计信息化工作的主要成绩有（   ）。

     A. 会计核算业务实现全面电算化   B. 会计信息和业务信息实现无缝联结

     C. 会计电算化得到全面普及   D. 会计信息数出一门，资料共享成为现实

42. 会计电算化使会计人员从原来重复抄写、计算烦琐的工作中解脱出来，把主要精力和工作重点转向加强会计（   ）方面，更好地发挥了会计人员应有的作用。

     A. 管理   B. 预测   C. 决策   D. 控制功能

43. 会计电算化方式下，与会计工作相关的内部控制形式可以是（   ）。

     A. 人工与计算机相结合   B. 控制措施融入会计软件

     C. 不再需要人工控制   D. 控制更加严格有效

44. 财政部制定了（   ）等规范性文件，对会计核算软件的研制、单位实施会计电算化工作做出了具体规定。

     A.《会计法》   B.《会计电算化工作规范》

     C.《会计档案管理办法》   D.《会计核算软件基本功能规范》

45. 固定资产模块可以实现（   ）。

     A. 固定资产的财务核算   B. 固定资产折旧计提和分配

     C. 固定资产统计分类   D. 固定资产卡片管理

46. 会计核算软件应具备初始化功能，应进行初始化的内容包括（   ）。

     A. 会计核算必需的会计科目编码、名词、年初数、累计发生数及有关数量指标

     B. 本期进行对账的未达账项

     C. 固定资产折旧方法、存货计价方法等会计核算方法的选定

     D. 操作人员姓名、权限、密码等岗位分工情况的设定

47. 下列属于ERP系统发展历程的是（   ）。

     A. MRP阶段   B. MRPⅡ阶段   C. ERP阶段   D. ERPⅡ阶段

48. 选择会计核算软件时应注意的问题是（   ）。

     A. 所选软件的技术指标是否能够满足需要

     B. 会计软件的功能是否能充分满足和保证企事业单位的特殊需求

     C. 售后服务的质量

     D. 是否有同类企业已成功运用了该种软件

49. 按会计核算软件的通用范围划分，会计核算软件可分为（   ）。

     A. 专用会计核算软件   B. 通用会计核算软件

C. 单用户会计核算软件　　　　　　　　D. 多用户会计核算软件

50. 商品化会计软件是指销售公司统一设计、开发，并作为软件商品在市场销售的会计软件。商品化会计软件一般具有（　　）特点。

    A. 通用性　　　　　B. 合法性　　　　　C. 安全性　　　　　D. 成本高

51. 《会计核算软件基本功能规范》中规定，会计核算软件应当提供对已经输入但未登账的记账凭证的审核功能，机内记账凭证经审核后（　　）。

    A. 可以继续修改　　　　　　　　　　B. 不能继续修改

    C. 可以进行账簿登记　　　　　　　　D. 不能删除

52. 会计核算软件应当提供（　　）的打印输出功能。

    A. 日记账　　　　　B. 总分类账　　　　C. 明细分类账　　　D. 会计报表

53. 会计信息是指在会计管理中需要的各种数据，包括（　　）。

    A. 资产信息　　　　B. 负债信息　　　　C. 生产费用信息　　D. 成本信息

54. 下列属于局域网特点的有（　　）。

    A. 传输距离长　　　B. 传输速率高　　　C. 误码率高　　　　D. 结构规范

55. 以下属于日常业务的有（　　）。

    A. 收款、付款单据的录入　　　　　　B. 期初数据的录入

    C. 应收/应付账款核销　　　　　　　　D. 账龄分析

56. 下列属于单机结构缺点的是（　　）。

    A. 使用简单、配置成本低　　　　　　B. 数据共享程度高，一致性好

    C. 其缺点在于集中输入速度低　　　　D. 不能同时允许多个成员进行操作

57. 应收应付管理模块可以处理以下单据（　　）。

    A. 发票　　　　　　　　　　　　　　B. 费用单据

    C. 其他应收、应付单据　　　　　　　D. 收付款单据

58. 下列关于 XBRL 作用的表述中，正确的有（　　）。

    A. 从根本上实现数据的集成　　　　　B. 从根本上实现数据的最大化利用

    C. 有利于实现会计信息数出一门　　　D. 有利于实现会计信息资料共享

59. 下列关于 ERP 系统的表述中，正确的有（　　）。

    A. ERP 是企业资源计划的简称

    B. ERP 尚未成为现代企业的运行模式

    C. ERP 系统是信息技术和先进管理思想的结合体

    D. ERP 是为企业决策层及员工提供决策运行手段的管理平台

60. 会计核算软件与手工会计核算相同的包括（　　）。

    A. 目标一致　　　　　　　　　　　　B. 遵守共同的会计准则和会计制度

    C. 遵守共同的基本会计理论和会计方法　D. 内部控制方式相同

61. （　　）软件，均可视为会计核算软件。

    A. 账务处理　　　　B. 销售核算　　　　C. 工资核算　　　　D. 固定资产核算

62. 会计核算软件与手工会计核算都应具备的流程为（　　）。

    A. 数据的采集与输入　　　　　　　　B. 数据的存储

    C. 数据的加工　　　　　　　　　　　D. 数据的传输和输出

63. 工资管理模块的主要功能是（　　）。

    A. 工资计算与汇总　　　　　　　　　B. 工资分摊

C. 个税计算　　　　　　　　　　　D. 工资发放

64. 会计软件行业负责会计软件的（　　）工作。

A. 开发　　　　B. 升级　　　　C. 销售　　　　D. 售后服务

65. 下列属于委托外部单位开发缺点的是（　　）。

A. 费用高　　　　B. 时间长　　　　C. 针对性不强　　　　D 实用性差

66. 会计核算软件与手工会计核算的区别有（　　）。

A. 会计核算软件与会计信息载体不同　　　B. 内部控制方式不同

C. 记账规则不完全相同　　　　　　　　　D. 账务处理流程类型存在差别

67. 在总账系统中，下列（　　）属于辅助核算。

A. 个人往来　　　B. 供应商往来　　　C. 部门往来　　　D. 项目核算

68. 手工会计核算和会计核算软件的目标都是（　　）。

A. 进行会计核算　　　　　　　　　B. 提供与决策相关的会计信息

C. 参与企业经营决策　　　　　　　D. 提高企业经济效益

69. 广义的会计电算化是指与实现会计工作电算化有关的所有工作，包括（　　）。

A. 会计电算化的制度建设　　　　　B. 会计电算化软件的开发和应用

C. 会计电算化人才的培训　　　　　D. 会计电算化的宏观规划、市场的培育和发展

70. 与手工会计相比，属于会计电算化主要特征的是（　　）。

A. 人工与计算机相结合　　　　　　B. 会计核算自动化、集中化

C. 数据处理及时准确　　　　　　　D. 内部控制多样化

71. 财政部门管理会计电算化的基本任务包括（　　）。

A. 制定会计电算化发展规划并组织实施

B. 加强会计核算软件的管理，对会计核算软件及生成的会计资料是否符合国家统一的会计制度情况进行监督

C. 组织开展会计电算化管理制度的建设

D. 加强会计软件电算化管理制度的建设

72. 在开展会计电算化工作过程中，应着重做好（　　）等方面的工作。

A. 会计电算化管理和制度的建立　　　B. 建立电算化会计的信息系统

C. 会计人员培训　　　　　　　　　　D. 计算机审核

73. 下列（　　）情况出现时，会计软件当期不能结账。

A. 银行对账出现不一致　　　　　　B. 机内总分类账与机内明细账不一致

C. 会计凭证未全部登账　　　　　　D. 存在未经审核的记账凭证

74. 会计核算软件按照通用范围分类，应当分为（　　）。

A. 通用会计核算软件　　　　　　　B. 民用会计核算软件

C. 专用会计核算软件　　　　　　　D. 商用会计核算软件

三、判断题

1. 某单位会计电算化的实施与该单位的性质、行业、规模等因素都有关系，其最终目的是要建立一个适应本单位会计管理工作所需要的电算化会计信息系统。（　　）

2. 无论是手工系统还是电算化会计系统，其最终目标都是为了加强经营管理，提供会计信息，参与经营决策，提高经济效益。（　　）

3. 会计核算软件是指专门用于会计核算工作的计算机应用软件，但不包括采用各种计算机语言编制的用

于会计核算工作的计算机程序。（　　　）

4．信息处理的本质就是数据处理，数据处理的主要目的是获取有用的信息。（　　　）

5．选择会计软件时，应优先考虑软件的实用性，其次考虑其合法性。（　　　）

6．会计核算软件按照不同的适用范围可分为通用会计核算软件和商品化会计核算软件。（　　　）

7．在会计信息化渗透融合阶段，传统的会计软件已不能完全满足单位会计信息化的需要，会计软件逐步向流程管理相结合的企业资源计划方向发展。（　　　）

8．狭义的会计电算化，是指与实现会计工作电算化有关的所有工作，包括会计电算化软件的开发和应用、会计电算化人才的培训、会计电算化的规划管理、会计电算化的制度建设、会计电算化软件市场的培育和发展等。（　　　）

9．会计核算软件应提供对已经输入尚未记账的记账凭证进行修改和审核的功能，但对于审核通过后的记账凭证，应当不再允许修改。

10．会计核算软件发展过程中，文件管理系统阶段就已经实现了财务软件与企业各个部门信息的有效整合。（　　　）

11．商品化会计核算软件通用性强，不需要在会计部门进行任何调整即可使用。（　　　）

12．会计核算软件信息载体的缺点是存储的数据文件具有无形性，容易复制，篡改与删除且不留痕迹。（　　　）

13．采用相应的数据库管理系统，并开发企业自身的"账务处理系统"不是模拟手工记账阶段的基本特征。（　　　）

14．在会计信息化渗透融合阶段，财政部确定了商品化会计核算软件的评审制度和标准。（　　　）

15．使用会计软件后的会计核算工作基本上实现了自动化，会计数据的收集、输入和处理均可由软件自动完成。（　　　）

16．会计信息系统中人员的重新分工是在会计软件进入试用阶段以后进行的。（　　　）

17．会计信息化有助于增强企业的竞争力，解决会计电算化存在的"孤岛"现象。（　　　）

18．制定规划是会计电算化的第一个步骤，单位应根据规划的要求选购会计软件。（　　　）

19．会计信息化是会计电算化的初级阶段。（　　　）

20．会计软件是否符合国家规定的核算要求和会计人员的习惯，是保证会计信息质量和正常会计工作秩序的前提。（　　　）

21．固定资产发生增加、减少、报废、盘盈、盘亏等情况时要编制相应的记账凭证，这些凭证不能从固定资产核算模块产生，传递给账务处理模块。（　　　）

22．账务处理系统中，会计科目存在总账和下属明细账科目时，删除总账科目，其下属明细账不被删除。（　　　）

23．ERP 系统是在 MRP 系统基础上发展起来的集成管理信息系统，不但解决了财务、分销和生产管理，还集成了人力资源、质量管理、决策支持等企业管理功能。（　　　）

24．会计信息系统就是企业管理信息系统。（　　　）

25．只要使计算机接通电源，计算机就可以开始工作。（　　　）

26．会计核算软件按硬件结构分类，分为通用会计核算软件和专用会计核算软件。（　　　）

27．由账务处理模块以外的其他业务子系统生成会计凭证数据的，应当经审核确认后生成记账凭证。（　　　）

28．会计软件的全部功能模块，是指会计核算软件中能够相对独立完成会计数据输入、处理和输出功能的各个部分。（　　　）

29．会计核算软件中的文字输入、提示、打印输出必须同时采用中文和少数民族文字或者外国文字对照的形式。（　　）

30．在我国会计信息化的模拟手工记账阶段，会计核算软件的应用已经能够最大限度地实现数据共享。（　　）

31．无论什么样的会计软件，其功能模块基本相同，大致都包括账务处理、固定资产管理、工资管理等子系统。（　　）

32．在会计电算化方式下，账务处理的试算平衡、登记账簿等都可由计算机自动完成。（　　）

33．严格按照操作程序操作计算机和会计软件是软件操作员的职责。（　　）

34．不同规模、不同行业的企业的会计核算软件都划分为账务处理、应收/应付款核算、工资核算、固定资产核算、存货核算、销售核算、成本核算、会计报表生成与汇总、财务分析等功能模块。（　　）

35．会计软件必须提供这样的功能，在计算机发生故障或者由于强行关机及其他原因引起内存和外存会计数据被破坏的情况下，能够利用现有数据恢复到最近状态。（　　）

36．运用会计核算软件实现会计数据处理电算化是会计管理电算化要完成的任务。（　　）

37．总账系统是整个会计核算软件的核心。（　　）

38．手工会计核算因未使用现代信息技术，所以不属于会计信息系统范畴。（　　）

39．会计核算软件按服务层次和提供信息的深度可分为单用户会计核算软件和多用户（网络）会计核算软件。（　　）

40．XBRL 语言是一门通用的专门用于财务报告编制、披露和使用的语音，相比会计软件来说，增加了资料的可读性和可维护性。（　　）

41．会计核算软件报表处理模块能够完成企业对外会计报表的编制、生成、浏览、打印和分析功能，但不能完成企业对内报表的编制、生成、浏览、打印和分析功能。（　　）

42．XBRL 就是"会计信息化"的标准体系。（　　）

43．商品化会计核算软件是指全通用的会计软件。（　　）

44．在试运行阶段，可以直接用计算机输入的记账凭证替代手工记账凭证。（　　）

45．会计电算化的出现和发展是会计发展史上的一次重大变革。（　　）

46．普及会计电算化，就是要求会计人员掌握计算机技术，达到自己会编写会计软件系统的水平。（　　）

47．会计电算化在我国会计信息化发展过程中处于中级阶段。（　　）

48．在我国会计信息化探索起步阶段后期，主要是由财政部向相关试点单位进行拨款，由相关单位进行会计电算化试点。（　　）

49．由于采用会计核算软件，一些基本的会计理论与会计方法已经不能适应发展的需要了。（　　）

50．通用会计核算软件一般比专用会计核算软件简单易学。（　　）

51．会计电算化可以推动会计技术、方法、理论创新和观念更新，促进会计工作进一步发展。（　　）

52．会计软件应当具有对机内会计数据进行查询的功能。数据查询功能应满足国家统一的会计制度规定的内容和格式要求。（　　）

53．通用会计核算软件功能多，因而软件质量往往不高。（　　）

54．会计电算化使财务会计管理由事后管理向事中控制、事先预测转变。（　　）

55．1994 年 6 月 30 日，财政部分布了《会计核算软件基本功能规范》，规范对会计软件称谓、基本功能及各个处理环节提出了标准。（　　）

56．会计核算软件的发展经历了人工管理阶段、文件管理系统阶段、数据库系统阶段和会计信息系统阶段四个阶段。（　　）

57. 中国会计信息化委员会暨 XBRL 中国地区组织正式成立，标志着中国会计信息化建设迈上了一个新台阶。（　　）

58. 会计核算软件是依据现代信息技术开发而成的，现代信息技术极大地改变了会计数据处理方式，因此，会计核算软件已经不再处理会计业务数据。（　　）

59. 会计电算化将提高会计核算的水平和质量。（　　）

60. 会计电算化内部控制是指为了维护会计数据准确、可靠和保证企业财产安全而实施的内部控制。（　　）

61. 会计软件无须设置对正在输入的收款凭证借方科目不是"库存现金"或"银行存款"科目，付款凭证贷方科目不是"库存现金"或"银行存款"科目予以提示或拒绝执行功能。（　　）

62. 实施会计电算化后的工作岗位可分为基本会计岗位和电算化会计岗位，系统开发人员属于基本会计岗位。（　　）

63. 自行开发系统的实用性差，常常不适用于企业的业务处理流程。（　　）

64. 在会计信息化渗透融合阶段，企业开始自觉围绕内部控制关系理顺会计信息系统。（　　）

65. 2010 年 10 月，第 21 届国际 XBRL 大会在中国北京召开，财政部发布了《企业会计准则通用分类标准》，国家标准化管理委员会发布了《可扩展商业报告语言（XBRL）技术规范系列国家标准》。（　　）

66. 狭义的会计电算化，是指与现实会计工作电算化有关的所有工作，包括会计电算化软件的开发和应用，会计电算化人才的培养，会计电算化的宏观规划，会计电算化的制度建设，会计电算化软件市场的培育与发展等。（　　）

67. 会计核算软件与手工核算都需要遵守共同的会计准则和会计制度。（　　）

68. 会计电算化系统是在网络环境下进行设计的，其实现的主要手段是计算机网络及现代通信等新的信息技术。（　　）

69. 会计核算软件属于计算机操作软件的范畴。（　　）

70. 对会计软件的全套文档资料以及会计软件程序，保管截止日期是该软件停止使用或有重大更改之后3 年。（　　）

71. 在企业资源计划软件用于处理会计核算数据部分的模块不属于会计核算软件的范畴。（　　）

72. 相关的制度没有规定记账凭证打印格式和内容。（　　）

73. 单用户会计核算软件是指会计软件安装在一台或几台计算机上，每台计算机的会计核算软件单独运行，生成的数据只存储在各自的计算机中，计算机之间不能直接实现数据交换和共享。（　　）

74. 会计核算软件中，对于拟采用的总分类会计科目的名称和编号方法，用户可以根据自己的需要进行设定。（　　）

75. 多用户通过各自独立的计算机系统来实现其处理。（　　）

76. 会计核算软件的演进依次经过了人工管理阶段、数据库系统阶段和文件管理系统阶段。（　　）

77. 在会计电算化环境下，由于数据处理工作由计算机根据合法、规范的会计软件自动处理，只要保证会计数据输入的正确性与合法性，就能保证整个会计数据处理过程及其输出结果的合法性、正确性和规范性。（　　）

78. 会计核算软件开发销售单位必须为使用单位提供会计核算软件操作人员培训、会计核算软件维护、版本更新等方面的服务。（　　）

79. 账龄是指某一往来业务从发生之日起到月末结账之日止的时间期限。（　　）

80. 在会计电算化中，打印出来保存的账页、报表比利用磁盘和光盘等备份的财务数据更加可靠、保密性更高。（　　）

81．系统软件是指采用某种计算机语言编写的，通过应用软件的支持，使计算机帮助人们解决某方面问题的计算机软件。（　　）

82．用电子计算机生成的会计凭证、会计账簿、财务会计报告在格式、内容以及会计资料的真实性和完整性等方面，都必须符合国家统一的会计制度的规定。（　　）

83．为适应传统会计模式，会计信息化利用现代信息技术对会计理论、方法做出了局部的小修改。（　　）

84．在选择商品化会计软件需要考虑的诸因素中，软件是否经济是最先考虑的因素。（　　）

85．企业资源计划（ERP）软件中用于处理会计核算数据部分的模块不属于会计核算软件的范畴。（　　）

86．广义的会计电算化的含义是指以电子计算器为主体的当代电子信息技术在会计工作中的应用。（　　）

87．会计电算化的微观管理是指国家或地区为保证会计电算化的顺利开展所制订的办法、措施和制度。（　　）

88．定点开发会计软件需要有较强的技术力量，开发周期长，费用也较高。（　　）

89．我国的"会计信息化"原名"电子数据处理"。（　　）

90．目前，我国大部分企业纷纷建立了以会计电算化为核心的管理信息系统和企业资源计划（ERP）系统。由此，我国的会计电算化发展到了管理信息系统集成管理阶段。（　　）

91．ERP系统把企业内部和企业间的管理集成起来，消除了企业管理信息系统各子系统的孤岛，实现了应用间的协同工作。（　　）

第二章

会计软件的运行环境

第一节　会计软件的硬件环境

会计软件的运行环境包括硬件环境和软件环境。硬件环境是计算机工作的物质基础（见图 2-1），软件环境是计算机的灵魂。

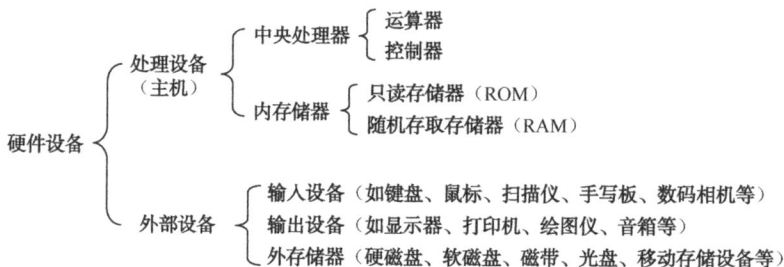

```
                          ┌ 中央处理器 ┌ 运算器
              处理设备      │           └ 控制器
              （主机）     │
                          └ 内存储器   ┌ 只读存储器（ROM）
硬件设备  ┤                             └ 随机存取存储器（RAM）
                          ┌ 输入设备（如键盘、鼠标、扫描仪、手写板、数码相机等）
              外部设备  ┤  输出设备（如显示器、打印机、绘图仪、音箱等）
                          └ 外存储器（硬磁盘、软磁盘、磁带、光盘、移动存储设备等）
```

图 2-1　硬件设备的组成

一、硬件设备

考点 1　计算机的硬件组成

硬件设备一般包括输入设备、处理设备、存储设备、输出设备和通信设备（网络电缆等）。

（一）输入设备

计算机常见的输入设备有键盘、鼠标、光电自动扫描仪、条形码扫描仪（又称扫码器）、二维码识读设备、POS 机、芯片读卡器、语音输入设备、手写输入设备等。

（二）处理设备

处理设备主要是指计算机主机。中央处理器（CPU）是计算机主机的核心部件，主要功能是按照程序给出的指令序列，分析并执行指令。

（三）存储设备

计算机的存储设备包括内存储器和外存储器。

计算机的存储设备包括内存储器和外存储器。内存储器即内存，分为随机存储器 RAM（Random Access Memory）和只读存储器 ROM（Read-Only Memory），一般容量较小，但数据存取速度较快。断电后，RAM 的数据将消失。外存储器一般存储容量较大，但数据存取速度较慢。常见的外存储器有硬盘、U 盘、光盘等。会计软件中的各种数据一般存储在外存储器中。

（四）输出设备

计算机常见的输出设备有显示器和打印机。

在会计软件中，显示器既可以显示用户在系统中输入的各种命令和信息，也可以显示系统生成的各种会计数据和文件；打印机一般用于打印输出各类凭证、账簿、财务报表等各种会计资料。

二、硬件结构

电算化会计信息系统中常见的硬件结构通常有单机结构、多机松散结构、多用户结构和微机局域网络四种形式，硬件结构的优缺点及适用范围如表 2-1 所示。

表 2-1　硬件结构的优缺点和适用范围

硬件结构		优　点	缺　点	适　用
单机结构		使用简单、配置成本低，数据共享程度高，一致性好	集中输入速度低，不能同时允许多个成员进行操作，并且不能进行分布式处理	数据输入量小的企业
多机松散结构		输入输出集中程度高，速度快	数据共享性差，系统整体效率低	输入量较大的企业
多用户结构		会计数据可以通过各终端分散输入，并集中存储和处理	费用较高，应用软件较少，主机负载过大，容易形成拥塞	输入量大的企业
微机局域网络	C/S结构	技术成熟、响应速度快、适合处理大量数据	系统客户端软件安装维护的工作量大，且数据库的使用一般仅限于局域网的范围内	大中型企业
	B/S结构	维护和升级方式简单，运行成本低	应用服务器运行数据负荷较重	

考点 2　电算化中常见的硬件结构

（一）单机结构

单机结构属于单用户工作方式，一台微机同一时刻只能供一人使用。

单机结构的优点：使用简单、配置成本低，数据共享程度高，一致性好。

单机结构的缺点：集中输入速度低，不能同时允许多个成员进行操作，并且不能进行分布式处理。

单机结构的适用：数据输入量小的企业。

（二）多机松散结构

（三）多用户结构

多用户结构又称联机结构，整个系统配备一台计算机主机（通常是中型机，目前也有较高档的微机）和多个终端（终端由显示器和键盘组成）。主机与终端的距离较近（0.1 千米左右），并为各终端提供虚拟内存，各终端可同时输入数据。

多用户结构优点：会计数据可以通过各终端分散输入，并集中存储和处理。

多用户结构缺点：费用较高，应用软件较少，主机负载过大，容易形成拥塞。

多用户结构适用：输入量大的企业。

（四）微机局域网络

微机局域网络又称网络结构，是由一台服务器（通常是高档微机）将许多中低档微机连接在一起（由网络接口卡、通信电缆连接），相互通信、共享资源，组成一个功能更强的计算机网络系统。

微机局域网络通常分为客户机/服务器（C/S）结构和浏览器/服务器（B/S）结构两种结构，主要适用于大中型企业。

1．客户机/服务器（C/S）结构

在客户机/服务器结构模式下，服务器配备大容量存储器并安装数据库管理系统，负责会计数据的定义、存取、备份和恢复，客户端安装专用的会计软件，负责会计数据的输入、运算和输出。

客户机/服务器（C/S）结构优点：技术成熟、响应速度快、适合处理大量数据。

客户机/服务器（C/S）结构缺点：系统客户端软件安装维护的工作量大，且数据库的使用一般仅限于局域网的范围内。

2．浏览器/服务器（B/S）结构

浏览器/服务器结构模式下，服务器是实现会计软件功能的核心部分，客户机上只需安装一个浏览器，用户通过浏览器向分布在网络上的服务器发出请求，服务器对浏览器的请求进行处理，将用户所需信息返回到浏览器。

浏览器/服务器（B/S）结构优点：维护和升级方式简单，运行成本低。

浏览器/服务器（B/S）结构缺点：应用服务器运行数据负荷较重。

【例题·多选题】下列属于输入设备的有（　　　）。

A．键盘　　　　B．POS 机　　　C．外存储器　　　D．二维码识读设备

【答案】ABD

【解析】外存储器属于存储设备。

【例题·判断题】多机松散结构的优点在于会计数据可以通过各终端分散输入，并集中存储和处理。（　　）

【答案】错

【解析】多用户结构的优点在于会计数据可以通过各终端分散输入，并集中存储和处理。

【例题·单选题】ROM 是指（　　　）。

A．外存储器　　B．只读存储器　　C．随机存储器　　D．处理设备

【答案】B

【答案】内存储器即内存，分为随机存储器 RAM 和只读存储器 ROM。

第二节　会计软件的软件环境

一、软件的类型

考点 3　软件的分类及各类软件的特点

（一）系统软件

系统软件是用来控制计算机运行，管理计算机的各种资源，并为应用软件提供支持和服务的一类软件。

1．操作系统

操作系统是指计算机系统中负责支撑应用程序的运行环境以及用户操作环境的系统软件，具有对硬件直接监管、管理各种计算机资源以及提供面向应用程序的服务等功能。

（1）操作系统是系统软件的核心软件。

（2）是计算机裸机（硬件）与应用程序（软件）及用户之间的桥梁。

（3）常见的操作系统有 DOS、Windows、Unix、Linux、Android、iOS 等。

2．数据库管理系统

数据库是指按一定的方式组织起来的数据的集合，它具有数据冗余度小、可共享等特点。数据库管理系统是一种操作和管理数据库的大型软件。

（1）会计软件是基于数据库系统的应用软件。

（2）目前常用的数据库管理系统有 Oracle、Sybase、VisualFoxPro、Informix、SQL Server、Access 等。

3．支撑软件

支撑软件是指为配合应用软件有效运行而使用的工具软件，它是软件系统的一个重要组成部分，主要有编辑程序、调试程序、装备和连接程序、纠错程序、诊断程序、杀病毒程序等。

4．语言处理程序

语言处理程序包括汇编程序、解释程序和编译程序等，其任务是将用汇编语言或高级语言编写的程序，翻译成计算机硬件能够直接识别和执行的机器指令代码，如图 2-2 所示。

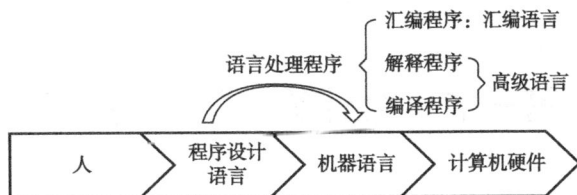

图 2-2　语言处理程序

（二）应用软件

应用软件是为解决各类实际问题而专门设计的软件。会计软件属于应用软件。

【举例】

（1）办公类软件：Word、Excel、PPT、WPS。

（2）图像处理软件：Photoshop、会声会影、美图秀秀、微软的画图。

（3）媒体播放软件：Windows Media player、Real player、暴风影音、QQ 影音、百度影音。

（4）网络通信软件：微信、Foxmail、QQ、飞信。

（5）翻译软件：金山词霸、百度词典。

（6）财务软件：用友、金蝶、管家婆、速达等。

二、安装会计软件的前期准备

考点 4　安装会计软件的前提条件

在安装会计软件前，技术支持人员必须首先确保计算机的操作系统符合会计软件的运行要求。某些情况下，技术支持人员应该事先对操作系统进行一些简单的配置，以确保会计软件能够正常运行。

在检查并设置完操作系统后，技术支持人员需要安装数据库管理系统。

会计软件的正常运行需要某些支撑软件的辅助。因此，在设置完操作系统并安装完数据库管理系统后，技术支持人员应该安装计算机缺少的支撑软件。

在确保计算机操作系统满足会计软件的运行要求，并安装完数据库管理软件和支撑软件后，技术支持人员方可开始安装会计软件，同时应考虑会计软件与数据库系统的兼容性。

【例题·多选题】下列软件属于数据库管理系统的有（　　　）。

A．Visual FoxPro　　　　B．Sybase　　　　C．Windows　　　　D．Access

【答案】ABD

【解析】Windows 属于操作系统。

【例题·多选题】下列软件中，不属于应用软件的有（　　　）。

A．金山杀毒软件　　　　　　　　　　B．数据库管理系统

C．人事管理系统　　　　　　　　　　D．金山 WPS

【答案】AB

【解析】选项 A 和选项 B 属于系统软件。

【例题·多选题】系统软件通常包括（　　　）。

A．操作系统　　　　B．支撑软件　　　　C．数据库管理系统　　　D．应用软件

【答案】ABC

【解析】系统软件包括操作系统、数据库管理系统、支撑软件和语言处理程序。

第三节　会计软件的网络环境

一、计算机网络基本知识

考点 5　计算机网络的基本概念、功能及分类

（一）计算机网络的概念与功能

计算机网络是以硬件资源、软件资源和信息资源共享以及信息传递为目的，在统一的网络协议控制下，将地理位置分散的许多独立的计算机系统连接在一起所形成的网络。

计算机网络的功能主要体现在资源共享、数据通信、分布处理三个方面。（"有福同享有难同当"）

（1）资源共享。在计算机网络中，各种资源可以相互通用，用户可以共同使用网络中的软件、硬件和数据。

（2）数据通信。计算机网络可以实现各计算机之间的数据传送，可以根据需要对这些数据进行集中与分散管理。

（3）分布处理。当计算机中的某个计算机系统负荷过重时，可以将其处理的任务传送到网络中较空闲的其他计算机系统中，以提高整个系统的利用率。

（二）计算机网络的分类

按照覆盖的地理范围，计算机网络可以分为局域网、城域网和广域网。

二、会计信息系统的网络组成部分（硬件结构：微机局域网络）

服务器：网络环境中的高性能计算机

客户机：连接到服务器的计算机

网络连接设备：把网络通信线路连接起来的各种设备，包括中继器、交换机和路由器。

【例题·多选题】计算机网络的主要功能体现在（   ）。

A. 资源共享   B. 数据通信   C. 分布处理   D. 数据存储

【答案】ABC

【解析】数据存储是存储设备的功能。

【例题·多选题】城域网的覆盖范围可以延伸到整个世界。（   ）

【答案】错

【解析】城域网的覆盖范围可以延伸到整个城市。广域网的覆盖范围可以是一个国家或多个国家甚至整个世界。

第四节　会计软件的安全

一、安全使用会计软件的基本要求

考点6　使用会计软件的基本要求

常见的非规范化操作包括密码与权限管理不当，会计档案保存不当，未按照正常操作规范运行软件等。这些操作可能威胁会计软件的安全运行。

（一）严格管理账套使用权限

在使用会计软件时，用户应该对账套使用权限进行严格管理，防止数据外泄；用户不能随便让他人使用自己的计算机；在离开计算机时，必须立即退出会计软件，以防止他人偷窥系统数据。

（二）定期打印备份重要的账簿和报表数据

为防止硬盘上的会计数据遭到意外或被人为破坏，用户需要定期将硬盘数据备份到其他磁性介质上（如U盘、光盘等）。在月末结账后，对本月重要的账簿和报表数据还应该打印备份（见图2-3）。

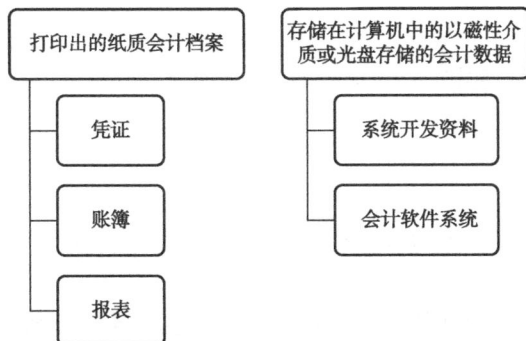

图2-3　会计电算化档案

（1）现金日记账和银行日记账要求每天打印输出，做到日清月结。

（2）明细账要求每年打印一次或在需要时打印。

（3）总账、报表：一般每月打印一次。

（4）相关凭证、报表应有签名和盖章。

（5）系统开发资料：系统说明书、软件测试报告、编码说明、代码清单等，保管期应截止到该系统停止使用或有重大更改之后的 5 年。

（三）严格管理软件版本升级

对会计软件进行升级的原因主要有：

（1）因改错而升级版本；

（2）因功能改进和扩充而升级版本；

例如：用友 T3 升级后增加"生产管理"模块；金蝶 KIS 专业版 13.0 集成企业 QQ 功能。

（3）因运行平台升级而升级版本。

例如：WinXP 系统升级至 Win7 系统，数据库管理系统和会计软件均可能需要升级。

经过对比审核，如果新版软件更能满足实际需要，企业应该对其进行升级。

【例题·多选题】下列属于安全使用会计软件基本要求的有（　　　）。

A. 防范计算机病毒和计算机黑客的攻击

B. 对填制凭证人员与审核人员的权限进行严格管理

C. 月末结账后，打印备份本月重要的账簿和报表数据

D. 因改错而升级版本

【答案】BCD

【解析】选项 A，不属于安全使用会计软件的基本要求。

【例题·判断题】会计软件的用户不能随便让他人使用自己计算机。（　　　）

【答案】对

二、计算机病毒的防范

计算机病毒是指编制者在计算机程序中插入的破坏计算机功能或数据，影响计算机使用并且能够自我复制的一组计算机指令或程序代码。

（一）计算机病毒的特点

考点 7　计算机病毒的特点

1. 寄生性

寄生在正常的程序中，跟随正常程序一起运行激活。

2. 传染性

具有自我复制到其他程序中的特性。

3. 潜伏性

一般不立即发作，具有一定的潜伏期，在某一时间集中大规模爆发。

4. 隐蔽性

病毒程序隐藏在引导区或文件中，与正常程序不容易区分出来。感染病毒后，用户不会感到任何异常。

5. 破坏性

计算机运行速度变慢、死机、蓝屏；增删改正常的数据、文件。

6．可触发性

如果满足预先设定的触发条件，自动感染或破坏；如果不满足，病毒继续潜伏。

例如，Jerusalem（黑色星期五）病毒的触发条件之一是：如果计算机系统日期是 13 日并且是星期五，则病毒发作，并删除任何一个在计算机上运行的 COM 文件或 EXE 文件。

（二）计算机病毒的类型

考点 8　计算机病毒的分类

1．按计算机病毒的破坏能力分类

（1）良性病毒：占有系统 CPU 资源和内存，系统运行效率降低，但不破坏系统数据。

（2）恶性病毒：损伤和破坏计算机系统：删除文件、破坏盗取数据、格式化硬盘、系统瘫痪。

2．按计算机病毒存在的方式分类

（1）引导型病毒：磁盘引导区或主引导区：系统启动→内存。

分为分区引导病毒（如小球病毒）和主引导记录病毒（如大麻病毒）。

（2）文件型病毒：文件→内存。一般寄生并感染各类可执行文件，如扩展名为 ".com"、".exe" 的文件，也可寄生于相关引用文件，如 ".drv"、".bin"、".sys"。

（3）网络病毒：网络→文件→内存。主要通过网络的服务器访问、电子邮件收发，以及 FTP 文件互换、磁盘共享与交换等形式进行传播。

（三）导致病毒感染的人为因素

（1）不规范的网络操作；

（2）使用被病毒感染的磁盘。

（四）感染计算机病毒的主要症状

考点 9　感染计算机病毒的表现

当计算机感染病毒时，系统会表现出一些异常症状。

（1）系统启动时间比平时长，运行速度减慢；

（2）系统经常无故发生死机现象；

（3）系统异常重新启动；

（4）计算机存储系统的存储容量异常减少，磁盘访问时间比平时长；

（5）系统不识别硬盘；

（6）文件的日期、时间、属性、大小等发生变化；

（7）打印机等一些外部设备工作异常；

（8）程序或数据丢失或文件损坏；

（9）系统的蜂鸣器出现异常响声；

（10）其他异常现象。

（五）防范计算机病毒的措施

考点 10　防治计算机病毒的方法

（1）规范使用 U 盘的操作，在使用外来盘时应该首先用杀毒软件检查是否有病毒，确认无病毒后再使用；

（2）使用正版软件，杜绝购买盗版软件；

（3）谨慎下载与接收网络上的文件和电子邮件；

（4）经常升级杀毒软件；

（5）在计算机上安装防火墙；

（6）经常检查系统内存；

（7）计算机系统要专机专用，避免使用其他软件。

（六）计算机病毒的检测与清除

（1）计算机病毒的检测：人工检测、自动检测。

（2）计算机病毒的清除：杀毒软件。

【例题·多选题】下列属于防范计算机病毒措施的有（　　）。

A. 杜绝购买盗版软件

B. 杜绝下载与接收网络上的文字和电子邮件

C. 经常升级杀毒软件

D. 经常检查系统内存

【答案】ACD

【解析】选项 B，应当是谨慎下载与接收网络上的文件和电子邮件，并不是杜绝。

【例题·判断题】病毒可以寄生在正常的程序中，跟随正常程序一起运行。（　　）

【答案】对

【解析】病毒寄生性的特点。

三、计算机黑客的防范（★）

考点 11　计算机黑客常用手段及其防范措施

计算机黑客是指通过计算机网络非法进入他人系统的计算机入侵者。他们对计算机技术和网络技术非常精通，能够了解系统的漏洞及其原因所在，通过非法闯入计算机网络来窃取机密信息，毁坏某个信息系统。

（一）黑客常用手段

（1）密码破解。字典攻击、假登录程序、密码探测程序。

（2）IP 嗅探与欺骗。IP 嗅探（网络监听）：被动式攻击（斯诺登事件）；欺骗：主动式攻击（假冒银行网站）。

（3）攻击系统漏洞。

（4）端口扫描。

（二）防范黑客的措施

（1）制定相关法律法规加以约束。

（2）数据加密。

（3）身份认证。

（4）建立完善的访问控制策略。

● 近年的黑客事件

2008 年，一个全球性的黑客组织，利用 ATM 欺诈程序在一夜之间从世界 49 个城市的银行中盗走了 900 万美元。

2010 年 1 月 12 日上午 7 点钟开始，全球最大的中文搜索引擎"百度"遭到黑客攻击，长时间无法正常访问。主要表现为跳转到雅虎出错页面、伊朗网军图片，出现"天外符号"等。中国红盟立即对伊朗卫生局等政府进行攻击，表现情况：图片被插入五星红旗，域名无法访问。

2012 年 9 月 14 日，中国黑客成功入侵日本最高法院官方网站，并在其网站上发布了有关钓鱼岛的图片和文字。

【例题·多选题】黑客的常用手段有（　　　）。

A. 密码破解　　B. IP 嗅探与欺骗　　C. 攻击系统漏洞　　D. 端口扫描

【答案】ABCD

【解析】黑客常用的手段：密码破解、IP 嗅探与欺骗、攻击系统漏洞、端口扫描。

【例题·多选题】防范黑客的措施有（　　　）。

A. 制定相关法律法规加以约束　　　　B. 身份认证

C. 计算机系统要专机专用　　　　　　D. 建立完善的访问控制

【答案】ABD

【解析】选项 C，属于防范计算机病毒的措施。

本章小结

【考试大纲基本要求】

1. 了解会计软件的硬件环境
2. 了解会计软件的软件环境
3. 了解会计软件的网络环境
4. 了解计算机病毒的特点、分类、防范措施、检测与清除手段
5. 了解计算机黑客常用手段及其防范措施
6. 掌握安全使用会计软件的基本要求

考点强化训练

一、单项选择题

1. 存储器是用来存放（　　　）。

　A. 数字　　　　B. 文字　　　　C. 表格　　　　D. 程序和数据

2. 商品化会计软件是一种（　　　）。

　A. 系统软件　　B. 应用软件　　C. 管理软件　　D. 信息软件

3. 客户机/服务器结构的简称是（　　　）。

　A. C/S　　　　B. A/S　　　　C. B/S　　　　D. D/S

4. 为解决各类应用问题而编写的计算机程序称为（　　　）。

　A. 系统软件　　B. 应用软件　　C. 实用程序　　D. 工具软件

5. 对于已感染了病毒的 U 盘，最彻底的清除病毒的方法是（　　　）。

　A. 对 U 盘进行格式化　　　　　　B. 将感染病毒的程序删除

　C. 将 U 盘插入计算机后重启计算机　D. 用杀毒软件进行扫描

6. 计算机中访问速度最快的存储器是（　　）。

　　A. RAM　　　　　　B. CD-ROM　　　　C. 硬盘　　　　　D. 软盘

7. CPU 的主要功能是（　　）。

　　A. 传送信息　　　　　　　　　　　B. 识别指令和执行指令

　　C. 把数据存入存储器　　　　　　　D. 控制输入、输出设备

8. 下列（　　）不属于操作系统。

　　A. Office　　　　　　B. DOS　　　　　　C. WindowsXP　　　D. Windows2000

9. 下列软件中，（　　）不属于网络通信软件。

　　A. FTP　　　　　　　B. 电子邮件　　　　C. 网络浏览器　　　D. 网卡驱动程序

10. 硬件与软件的接口是（　　）。

　　A. 应用软件　　　　　B. 编辑软件　　　　C. 计算软件　　　　D. 操作系统

11. 目前，对用户最为有利的会计核算软件的加密方法是（　　）。

　　A. 软加密　　　　　　B. 硬加密　　　　　C. 激光加密　　　　D. 口令加密

12. 编译软件属于（　　）。

　　A. 数据库管理系统　　B. 工具软件　　　　C. 系统软件　　　　D. 应用软件

13. 下列各项中，（　　）属于在计算机网络中采用防火墙的作用。

　　A. 查杀计算机病毒　　B. 阻挡非法入侵　　C. 自动备份数据　　D. 防止火灾

14. 黑客入侵属于（　　）。

　　A. 内部人员道德风险　　　　　　　B. 系统关联方道德风险

　　C. 社会道德风险　　　　　　　　　D. 企业道德风险

15. 下面各项中，会威胁到会计软件安全的是（　　）。

　　A. 合理的账务分工

　　B. 定期打印账簿和报表

　　C. 经常使用安装有会计软件的机器下载资料

　　D. 及时进行软件的升级

16. 若发现某片软盘已经感染病毒，则可（　　）。

　　A. 将该软盘报废

　　B. 换一台计算机再使用该软盘上的文件

　　C. 将该软盘上的文件复制到另一张软盘上使用

　　D. 用杀毒软件清除该软盘上的病毒或者在确认无病毒的计算机上格式化该软盘

17. 系统安全的主要因素不包括（　　）。

　　A. 系统故障风险　　　B. 道德风险　　　　C. 计算机病毒　　　D. 文化风险

18. （　　）指企业内部人员对信息的非法访问、篡改、泄密和破坏等方面的风险。

　　A. 社会道德风险　　　　　　　　　B. 内部人员道德风险

　　C. 系统关联方道德风险　　　　　　D. 系统故障风险

19. 由于操作失误，硬件、软件、网络本身出现故障，而导致系统数据丢失甚至瘫痪的风险是（　　）。

　　A. 系统故障风险　　　　　　　　　B. 内部人员道德风险

　　C. 系统关联方道德风险　　　　　　D. 社会道德风险

20. 会计核算软件应当提供自动进行银行对账的功能，根据机内银行存款日记账与输入的银行对账单及适当的手工辅助，自动生成（　　）。

　　A. 记账凭证　　　　B. 会计账簿　　　　C. A和B　　　　D. 银行存款余额调节表

21. 软件和硬件的交互层是（　　）。

　　A. 系统软件　　　　B. 应用软件　　　　C. 操作系统　　　　D. 数据库管理系统

22. 以下不是计算机病毒特点的是（　　）。

　　A. 破坏性　　　　B. 可预见性　　　　C. 潜伏性　　　　D. 隐蔽性

23. 引导区型病毒是最流行的病毒类型，主要通过软盘在（　　）操作系统里传播。

　　A. Windows　　　　B. UNIX　　　　C. DOS　　　　D. Linux

24. （　　）主要通过软盘在DOS操作系统里传播。

　　A. 宏病毒　　　　B. 文件型病毒　　　　C. 复合病毒　　　　D. 系统引导病毒

25. 硬件结构是指硬件设备的不同组合方式，常见的会计信息系统的硬件结构不包括（　　）。

　　A. 单机结构　　　　B. 多机松散结构　　　　C. 局域网结构　　　　D. 互联网结构

26. 某单位的财务管理软件属于（　　）。

　　A. 工具软件　　　　B. 应用软件　　　　C. 系统软件　　　　D. 字表处理软件

27. 下列输入设备中，会计人员一般使用的是（　　）。

　　A. 键盘　　　　B. 数码相机　　　　C. 扫描仪　　　　D. 写字板

28. 以下设备中，属于输出设备的是（　　）。

　　A. 显示器和绘图仪　　　　　　　　B. 键盘和鼠标

　　C. 打印机和条形码阅读器　　　　　D. 显示器和数码照相机

29. 计算机中的RAM是（　　）。

　　A. 随机存储器　　　　　　　　　　B. 高速缓冲存储器

　　C. 顺序存储器　　　　　　　　　　D. 只读存储器

30. PC机是指（　　）。

　　A. 个人计算机　　　　B. 服务器　　　　C. 终端计算机　　　　D. 计算机辅助设备

31. 下列不属于病毒防范措施的是（　　）。

　　A. 不随便使用外来软件或其他介质，对外来软盘或其他介质必须先检查后使用

　　B. 做好系统软件、应用软件的备份，并定期进行数据文件备份，供系统恢复使用

　　C. 计算机系统要专机专用，要避免使用其他软件，如游戏软件，以减少病毒感染机会

　　D. 安装防黑客软件

32. 世界上首例病毒是（　　）。

　　A. 蠕虫病毒　　　　　　　　　　　B. 黑色星期五病毒

　　C. 米开郎基罗病毒　　　　　　　　D. 小球病毒

33. 假设发现某微机的硬盘C感染上了病毒，现有1张含有清病毒软件的系统盘（软盘），在下面列出的不同操作方法中，较为有效地清除病毒的方法是（　　）。

　　A. 不关机直接运行软盘中的清病毒软件

　　B. 用硬盘重新自举后运行软盘中的清病毒软件

　　C. 用含有清病毒软件的系统盘重新自举后，再运行软盘中的清病毒软件

　　D. 选项A、B、C均可

34. 操作系统的作用是（　　）。

　　A. 将源程序编译成目标程序

　　B. 负责诊断机器的故障

C. 负责外设与主机之间的信息交换

D. 控制和管理计算机系统的硬件和软件资源

35. 在网络文件地址中，用于连接一级域名与二级域名的是（　　）。

    A. /　　　　　　　　B. 原点　　　　　　　C. //　　　　　　　　D. @

36. 一般计算机硬件系统的主要组成部件有五大部分，下列选项不属于这五大部分的是（　　）。

    A. 输入设备和输出设备　　　　　　　B. 软件

    C. 运算器　　　　　　　　　　　　　D. 控制器

37. 对于使用了会计软件的老用户来说，建立新年度账后，可以对账套中相关信息进行调整，以下信息不能修改的是（　　）。

    A. 会计科目　　　　B. 期初余额　　　　C. 凭证类别　　　　D. 账套启用日期

38. （　　）是指专门用于会计核算工作的计算机软件。

    A. 会计软件　　　　B. 会计核算软件　　C. 会计管理软件　　D. 管理软件

39. 系统软件与应用软件的相互关系是（　　）。

    A. 前者以后者为基础　　　　　　　　B. 每一类都不以另一类为基础

    C. 每一类都以另一类为基础　　　　　D. 后者以前者为基础

40. 下列不属于网络操作系统功能的是（　　）。

    A. CPU 管理　　　　B. 远程管理　　　　C. 外存管理　　　　D. 输入输出管理

41. 以下设备中，只能作为输出设备的是（　　）。

    A. 键盘　　　　　　B. 打印机　　　　　C. 鼠标　　　　　　D. 磁盘和硬盘

42. 按会计信息共享与否划分，会计软件可以分为（　　）和网络版会计软件。

    A. 会计核算软件　　B. 单用户会计软件　C. 管理型会计软件　D. 决策型会计软件

43. 下列不是输出设备的是（　　）。

    A. 显示器　　　　　B. 打印机　　　　　C. 扫描仪　　　　　D. 绘图仪

44. 下列不属于安全使用会计软件的基本要求的是（　　）。

    A. 严格管理账套使用权限

    B. 严格管理下载与接收网络上的文件和电子邮件

    C. 严格管理软件版本升级

    D. 定期打印备份重要的账簿和报表数据

45. 城市银行的计算机网络属于（　　）。

    A. 局域网　　　　　B. 城域网　　　　　C. 广域网　　　　　D. 互联网

46. 下列设备中不能作为输出设备的是（　　）。

    A. 打印机　　　　　B. 显示器　　　　　C. 键盘　　　　　　D. 绘图仪

二、多项选择题

1. 会计软件从系统环境看，包括（　　）。

    A. 硬件环境　　　　B. 网络环境　　　　C. 软件环境　　　　D. 操作环境

2. 与软盘相比，下列属于 U 盘特点的有（　　）。

    A. 存储容量大　　　B. 移动性较差　　　C. 存储容量小　　　D. 移动性较强

3. 在输入记账凭证的过程中，会计核算软件必须提供以下（　　）的功能。

    A. 提示正在输入的记账凭证编号是否与已输入的机内记账凭证编号重复

B. 以编号形式输入会计科目的，应当提示对应的科目名称

C. 提示并拒绝保存借贷方金额不平衡的凭证

D. 提示并拒绝保存输入无金额的凭证

4. 计算机感染病毒后会产生各种现象，以下属于计算机感染病毒现象的是（　　）。

　　A. 文件占用的空间变大　　　　　　B. 机器一小时内死机 3 次，不能正常启动

　　C. 屏幕显示异常图形　　　　　　　D. 机内的电扇不转

5. 下列关于计算机病毒的表述中，错误的有（　　）。

　　A. 计算机病毒一旦产生，便无法清除

　　B. 计算机病毒是一种人为蓄意编制的具有破坏性的程序

　　C. 计算机病毒是一种传染力极强的生物细菌

　　D. 计算机病毒可以烧毁计算机的电子器件

6. 黑客的攻击目标几乎遍及计算机系统的每一个组成部分，其中主要攻击对象有（　　）。

　　A. 网络组件　　　B. 网络服务　　　C. 计算机系统　　　D. 信息资源

7. 单位会计电算化规划技术方案中主要包括（　　）。

　　A. 会计电算化系统的总体结构

　　B. 会计电算化软件系统的实现途径

　　C. 系统的硬、软件选择

　　D. 人员工资标准

8. 下列各项中，属于文件病毒可以感染文件的扩展名有（　　）。

　　A. com　　　　　B. sys　　　　　C. doc　　　　　D. TXT

9. 下列各项中，属于确保会计数据安全保密的技术手段有（　　）。

　　A. 加密存储　　　B. 用户身份验证　　　C. 定期杀毒　　　D. 授权

10. 下列属于操作系统的软件是（　　）。

　　A. Word　　　　　B. DOS　　　　　C. Windows　　　　D. UNIX

11. 下列设备中，同时属于输入输出设备的有（　　）。

　　A. 键盘　　　　　B. 软盘　　　　　C. 硬盘　　　　　D. 显示器

12. 下列软件中，不属于文字处理软件的有（　　）。

　　A. WIPS　　　　　B. Linux　　　　　C. MSWord　　　　D. Access

13. 若发现软盘中文件染上病毒，可用（　　）法清除。

　　A. 将磁盘重新格式化　　　　　　　B. 使用清洗盘

　　C. 用 CLS 命令　　　　　　　　　　D. 使用杀病毒软件

14. 宏病毒根据传染的宿主不同可以分为（　　）。

　　A. 传染 Word 的宏病毒　　　　　　B. 传染 Excel 的宏病毒

　　C. 传染 AmiPr0 的宏病毒　　　　　D. 传染 PowerPoint 的宏病毒

15. 下列各项中，属于计算机操作系统的有（　　）。

　　A. Linux　　　　　B. Office　　　　　C. UNIX　　　　　D. Windows

16. 从会计核算软件的发展过程来看，其中系统发展分为（　　）阶段。

　　A. 人工管理系统　　　　　　　　　B. 文件管理系统

　　C. 数据库系统　　　　　　　　　　D. 财务管理系统

17. 下列属于硬件的脆弱性可能给数据安全带来风险的因素是（　　）。

A. 大量数据集中存储在小小的一块存储介质上，一旦被意外损坏就会造成大量数据的丢失，而且介质的损坏往往是不可修复的

B. 存储的数据可以轻易地被复制而且不留痕迹

C. 磁介质具有剩磁特性，如果使用过的磁介质没有删除干净，留下剩磁就很有可能泄密

D. 计算机进行数据处理或传输过程中都会产生电磁辐射，这一方面可能会造成泄密，另一方面也可能会因受到干扰而造成数据信息的不准确

18. 黑客攻击通常采用的攻击方式有（   ）。

    A. 密码破解   B. IP 嗅探与欺骗   C. 系统漏洞   D. 端口扫描

19. 下列属于常见输出设备的有（   ）。

    A. 键盘   B. 显示器   C. 打印机   D. 鼠标

20. 微机内存储器分为（   ）。

    A. 只读存储器（ROM）   B. 软盘存储器

    C. 随机读写存储器（RAM）   D. 硬盘存储器

21. 防范黑客的主要措施有（   ）。

    A. 通过制定相关法律加以约束   B. 采用防火墙、防黑客软件等防黑产品

    C. 采用加密技术   D. 访问控制

22. 下列各项中，属于计算机语言通常分类的有（   ）。

    A. 机器语言   B. 汇编语言   C. 高级语言   D. XBRL 语言

23. 计算机病毒的检测方法通常有（   ）。

    A. 自动检测   B. 人工检测   C. 定期检测   D. 不定期检测

24. 下列各项中，属于黑客常用的入侵手段的有（   ）。

    A. 拒绝访问   B. 网上欺骗   C. 逻辑炸弹   D. 缓存溢出

25. （   ）属于系统维护员的职责。

    A. 定期检查软件、硬件的运行情况   B. 负责软件的安装和调试工作

    C. 对系统进行功能完善、欠缺的改善   D. 负责会计数据的录入

26. 在会计电算化硬件系统选择中，选择主机要涉及（   ）两个主要指标。

    A. 运行速度   B. 输入量   C. 输出量   D. 存储量

27. 在下列 4 项中，属于计算机病毒特点的是（   ）。

    A. 潜伏性   B. 隐蔽性   C. 感染性   D. 免疫性

28. 运算器又称算术逻辑单元，可以在控制器控制下完成（   ）。

    A. 加减乘除运算   B. 函数运算   C. 幂运算   D. 逻辑判断

29. 为防止账簿数据混乱，在使用后不能修改的内容有（   ）。

    A. 科目编码规则   B. 单位名称   C. 账套号   D. 启用日期

30. 下列属于正确进行计算机病毒预防措施的有（   ）。

A. 不使用非原始启动软盘或其他介质引导机器

B. 不随便使用外来软盘或其他介质，对外来软盘或其他介质必须先检查后使用；对接收网上传送的数据也要先检查，后使用

C. 接收电子邮件时，不要轻易执行其中的可执行代码

D. 注意用"写保护"来保护软盘、U 盘不受病毒感染

31. 切断计算机病毒的传播途径，需要注意的有（   ）。

A．不随便使用外来存储介质

B．接收网上传送的文件要先检查后使用

C．定期对计算机进行病毒检查

D．安装会计电算化软件的计算机要专机专用

32．计算机安全的内部管理工作主要包括以下几方面（　　）。

A．建立必要的技术防护措施

B．加强系统操作的安全管理

C．加强基础设施的安全防范工作

D．加强对会计电算化系统使用人员进行安全教育和管理

33．按照存储器在计算机结构中所处的位置，可分为（　　）。

A．数据存储器　　　B．逻辑存储器　　　C．内存储器　　　D．外存储器

34．当计算机感染病毒后，会出现的症状是（　　）。

A．系统无故发生死机现象　　　　　　　B．系统不识别硬盘

C．打印工作异常　　　　　　　　　　　D．文件损坏

35．存储器可以分为（　　）。

A．主存储器　　　B．辅助存储器　　　C．硬盘　　　D．软盘

36．下列措施中，可以防范计算机病毒的是（　　）。

A．不随便从网上下载来历不明的软件　　B．不使用盗版或来历不明的软件

C．注意关机以防病毒入侵　　　　　　　D．安装防病毒软件并及时更新病毒库

37．下列软件属于数据库管理系统的有（　　）。

A．Oracle　　　B．Excel　　　C．Windows　　　D．Access

38．下列属于计算机输入设备的有（　　）。

A．CPU　　　B．鼠标　　　C．扫描仪　　　D．二维码识读设备

39．下列关于应用软件的说法中，正确的有（　　）。

A．应用软件用于管理和维护计算机资源

B．系统软件是为解决各类应用问题而设计的各种计算机软件

C．系统软件用于协调计算机各部分的工作，增强计算机功能

D．Word 和 Excel 系统都属于应用软件

40．按照网络覆盖的地理范围的大小，可以将计算机网络分为（　　）。

A．全域网　　　B．局域网　　　C．城域网　　　D．广域网

41．以下属于应用软件的有（　　）。

A．游戏软件　　　B．表格处理软件　　　C．文字处理软件　　　D．信息管理软件

42．下列各项中，属于计算机资源的有（　　）。

A．计算机设备　　　B．计算机存储介质　　　C．计算机软件　　　D．计算机输出材料和数据

43．计算机安全技术是一门不断发展的学科，就目前来说，主要有以下关键技术（　　）。

A．信息加密技术　　　B．漏洞扫描技术　　　C．入侵检测技术　　　D．防火墙技术

44．下列各项中，属于计算机安全主要目标的有（　　）。

A．保护计算机资源免受毁坏　　　　　　B．保护计算机资源免受替换

C．保护计算机资源免受盗窃　　　　　　D．保护计算机资源免受丢失

45．在总账系统中，下列（　　）属于辅助核算。

A. 个人往来 　　　　B. 供应商往来 　　　　C. 部门往来 　　　D. 项目核算

46. 处理设备主要是指计算机主机，中央处理器主要包括（　　　）。

A. 运算器 　　　　B. 控制器 　　　　C. 寄存器 　　　D. 存储器

47. ROM 常用于存储一些固化软件，常见的有（　　　）。

A. 机器的自检程序 　　　　B. 初始化程序

C. 基本输入设备驱动程序 　　　　D. 基本输出设备驱动程序

48. 黑客常用的入侵方法有（　　　）。

A. 诱入法 　　　　B. 线路窃听 　　　　C. 网络监测 　　　D. 特洛伊木马

49. 下列措施可以防范计算机病毒的有（　　　）。

A. 用"写保护"来保护软盘 　　　　B. 不使用盗版或来历不明的软件

C. 注意关机以防病毒入侵 　　　　D. 经常用杀毒软件检查硬盘和外来盘

50. 下列属于数据库优点的是（　　　）。

A. 数据结构化且统一管理 　　　　B. 数据冗余度小

C. 具有较高的数据独立性 　　　　D. 数据的共享性好

51. 下列属于计算机病毒传播途径的有（　　　）。

A. 软盘传播 　　　　B. 网络传播 　　　　C. 文件传播 　　　D. 接触传播

52. 影响计算机系统安全的主要因素有（　　　）。

A. 系统故障的风险 　　　　B. 内部人员道德风险

C. 系统关联方道德风险 　　　　D. 社会道德风险

53. 以下属于应用软件的有（　　　）。

A. 文字处理软件 　　　　B. 数据库管理系统 　　　C. 财务管理系统 　　　D. 图形软件

54. 以下各项属于计算机辅助工作内容的是（　　　）。

A. CAD 　　　　B. CAM 　　　　C. CAI 　　　D. CAE

55. 电算化会计信息系统中常见的硬件结构有（　　　）。

A. 单机结构 　　　　B. 多机松散结构 　　　C. 多用户结构 　　　D. 微机局域网络

56. 防止黑客进入的主要措施有（　　　）。

A. 制定相关法律 　　　　B. 采用防火墙

C. 安装防毒软件 　　　　D. 建立防黑客扫描和检测系统

57. 下列各项中，属于常用单机数据库管理系统的有（　　　）。

A. VisualFoxpro 　　　　B. Access 　　　　C. Oracle 　　　D. SQLServer

三、判断题

1. 在会计软件中，鼠标一般用来完成会计数据或相关信息的输入工作。（　　　）

2. UNIX 病毒的出现，不会对人类的信息处理构成威胁。（　　　）

3. 使用网络版的会计软件时，所用计算机上需先安装数据库管理系统（　　　）

4. 磁盘读写时间比平时长，可用的存储空间突然变小，这些有可能是计算机病毒造成的。

5. 电子邮件软件是一种用于实现网络底层各种通信协议的通信软件。（　　　）

6. U 盘是一种可移动的硬盘。（　　　）

7. 专用会计核算软件一般是指由专业软件公司研制，供本单位使用的会计核算软件。（　　　）

8. 在计算机网络中，通信双方必须共同遵守的规则或约定，称为"协议"。（　　　）

9．当计算机出现喇叭无故蜂鸣、尖叫、报警或演奏某种音乐时说明计算机一定感染了计算机病毒。（　　）

10．人们通过编制程序来控制计算机，程序设计语言是编制程序时的语法规则。（　　）

11．浏览器、服务器结构的优点在于维护和升级方式简单，运行成本低；其缺点在于系统客户端软件安装维护的工作量大，且数据库的使用一般限于局域网的范围内。（　　）

12．特洛伊木马是黑客的常用手段，它通过伪造电子邮件地址或网页，用它们来哄骗用户输入关键信息，如个人密码或信用卡号，以达到其不法目的。（　　）

13．在任务栏上正在执行的程序所对应的按钮显示为按下状态。（　　）

14．逻辑炸弹是一种破坏或接管对计算机控制的技术，其原理是向计算机存储器的缓冲区发送过量的数据。（　　）

15．计算机安全技术中的入侵检测技术只能用来检测来自外部的入侵行为。（　　）

16．供软盘驱动器定位确定所需的读写位置是读写窗口。（　　）

17．磁盘的存储容量与其尺寸的大小成反比。（　　）

18．防火墙软件和防病毒软件是一回事。（　　）

19．写保护口用于保护存储在软盘片上的信息，避免误写入信息或计算机病毒的侵入。（　　）

20．对于业务量较少的账户，会计软件可以提供会计账簿的满页打印输出功能。（　　）

21．带有引导型病毒的计算机，当采用贴有写保护的正常系统软盘启动机器，此时内存有病毒。（　　）

22．多用户电算化系统适用于具有异地财务信息交换需求的单位，如集团企业。（　　）

23．贴有写保护的软盘片，在带病毒的计算机上运行时，会染上病毒。（　　）

24．杀病毒软件在使用上没有局限性，可杀除所有的病毒。（　　）

25．发现打印输出的账簿有错，可采取划线更正法更正。（　　）

26．著名的"黑色星期五"每逢13号星期五发作，体现了病毒的潜伏性。（　　）

27．辅助存储器必须经由对应的驱动器来驱动才能被主机读写。（　　）

28．威胁会计软件安全的因素有管理分工不当、未按规范运行软件、计算机病毒和黑客。（　　）

29．因特网是城域网的一种。（　　）

30．除局域网络和广域网络之外，还有一种称为城域网。城域网介于局域网和广域网之间，作用距离可达到几十甚至100千米左右，常用于组建银行、税务、公司或其他公共事业网络。（　　）

31．硬件维护员负责调和安装调试，日常检查保养及故障排除工作。（　　）

32．安装会计软件前要确保计算机的操作系统符合会计软件运行要求，可能要对操作系统进行一些简单的配置，检查完操作系统后即可安装会计软件。（　　）

33．信息传送是计算机网络最主要的功能。（　　）

34．根据会计电算化操作管理权限的划分，记账凭证、原始单据的录入属于记账员的责任。（　　）

35．电算化会计信息系统中按服务层次和提供信息的深度可分为单用户和多用户（网络）会计核算软件。（　　）

36．选择商品化会计软件的前提条件是软件是否通过财政部或省市财政厅局的审批。（　　）

37．会计核算软件系统属于计算机系统软件中的操作系统。（　　）

38．杀毒软件可同时清除多种病毒，但有可能会对计算机中的数据带来影响。（　　）

39．网络电算化会计系统安全性不如多用户系统，工作站易被病毒感染。（　　）

40．大部分计算机病毒入侵系统后会马上发作。（　　）

41．中央处理器又称CPU，它的重要作用有两个，即运算和存储。（　　）

42．城域网覆盖范围可以是一个国家或多个国家，甚至整个世界。（　　　）

43．对软盘进行写保护设置可防止软盘感染计算机病毒。（　　　）

44．使用网络版的财务软件时，所用计算机上需先安装 SQLServer2000 数据库。（　　　）

45．应用软件是指用于对计算机资源的管理、监控和维护，以及对各类应用软件进行解释和运行的软件，是计算机系统必备的软件。（　　　）

46．应用软件是为解决各类应用问题而设计的各种计算机软件，文字处理和电子表格软件都属于应用软件。（　　　）

47．单机结构属于单用户工作方式，一台微机同一时刻只能一人使用。（　　　）

48．某公司的进出口项目管理软件属于系统软件。（　　　）

49．为了减少系统运行环境中引导型病毒的侵入，最好用硬盘启动系统。（　　　）

50．微机局域网络的优点在于会计数据可以通过各终端分散输入，并集中存储和处理。（　　　）

51．会计软件不一定要具备定义自动转账凭证的功能。（　　　）

52．一个主机带几个荧光屏和键盘，从而供多个用户使用，称为计算机联网。（　　　）

53．使用杀毒软件可以检查和清除所有的病毒。（　　　）

54．尽管内存储器直接与 CPU 进行数据交换，但由于它的存储容量较小，所以它存取数据的速度比外部存储器要慢得多。（　　　）

55．因为使用会计核算软件的人员是会计电算化专业人员，所以不要求会计软件有较好的操作性和容错性。（　　　）

56．会计电算化软件属于系统软件的一种。（　　　）

57．潜伏性是指病毒从一个程序或数据文件复制到另一个程序或数据文件的过程，其功能由病毒的传染模块实现。（　　　）

58．系统软件是为因管理维护计算机资源而编制的程序和有关文档的总和，其中数据库管理系统最为重要，它是所有软件的核心。（　　　）

59．病毒会入侵一台单个的计算机系统，而将计算机联网后，就不会再受病毒的侵扰了。（　　　）

60．CPU 是计算机的核心，它由运算器、控制器和内存组成。（　　　）

61．电算化会计档案包括存储在计算机中的会计数据和计算机打印出来的书面会计数据。（　　　）

62．单机操作系统只能为本地用户使用本机资源提供服务，不能满足开放的网络环境的要求。（　　　）

63．所谓良性病毒，即该病毒发作时，对计算机没有任何影响。（　　　）

第三章

会计软件的应用

根据财政部的要求，2014 年 10 月起各省都要用财政部的统一题库。目前有的省已经开始使用了，其他省份会有个过渡期，不过 2015 年下半年基本都会执行，其中会计电算化科目的实务操作软件也会统一使用财政部开发的一套考试软件。因为这个软件与用友或金蝶不同，不是实用的商品化软件，因此在功能上要弱很多，也不完整，许多商品化软件提供的功能都没有，但实务题中没有的知识点不等于理论题中没有。因此，本章在讲述知识点时以实际软件用友 T3 为样本，理论题不再举例，可看本章后的练习题，实务操作题示例以财政部模拟软件为样本。

实务操作所使用的考试模拟软件界面与实用商品化软件类似（更接近金蝶软件），用友或金蝶软件的操作经验可以很方便地迁移过来。其操作界面与菜单系统如图 3-1、图 3-2 和图 3-3 所示。

图 3-1　考试模拟软件界面

系统(S) ▼	基础编码(B) ▼	总账(G) ▼	应收(R) ▼
新建账套(N)	会计科目(L)	填制凭证(O)	应收借项(O)
打开账套(O)	币种汇率(M)	凭证管理(P)	往来核销(P)
关闭账套(C)	凭证类型(N)	凭证复核(Q)	票据管理(Q)
重新登录(L)	部门(O)	出纳签字(R)	收款单(S)
退出系统(Q)	职员类型(P)	凭证记账(S)	坏账处理(T)
	职员(Q)	期末结账(T)	单据列表(T)
	地区(R)	取消结账(U)	应收凭证(U)
	单位类型(S)	科目期初(Y)	期末处理(V)
	往来单位(T)	财务报表(Z)	应收账款查询(W)
	供应商(U)		应收账龄分析(X)
	客户(V)		应收期初(Z)
	付款方式(W)		
	付款条件(X)		
	固定资产类别(Y)		
	固定资产变动方式(Z)		

图 3-2　考试模拟软件菜单系统（1/2）

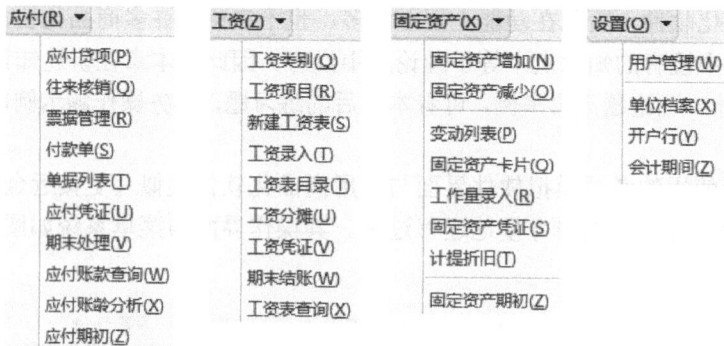

应付(R) ▼	工资(Z) ▼	固定资产(X) ▼	设置(O) ▼
应付贷项(P)	工资类别(Q)	固定资产增加(N)	用户管理(W)
往来核销(Q)	工资项目(R)	固定资产减少(O)	单位档案(X)
票据管理(R)	新建工资表(S)	变动列表(P)	开户行(Y)
付款单(S)	工资录入(T)	固定资产卡片(Q)	会计期间(Z)
单据列表(T)	工资表目录(T)	工作量录入(R)	
应付凭证(U)	工资分摊(U)	固定资产凭证(S)	
期末处理(V)	工资凭证(V)	计提折旧(T)	
应付账款查询(W)	期末结账(W)	固定资产期初(Z)	
应付账龄分析(X)	工资表查询(X)		
应付期初(Z)			

图 3-3　考试模拟软件菜单系统（2/2）

第一节　会计软件的应用流程

一、系统初始化

考点 1　系统初始化的特点和作用

系统初始化是系统首次使用时，根据企业的实际情况进行参数设置，并录入基础档案与初始数据的过程。

（1）系统初始化是会计软件运行的基础；

（2）系统初始化在系统初次运行时一次性完成，但部分设置可以在系统使用后进行修改；

（3）系统初始化将对系统的后续运行产生重要影响，因此系统初始化工作必须完整且尽量满足企业的需求。

考点 2　系统初始化的内容

1. 系统级初始化

系统级初始化是设置会计软件所公用的数据、参数和系统公用基础信息，其初始化的内容涉及多个模块的运行，不特定专属于某个模块。系统级初始化内容主要包括：

（1）创建账套并设置相关信息（T3→系统管理；考试模拟软件→系统）；

（2）增加操作员并设置权限（T3→系统管理；考试模拟软件→设置）；

（3）设置系统公用基础信息（T3→基础设置；考试模拟软件→基础编码）。

2．模块级初始化

模块级初始化是设置特定模块运行过程中所需要的参数、数据和本模块的基础信息，以保证模块按照企业的要求正常运行。模块级初始化内容主要包括：

（1）设置系统控制参数；

（2）设置基础信息；

（3）录入初始数据（期初设置）。

二、日常处理

考点3　日常处理的含义和特点

日常处理是指在每个会计期间内，企业日常运营过程中重复、频繁发生的业务处理过程。其特点为：

（1）日常业务频繁发生，需要输入的数据量大；

（2）日常业务在每个会计期间内重复发生，所涉及金额不尽相同。

三、期末处理

考点4　期末处理的含义和特点

期末处理是指在每个会计期间的期末所要完成的特定业务。主要包括成本及费用的计提、分摊、期末结转业务，以及试算平衡、对账和结账等工作。其特点为：

（1）有较为固定的处理流程；

（2）业务可以由计算机自动完成。

四、数据管理

考点5　数据备份与还原

数据备份是指将会计软件的数据输出保存在其他存储介质上，以备后续使用。数据备份主要包括账套备份、年度账备份等。

数据还原又称数据恢复，是指将备份的数据使用会计软件恢复到计算机硬盘上。它与数据备份是一个相反的过程。数据还原主要包括账套还原、年度账还原等。

【例题·判断题】系统初始化的部分设置可以在系统使用后进行修改。（　　）。

【答案】√

【解析】系统初始化在系统初次运行时一次性完成，但部分设置可以在系统使用后进行修改。

【例题·单选题】下列属于会计软件日常处理特点的是（　　）。

A．会计软件运行的基础

B．在系统初次运行时一次性完成

C．在每个会计期间内重复发生

D. 由计算机自动完成

【答案】C

【解析】选项 A、B 为系统初始化的特点，选项 D 为期末处理的特点。

第二节　系统级初始化

一、创建账套并设置相关信息

考点 6　创建账套

（一）创建账套

账套是存放会计核算对象的所有会计业务数据文件的总称，账套中包含的文件有会计科目、记账凭证、会计账簿、会计报表等。

一个账套只能保存一个会计核算对象的业务资料，这个核算对象可以是企业的一个分部，也可以是整个企业集团。

建立账套是指在会计软件中为企业建立一套符合核算要求的账簿体系。在同一会计软件中可以建立一个或多个账套。

（二）年度账管理（账套主管）

在用友 T3 中，用户不仅可以建立多个账套，而且每个账套中还可以存放不同年度的会计数据。年度账管理包括年度账的建立、清空、恢复、输出和结转上年数据等。

年度账与账套是两个不同的概念。一个账套中包含了企业所有的数据，把企业数据按年度进行划分，称为年度账。年度账可以作为系统操作的基本单位，因此设置年度账主要是考虑到管理上的方便性。

会计软件、账套、年度账的关系为：一个会计软件可包含多个账套，一个账套可包含多个年度账。

（三）设置账套相关信息

建立账套时需要根据企业的具体情况和核算要求设置相关信息。账套信息主要包括账套号、企业名称、企业性质、会计期间、记账本位币等。

创建账套的完整流程为：设置账套信息—设置单位信息—设置核算类型—设置分类信息—设置业务流程—设置编码方案—设数据精度—系统启用。

【例题·实务操作题】建立账套

账套名称：无锡城市科技有限公司

会计准则：采用小企业会计准则的单位

本位币：人民币

账套启用日期：2014 年 1 月 1 日

【提示】考试软件由于不是实际会计电算化软件，因此操作较实际软件步骤简化。

【操作步骤】

1. 打开考试软件后，如已有账套自动打开，先选择"系统—关闭账套"菜单关闭已打开的账套；本章以下所有实务操作题同，不再重复说明（见图 3-4）。

2. 选择"系统—新建账套"菜单，在弹出的"新建账套"对话框中输入新建账套名：无锡城市科技有限公司，单击"下一步"按钮（见图3-5）。

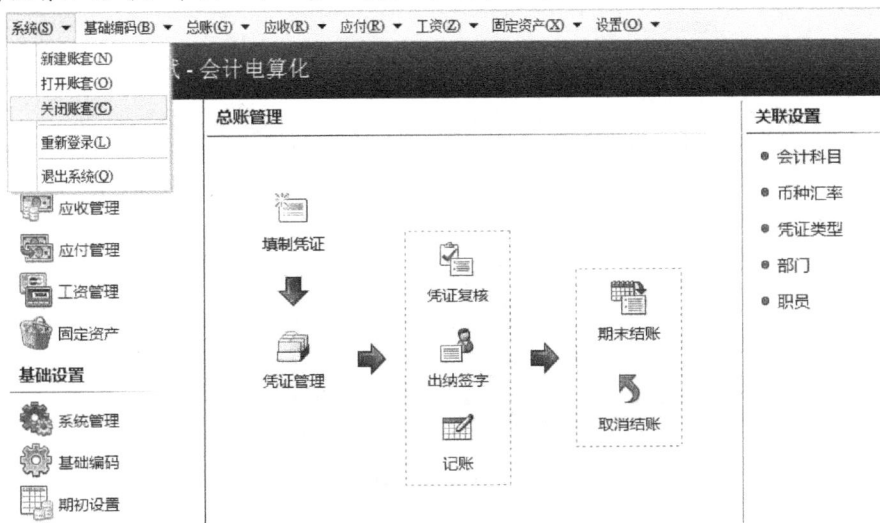

图 3-4 关闭账套

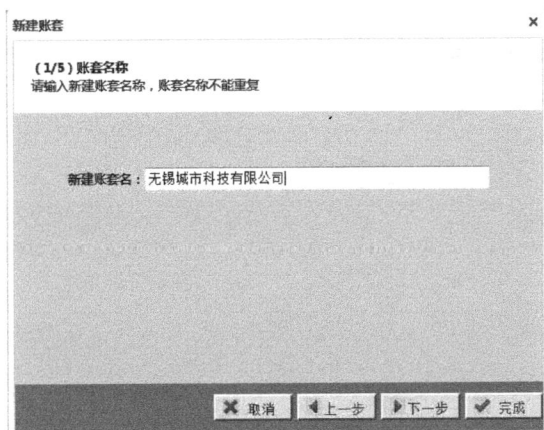

图 3-5 新建账套步骤（1/5）

3. 选择会计准则"采用小企业会计准则的单位"，单击"下一步"按钮（见图3-6）。

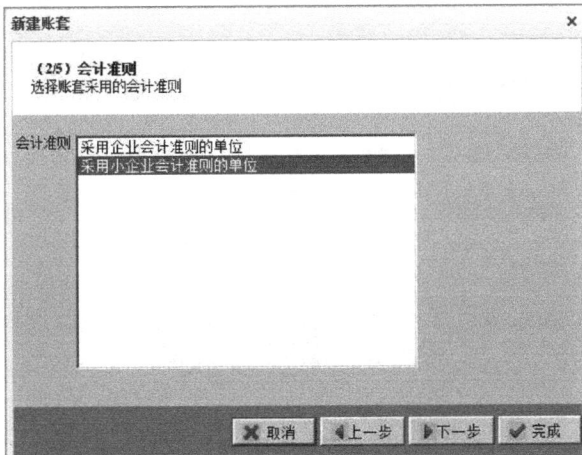

图 3-6 新建账套步骤（2/5）

4. 本题对科目预置无要求，直接单击"下一步"按钮（见图 3-7）。

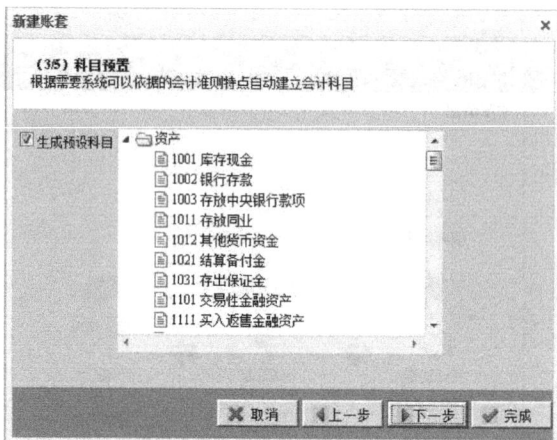

图 3-7　新建账套步骤（3/5）

5. 设置本位币编码：RMB 和名称：人民币，单击"下一步"按钮（见图 3-8）。

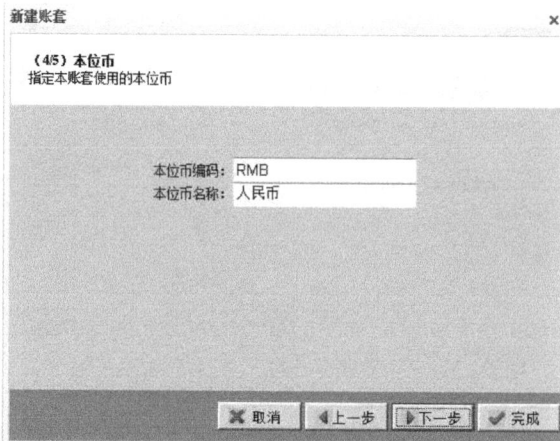

图 3-8　新建账套步骤（4/5）

6. 设置会计年度：2014 年，账套启用日期：2014-1-1，单击"完成"按钮（见图 3-9）。

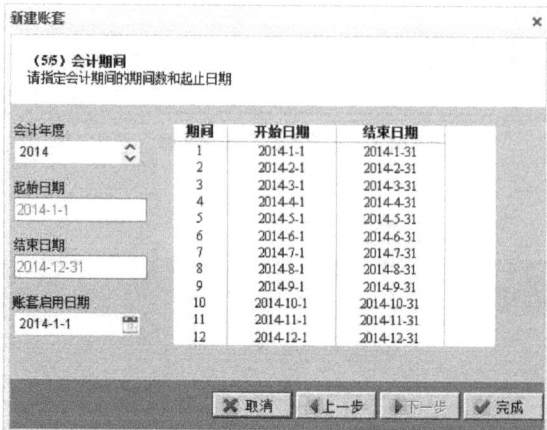

图 3-9　新建账套步骤（5/5）

7. 在弹出的"系统登录"对话框中单击"确定"按钮完成操作（见图 3-10）。

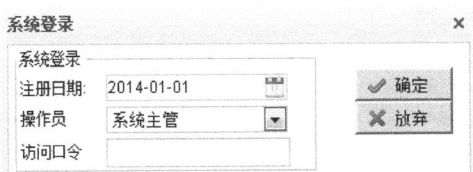

图 3-10 系统登录

二、管理用户并设置权限

考点 7 · 用户管理

（一）管理用户

用户是指有权登录系统，对会计软件进行操作的人员。管理用户主要是指将合法的用户增加到系统中，设置其用户名和初始密码或对不再使用系统的人员进行注销其登录系统的权限等操作。

在用友 T3 中，只允许以系统管理员（admin）的身份管理用户。

（二）设置权限

在增加用户后，一般应该根据用户在企业核算工作中所担任的职务、分工来设置、修改其对各功能模块的操作权限。通过设置权限，用户不能进行没有权限的操作，也不能查看没有权限的数据。

在用友 T3 中只允许以两种身份注册进入系统管理，一是以系统管理员（admin）的身份；二是以账套主管的身份。

【提示】

1. 操作员编号在系统中必须唯一，即使是不同的账套，操作员编号也不能重复。
2. 所设置的操作员一旦被引用，便不能被修改和删除。
3. 新建账套的账套主管，应在新建账套时指定。

【例题·实务操作题】

（操作员：系统主管；账套：无锡大时代传媒有限公司；操作日期：2014 年 1 月 31 日）

新增操作员。

操作员名：李伟，具有所有的权限。

【操作步骤】

1. 选择"系统—打开账套"菜单，选择账套：无锡大时代传媒有限公司，单击"确定"按钮（见图 3-11）。

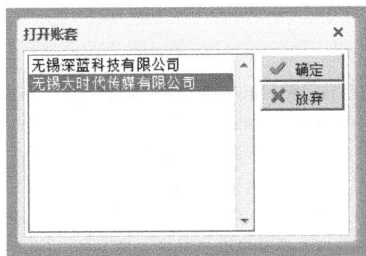

图 3-11 打开账套

2. 设置注册日期：2014-1-31，操作员：系统主管，单击"确定"按钮（见图 3-12）。

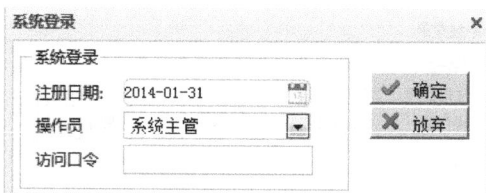

图 3-12　系统登录

3. 选择"设置—用户管理"菜单，在弹出的对话框中单击"新增"按钮（见图 3-13）。

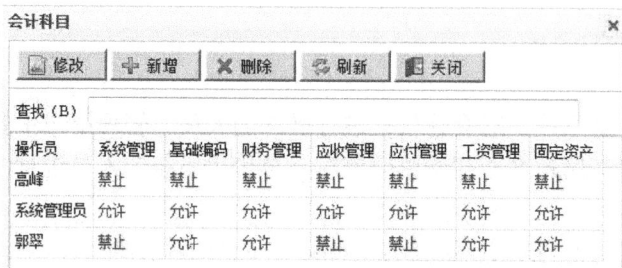

操作员	系统管理	基础编码	财务管理	应收管理	应付管理	工资管理	固定资产
高峰	禁止	禁止	禁止	禁止	禁止	禁止	禁止
系统管理员	允许	允许	允许	允许	允许	允许	允许
郭翠	禁止	允许	允许	禁止	禁止	允许	允许

图 3-13　用户管理—新增

4. 在系统弹出的"编—操作员"对话框中设置操作员名：李伟，口令：（本题未要求设置口令，所以为空），勾选所有权限，单击"确定"按钮（见图 3-14）。

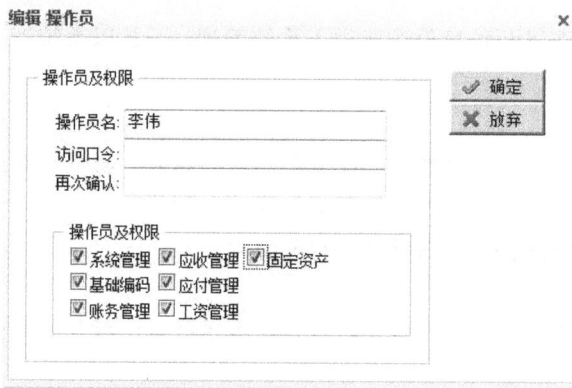

图 3-14　编辑—操作员

5. 单击"关闭"按钮完成操作（见图 3-15）。

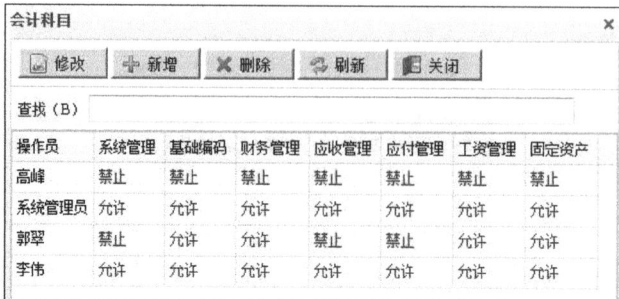

操作员	系统管理	基础编码	财务管理	应收管理	应付管理	工资管理	固定资产
高峰	禁止	禁止	禁止	禁止	禁止	禁止	禁止
系统管理员	允许	允许	允许	允许	允许	允许	允许
郭翠	禁止	允许	允许	禁止	禁止	允许	允许
李伟	允许	允许	允许	允许	允许	允许	允许

图 3-15　完成用户管理

三、设置系统公用基础信息

考点 8　系统公用基础信息设置

设置系统公用基础信息包括设置基础档案、收付结算信息、凭证类别、外币和会计科目等。

（一）设置基础档案

（1）部门档案。

（2）职员信息。

（3）往来单位信息：地区、客户、供应商。

（4）项目信息。

项目是指一个特定的核算对象或成本归集对象。企业需要对涉及该项目的所有收入、费用、支出进行专项核算和管理。

【例题·实务操作题】

（操作员：系统主管；账套：无锡大时代传媒有限公司；操作日期：2014 年 1 月 31 日）

设置地区档案。

地区编码：03

地区名称：港澳台

【操作步骤】

1. 选择"系统—打开账套"菜单，选择账套：无锡大时代传媒有限公司，单击"确定"按钮（见图 3-11）。

2. 设置注册日期：2014-1-31，操作员：系统主管，单击"确定"按钮（见图 3-12）。

3. 选择"基础编码　地区"菜单，在弹出的"地区"对话框中单击"新增"按钮（见图 3-16）。

图 3-16　地区管理—新增

4. 在"编辑—地区"对话框中输入地区编码：03，地区名称：港澳台，然后单击"确定"按钮（见图 3-17）。

图 3-17　编辑—地区

5. 单击"关闭"按钮完成操作（见图 3-18）。

图 3-18　完成地区管理

【例题·实务操作题】

（操作员：系统主管；账套：无锡大时代传媒有限公司；操作日期：2014 年 1 月 31 日）
设置部门档案。

部门编码：06

部门名称：制造部

【操作步骤】

1. 选择"系统—打开账套"菜单，选择账套：无锡大时代传媒有限公司，单击"确定"按钮（见图 3-11）；

2. 设置注册日期：2014-1-31，操作员：系统主管，单击"确定"按钮（见图 3-12）。

3. 选择"基础编码—部门"菜单，在弹出的"部门"对话框中单击"新增"按钮（见图 3-19）。

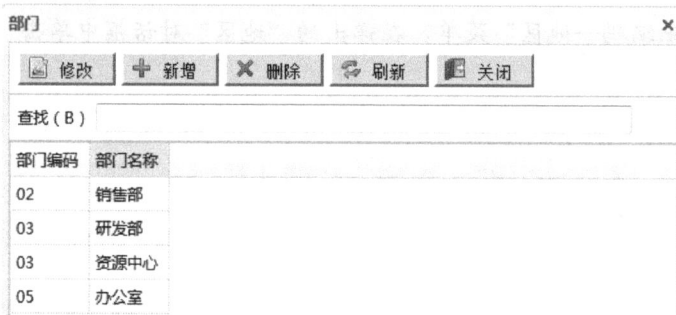

图 3-19　部门管理—新增

4. 在"编辑—部门"对话框中输入部门编码：06，部门名称：制造部，单击"确定"按钮（见图 3-20）。

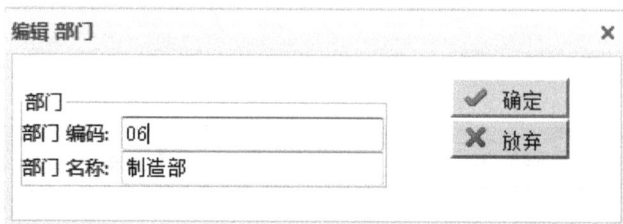

图 3-20　编辑—部门

5. 单击"关闭"按钮完成操作（见图 3-21）。

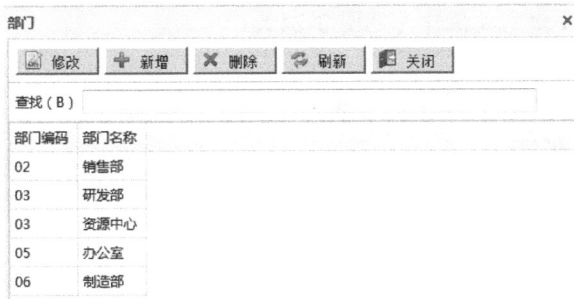

图 3-21　完成部门管理

【例题·实务操作题】

（操作员：系统主管；账套：无锡大时代传媒有限公司；操作日期：2014 年 1 月 31 日）
新增职员。

职员编码：502

姓名：李四

部门：办公室

性别：女

【操作步骤】

1. 选择"系统—打开账套"菜单，选择账套：无锡大时代传媒有限公司，单击"确定"
按钮（见图 3-11）。

2. 设置注册日期：2014-1-31，操作员：系统主管，单击"确定"按钮（见图 3-12）。

3. 选择"基础编码—职员"菜单，在弹出的"职员"对话框中单击"新增"按钮（见
图 3-22）。

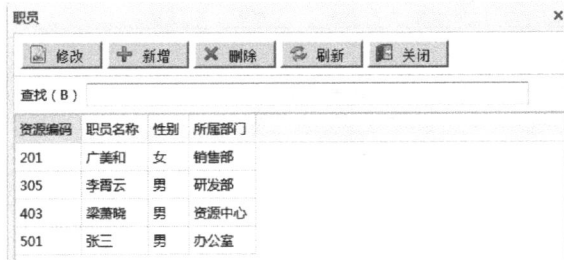

图 3-22　职员管理—新增

4. 在"编辑—职员"对话框中输入职员编码：502，职员姓名：李四，选择性别：女，所
属部门：办公室，单击"确定"按钮（见图 3-23）。

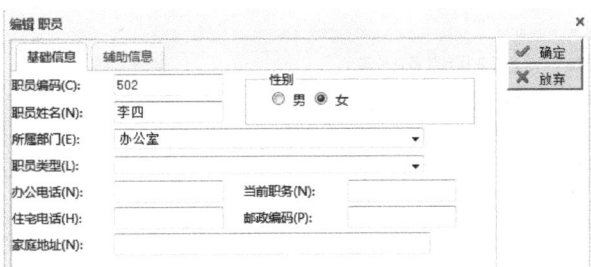

图 3-23　编辑—职员

5. 单击"关闭"按钮完成操作（见图 3-24）。

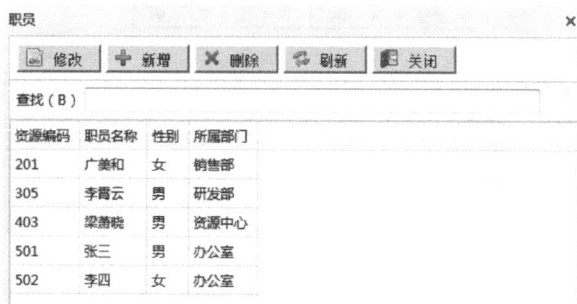

图 3-24　完成职员管理

【例题·实务操作题】

（操作员：系统主管；账套：无锡大时代传媒有限公司；操作日期：2014 年 1 月 31 日）
新增客户档案。

单位编码：005

单位名称：上海来福有限责任公司

【操作步骤】

1. 选择"系统—打开账套"菜单，选择账套：无锡大时代传媒有限公司，单击"确定"
按钮（见图 3-11）。

2. 设置注册日期：2014-1-31，操作员：系统主管，单击"确定"按钮（见图 3-12）。

3. 选择"基础编码—客户"菜单，在弹出的"客户"对话框中单击"新增"按钮（见
图 3-25）。

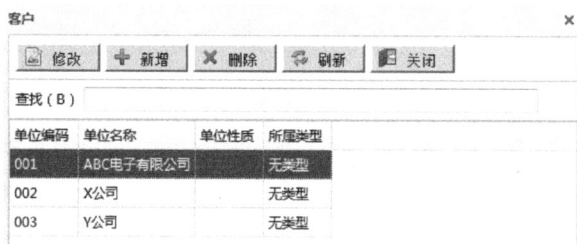

图 3-25　客户管理—新增

4. 在"编辑—客户"对话框中输入单位编码：005，单位名称：上海来福有限责任公司，
单击"确定"按钮（见图 3-26）。

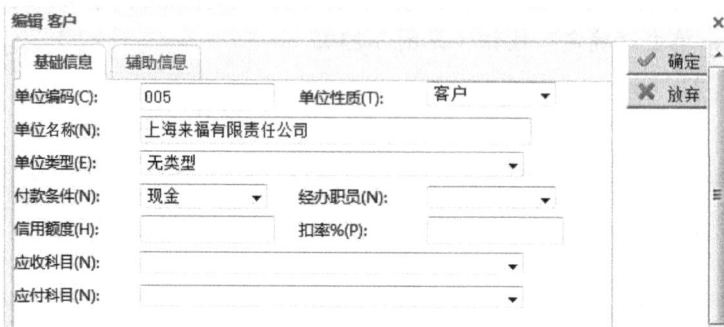

图 3-26　编辑—客户

5. 单击"关闭"按钮完成操作（见图 3-27）。

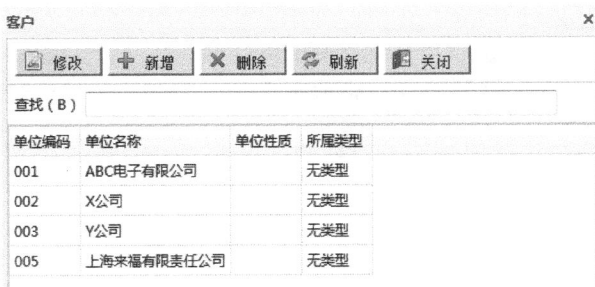

图 3-27　完成客户管理

【例题·实务操作题】

（操作员：系统主管；账套：无锡大时代传媒有限公司；操作日期：2014 年 1 月 31 日）

新增供应商往来单位。

单位编码：101

单位名称：五星服饰有限公司

单位类型：无类型

付款条件：现金

所属地区：华北区

【操作步骤】

1. 选择"系统—打开账套"菜单，选择账套：无锡大时代传媒有限公司，单击"确定"按钮（见图 3-11）。

2. 设置注册日期：2014-1-31，操作员：系统主管，单击"确定"按钮（见图 3-12）。

3. 选择"基础编码—供应商"菜单，在弹出的"供应商"对话框中单击"新增"按钮（见图 3-28）。

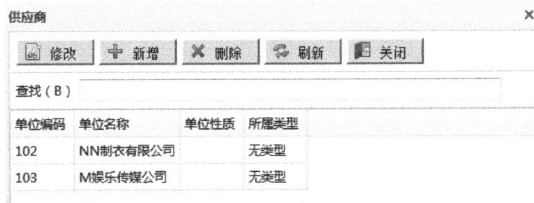

图 3-28　供应商管理—新增

4. 在"编辑—供应商"对话框中输入单位编码：101，单位名称：五星服饰有限公司，选择单位类型、付款条件，然后选择"辅助信息"标签（见图 3-29）。

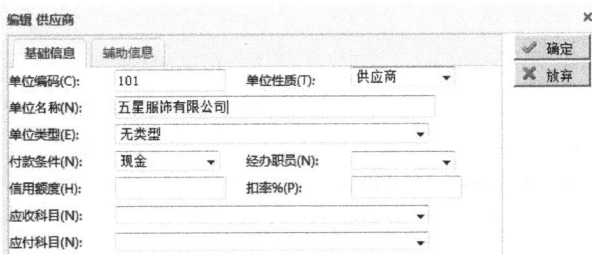

图 3-29　编辑—供应商

5. 在"辅助信息"标签中选择所属地区：华北区，然后单击"确定"按钮（见图 3-30）。

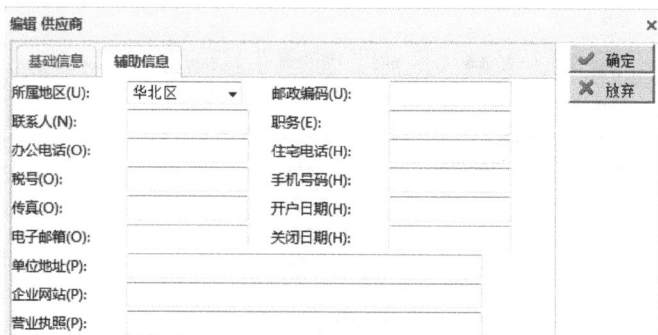

图 3-30　输入所属地区

6. 单击"关闭"按钮完成操作（见图 3-31）。

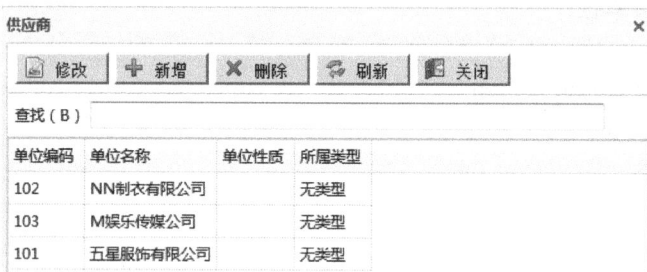

图 3-31　完成供应商管理

（二）设置收付结算方式

【例题·实务操作题】

（操作员：系统主管；账套：无锡大时代传媒有限公司；操作日期：2014 年 1 月 31 日）

新增付款方式。

付款方式编码：02

付款方式名称：转账支票

进行票据管理：需要

【操作步骤】

1. 选择"系统—打开账套"菜单，选择账套：无锡大时代传媒有限公司，单击"确定"按钮（见图 3-11）。

2. 设置注册日期：2014-1-31，操作员：系统主管，单击"确定"按钮（见图 3-12）。

3. 选择"基础编码—付款方式"菜单，在弹出的"付款方式"对话框中单击"新增"按钮（见图 3-32）。

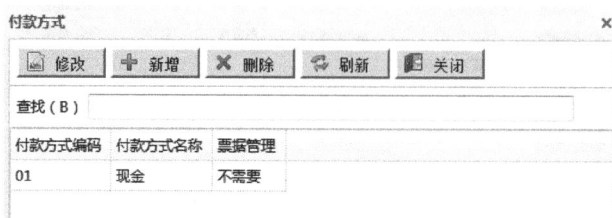

图 3-32　付款方式管理—新增

4. 在"编辑付款方式"对话框中输入付款方式编码：02、付款方式名称：转账支票，选择进行票据管理：需要，然后单击"确定"按钮（见图3-33）。

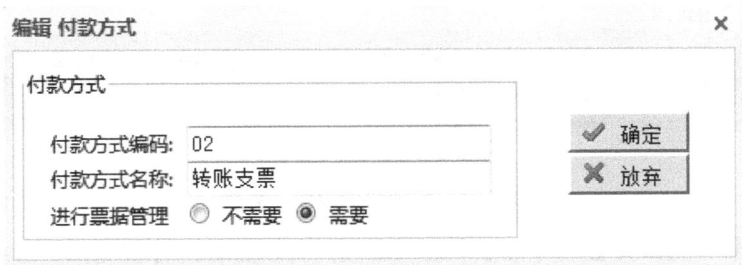

图3-33 编辑付款方式

5. 单击"关闭"按钮完成操作（见图3-34）。

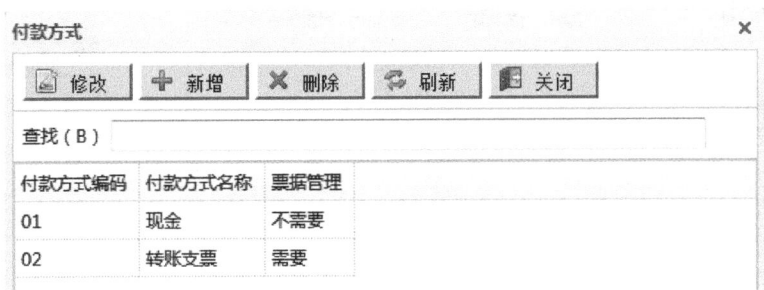

图3-34 完成付款方式管理

（三）设置凭证类别

设置凭证类别是指对记账凭证进行分类编制。

用户应该设置凭证类别限制条件和限制科目，两者组成凭证类别校验的标准。

在会计软件中，系统通常提供的限制条件包括借方必有、贷方必有、凭证必有、凭证必无、无限制等。凭证类别的限制科目是指限制该凭证类别所包含的科目。

用友T3中，系统提供五种常用分类方式供选择：记账凭证；收款、付款、转账凭证；现金、银行、转账凭证；现金收款、现金付款、银行收款、银行付款、转账凭证；自定义凭证类别。

【例题·实务操作题】

（操作员：系统主管；账套：无锡大时代传媒有限公司；操作日期：2014年1月31日）

设置账套的凭证类型，其中付款凭证类型设置如下。

编码：付

名称：付款凭证

格式：付款凭证

【操作步骤】

1. 选择"系统—打开账套"菜单，选择账套：无锡大时代传媒有限公司，单击"确定"按钮（见图3-11）。

2. 设置注册日期：2014-1-31，操作员：系统主管，单击"确定"按钮（见图3-12）。

3. 选择"基础编码—凭证类型"菜单，在弹出的"凭证类型"对话框中单击"新增"按钮（见图3-35）。

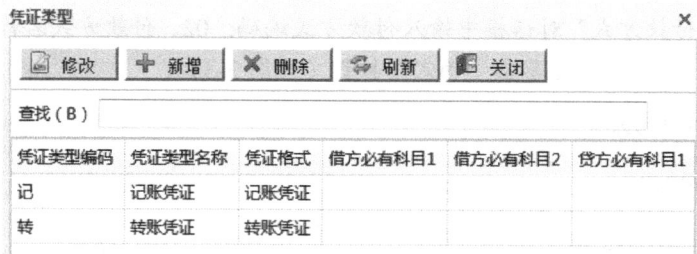

图 3-35　凭证类型管理—新增

4. 在"编辑—凭证类型"对话框中输入编码：付，名称：付款凭证，格式：付款凭证，然后单击"确定"按钮（见图 3-36）。

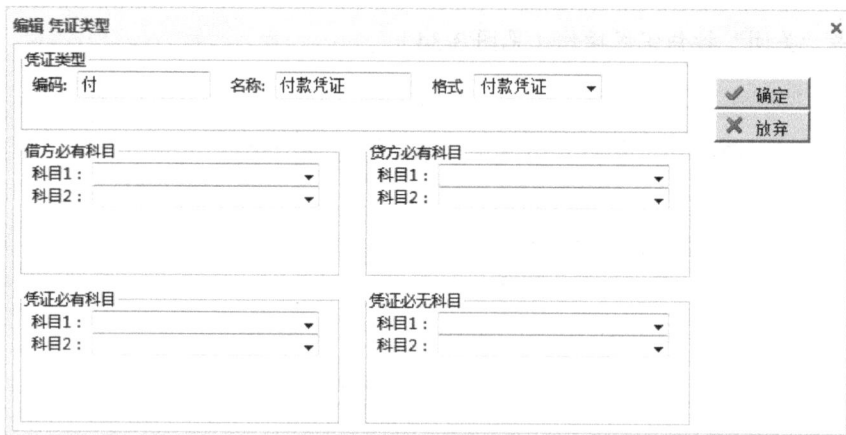

图 3-36　编辑—凭证类型

5. 单击"关闭"按钮完成操作（见图 3-37）。

图 3-37　完成凭证类型管理

（四）设置外币

为了处理外币辅助核算，便于会计核算软件进行日常外币业务核算和期末处理汇兑损益，会计核算软件提供了外币币种和汇率设置功能。

【例题·实务操作题】

（操作员：系统主管；账套：无锡大时代传媒有限公司；操作日期：2014 年 1 月 31 日）

新增外汇币种及汇率，要求如下：

币种编码：HKD

币种名称：港元

币种小数位：2

折算方式：原币÷汇率=本位币

【操作步骤】

1. 选择"系统—打开账套"菜单，选择账套：无锡大时代传媒有限公司，单击"确定"按钮（见图3-11）。

2. 设置注册日期：2014-1-31，操作员：系统主管，单击"确定"按钮（见图3-12）。

3. 选择"基础编码—币种汇率"菜单，在弹出的"币种汇率"对话框中单击"新增"按钮（见图3-38）。

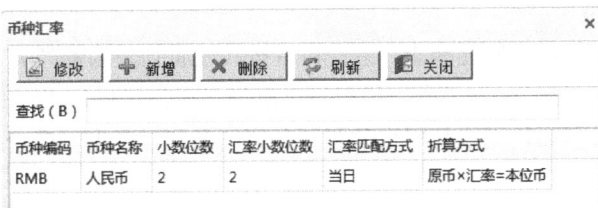

图3-38　币种汇率管理—新增

4. 在"编辑—币种汇率"对话框中输入币种编码：HKD，币种名称：港元，币种小数位：2，折算方式：原币÷汇率=本位币，然后单击"确定"按钮（见图3-39）。

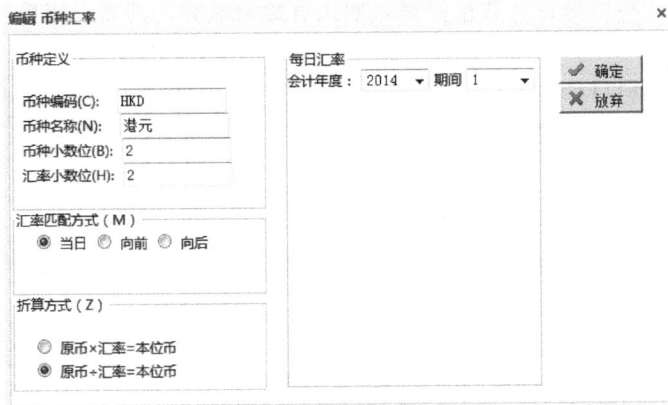

图3-39　编辑—币种汇率

5. 单击"关闭"按钮完成操作（见图3-40）。

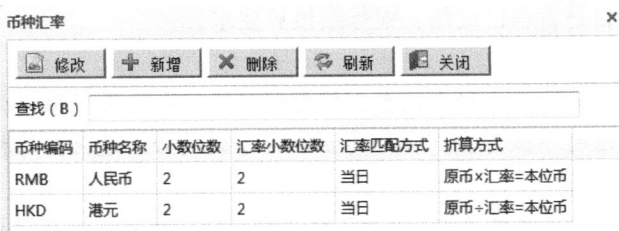

图3-40　完成币种汇率管理

（五）设置会计科目

设置会计科目就是将会计核算所使用的会计科目录入到会计核算软件中。设置会计科目是填制会计凭证、记账、编制报表等各项工作的基础。

1. 增加、修改或删除会计科目
2. 设置科目属性

（1）会计科目编码

会计科目编码按照会计科目编码规则进行。在对会计科目编码时，一般应遵守唯一性、统一性和扩展性的原则。

（2）会计科目名称

从会计软件的要求来看，企业所使用的会计科目的名称可以是汉字、英文字母、数字等符号，但不能为空。

（3）会计科目类型

按照国家统一的会计准则制度要求，会计科目按其性质划分为资产类、负债类、共同类、所有者权益类、成本类和损益类六种类型。用户可以选择一级会计科目所属的科目类型。如果增加的是二级或其以下会计科目，则系统将自动与其一级会计科目类型保持一致，用户不能更改。

（4）账页格式

一般可以分为普通三栏式、数量金额式、外币金额式等格式。

（5）外币核算

用于设定该会计科目核算是否有外币核算。

（6）数量核算

用于设定该会计科目是否有数量核算。如果有数量核算，则需设定数量计量单位。

（7）余额方向

用于定义该会计科目余额默认的方向。一般情况下，资产类、成本类、费用类会计科目的余额方向为借方，负债类、权益类、收入类会计科目的余额方向为贷方。

（8）辅助核算

一般包括部门核算、个人往来核算、客户往来核算、供应商往来核算、项目核算等。其中，项目核算功能类似明细科目，但弥补了明细会计科目设置过多不利运行等缺陷，并能够重复使用下挂到各个科目下。

例如：某公司生产甲、乙、丙、丁等多类产品，而每大类下还有多种具体型号不同的产品。需要按照产品类别和型号核算成本、收入，如果不是采用项目核算，一般情况下，我们要在每个相应的会计科目下设置多级明细科目，如产品很多的话就会有很多明细科目产生，而通过项目核算设置，则只需要在对应科目上挂"存货"核算项目即可。

（9）日记账和银行账

用于设置会计科目是否有日记账、银行账核算要求。

【提示】

（1）增加会计科目时，应遵循先设置上级会计科目，再设置下级会计科目的顺序。会计科目编码、会计科目名称不能为空。增加的会计科目编码必须遵循会计科目编码方案。各级科目编码必须唯一。

（2）删除会计科目时应遵循"自下而上"的原则，即必须先从末级会计科目删除。删除的会计科目不能为已经使用的会计科目。

（3）科目一经使用，只能增加同级科目，不能在该科目下增设下级科目。

（4）指定会计科目是指指定出纳专管的科目，指定科目后，才能执行出纳签字，以及查看现金或银行存款日记账。

（5）辅助核算一般设置在末级科目上。某一会计科目可以同时设置多种相容的辅助核算。

【例题·实务操作题】

（操作员：系统主管；账套：无锡大时代传媒有限公司；操作日期：2014年1月31日）新增会计科目。

科目编码：6602-06

科目名称：交通费

辅助核算：部门

【操作步骤】

1. 选择"系统—打开账套"菜单，选择账套：无锡大时代传媒有限公司，单击"确定"按钮（见图3-11）。

2. 设置注册日期：2014-1-31，操作员：系统主管，单击"确定"按钮（见图3-12）。

3. 选择"基础编码—会计科目"菜单，在弹出的"会计科目"对话框中单击"新增"按钮（见图3-41）。

图3-41 会计科目管理

4. 在对话框中输入科目编码：6602-06，科目名称：交通费，辅助核算：部门，然后单击"确定"按钮（见图3-42）。

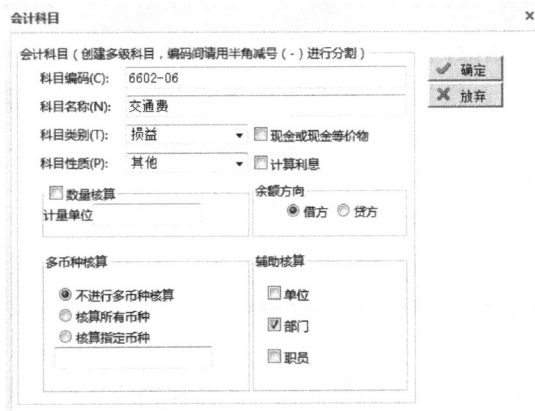

图3-42 编辑会计科目

5. 单击"关闭"按钮完成操作（见图 3-43）。

图 3-43　会计科目管理

第三节　账务处理模块的应用

账务处理模块以凭证为数据处理起点，通过凭证输入和处理，完成记账、对账、结账、账簿查询及打印输出等工作。目前许多商品化的账务处理模块还包括往来款管理、部门核算、项目核算和管理及现金银行管理等一些辅助核算的功能。

考点 9　总账模块处理

一、账务处理模块初始化工作

（一）设置模块控制参数

在用友 T3 软件中，对于以上控制参数是在信息门户"总账"模块下的 "设置→选项"中完成的。

在此路径下可以完成对"凭证"、"账簿"、"会计日历"和"其他"的设置。

（二）录入会计科目初始数据

会计科目初始数据录入是指第一次使用账务处理模块时，用户需要在开始日常核算工作前将会计科目的初始余额以及发生额等相关数据输入到系统中。

1. 录入会计科目期初余额

2. 录入会计科目本年累计发生额

（1）年初建账：年初余额=期初余额。

（2）年中建账：年初余额+/-本年累计发生额=期初余额。

【提示】

（1）一般只需要对末级科目录入期初余额，系统会根据下级会计科目自动汇总生成上级会计科目的期初余额。

（2）如果设置了数量核算、外币核算，以及辅助核算，则应该先录入数量和单价、本币和外币、辅助账数据。

（3）在期初余额录入完毕后，用户应该进行试算平衡。

（4）期初余额未录入完毕，仍可以输入记账凭证，但不能记账。

（5）一经记账，则不能再录入、修改期初余额。

【例题·实务操作题】

（操作员：系统主管；账套：无锡大时代传媒有限公司；操作日期：2014年1月31日）

录入下列科目的期初余额：

库存现金：1000

【操作步骤】

1. 选择"系统—打开账套"菜单，选择账套：无锡大时代传媒有限公司，单击"确定"按钮（见图3-11）。

2. 设置注册日期：2014-1-31，操作员：系统主管，单击"确定"按钮（见图3-12）。

3. 选择"总账"菜单，在弹出的"科目期初"对话框中选择"库存现金"科目，在本位币栏输入"1000.00"（见图3-44）。

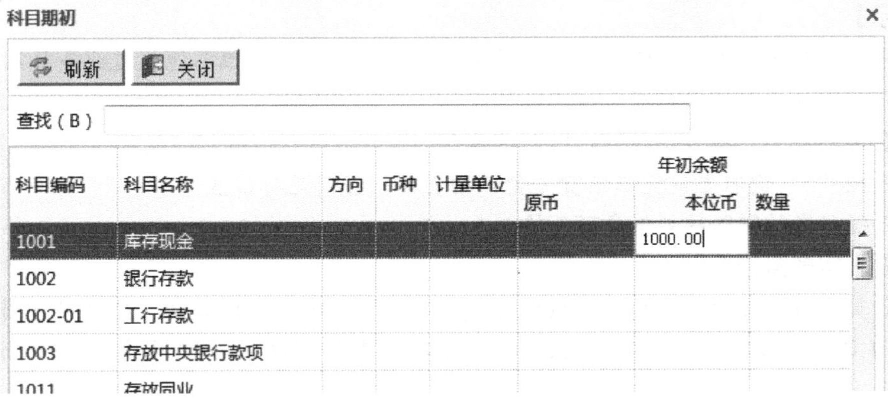

图 3-44　输入科目期初余额

4. 单击"关闭"按钮完成操作（见图3-45）。

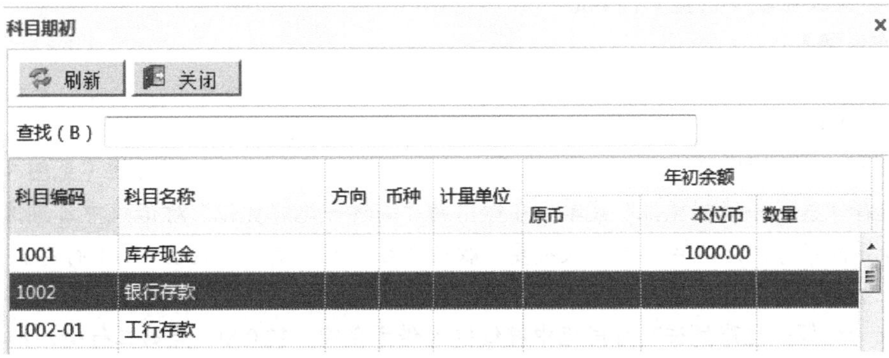

图 3-45　完成科目期初余额输入

二、账务处理模块日常处理

（一）凭证管理

1. 凭证录入

（1）凭证录入的内容

① 凭证头

凭证类别、凭证编号、制单日期、附件张数。

② 凭证体

摘要、科目、金额、辅助信息。

（2）凭证录入的输入校验

① 会计科目是否存在，即会计科目是否是初始化时设置的会计科目；

② 会计科目是否为末级科目；

③ 会计科目是否符合凭证的类别限制条件；

④ 发生额是否满足"有借必有贷，借贷必相等"的记账凭证要求；

⑤ 凭证必填内容是否填写完整；

⑥ 手工填制凭证号的情况下还需校验凭证号的合理性。

【提示】

1. 采用序时控制时，凭证日期应大于总账系统启用日期，但不能超过业务日期。

2. 不同行的摘要可以相同，但不能为空。

3. 金额不能为"零"，红字以"-"号表示。

4. 可按"="键取当前凭证借贷方金额的差额到当前光标位置。

5. 不能确定的辅助核算信息可不输入。

【例题·实务操作题】

（操作员：系统主管；账套：无锡大时代传媒有限公司；操作日期：2014 年 1 月 31 日）

1 月 4 日，收回公司所欠贷款 12 000，以支票（票号：1004）方式已存入工行，请填制记账凭证。

摘要：收回欠款

借方：工行存款（1002-01）12 000

贷方：应收账款（1122）12 000

【操作步骤】

1. 选择"系统—打开账套"菜单，选择账套：无锡大时代传媒有限公司，单击"确定"按钮（见图 3-11）。

2. 设置注册日期：2014-1-31，操作员：系统主管，单击"确定"按钮（见图 3-12）。

3. 选择"总账—填制凭证"菜单，在弹出的"编辑—记账凭证"对话框中日期选择 2014-1-4，选择凭证字号：记，第一行输入摘要：收回欠款，科目输入：1002-01 工行存款，在弹出的小框中选择：02 支票，输入票据号：1004（见图 3-46）。

4. 在"编辑—记账凭证"对话框中继续输入借方金额：12 000，至第二行输入摘要：收回欠款，科目输入：1122 应收账款，贷方金额：12 000；单击"确定"按钮完成操作（见图 3-47）。

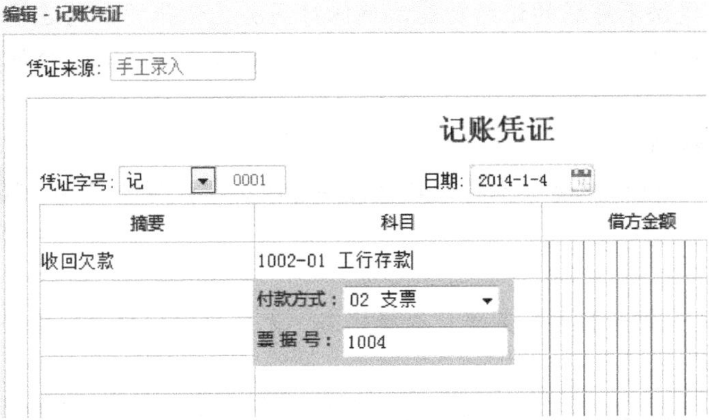

图 3-46 填制—记账凭证

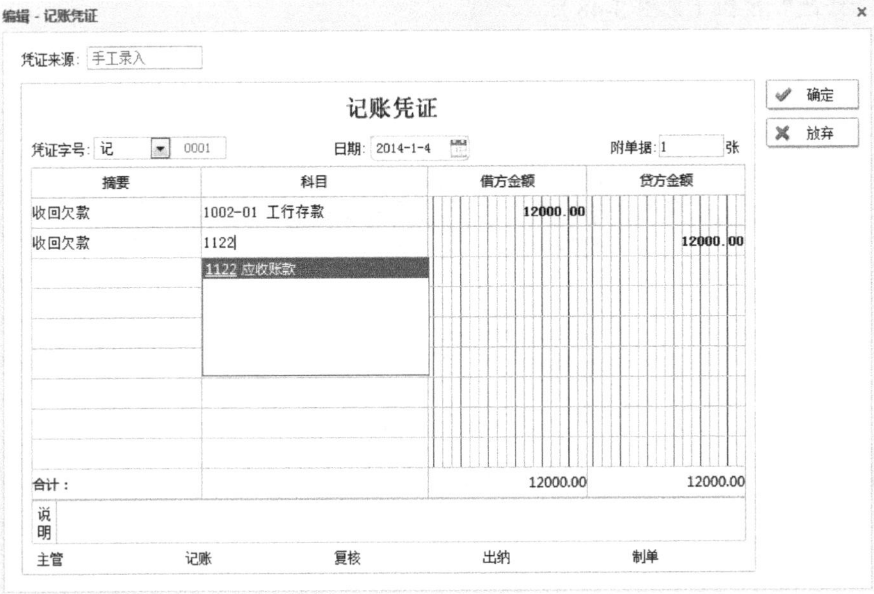

图 3-47 编辑—记账凭证

2. 凭证修改（作废）

（1）凭证修改的内容

① 凭证类别、编号不能修改。

② 若已采用制单序时控制，则在修改制单日期时，不能修改至上一张凭证的制单日期之前。

③ 其他系统传递的凭证不能在总账系统中进行修改，只能在生成该凭证的系统中进行修改。

（2）凭证修改的操作控制

① 修改未审核或审核标错的凭证。

② 修改已审核而未记账的凭证：取消审核，进行修改。

③ 修改已经记账的凭证：不得提供对已记账凭证的修改功能。

④ 修改他人制作的凭证。

【提示】在用友软件中，提供了"反记账"的功能，因此也会涉及第③种情况。但在客观题考查中，应按照如下规范进行作答：

会计软件应当提供不可逆的记账功能，确保对同类已记账凭证的连续编号，不得提供对已记账凭证的删除和插入功能，不得提供对已记账凭证日期、金额、会计科目和操作人的修改功能。

【例题·实务操作题】

（操作员：系统主管；账套：无锡大时代传媒有限公司；操作日期：2014 年 1 月 31 日）

作废 记 001 号凭证。

【操作步骤】

1. 选择"系统—打开账套"菜单，选择账套：无锡大时代传媒有限公司，单击"确定"按钮（见图 3-11）。

2. 设置注册日期：2014-1-31，操作员：系统主管，单击"确定"按钮（见图 3-12）。

3. 选择"总账—凭证管理"菜单，在弹出的"凭证管理"对话框中选择"记 001"号凭证，单击"修改"按钮（见图 3-48）。

图 3-48　凭证管理

4. 在"编辑—凭证"对话框中单击"作废"按钮（见图 3-49）。

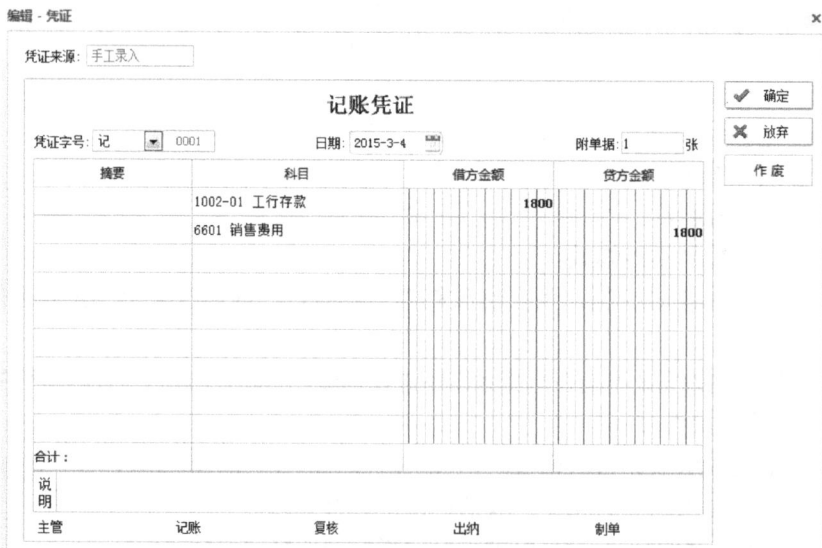

图 3-49　编辑—凭证

5. 系统弹出信息提示框，单击"确定"按钮（见图 3-50）。

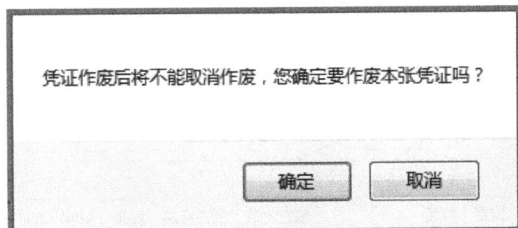

图 3-50　凭证作废确认

6. 凭证上显示红色"作废"标记，单击"确定"按钮完成操作（见图 3-51）。

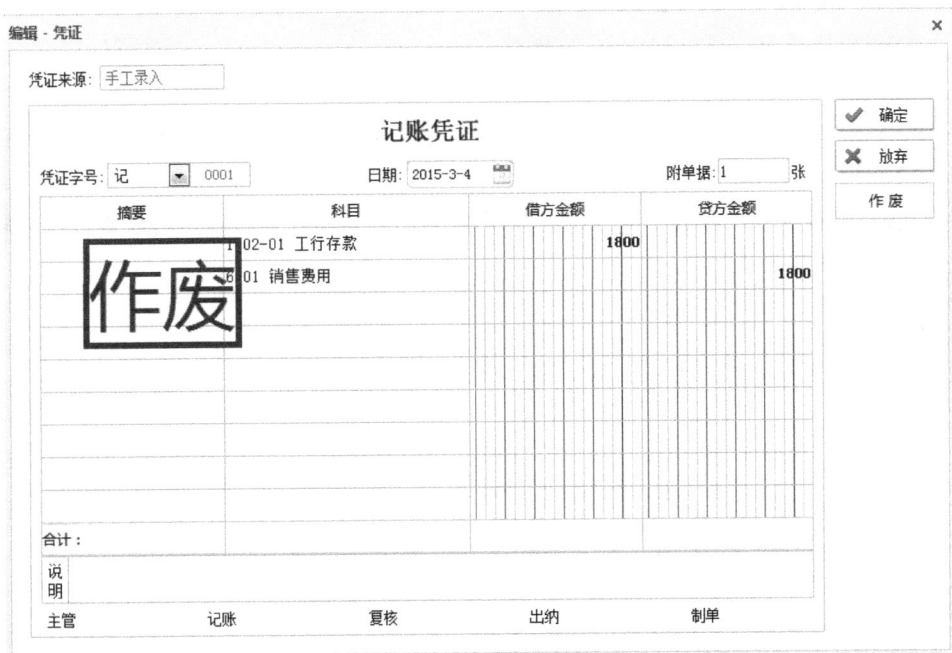

图 3-51　完成作废凭证

3. 凭证审核

① 审核人员和制单人员不能是同一人；

② 审核凭证只能由具有审核权限的人员进行；

③ 已经通过审核的凭证不能被修改或删除，如果要修改或删除，需要审核人员取消审核签字后才能进行；

④ 审核未通过的凭证必须进行修改，并通过审核后方可被记账。

【例题·实务操作题】

（操作员：系统主管；账套：无锡大时代传媒有限公司；操作日期：2014 年 1 月 31 日）复核凭证字号为记 002 的记账凭证。

【操作步骤】

1. 选择"系统—打开账套"菜单，选择账套：无锡大时代传媒有限公司，单击"确定"按钮（见图 3-11）。

2. 设置注册日期：2014-1-31，操作员：系统主管，单击"确定"按钮（见图 3-12）。

3. 选择"总账—凭证复核"菜单，在弹出的"凭证管理"对话框中选择"记 002"号凭证（见图 3-52）。

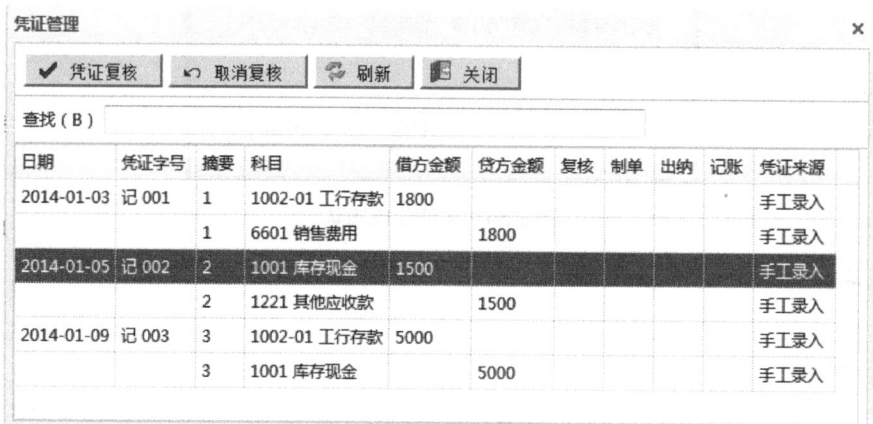

图 3-52　凭证复核

4. 单击"凭证复核"按钮，则在相应的复核栏中出现操作员名称；然后单击"关闭"按钮完成操作（见图 3-53）。

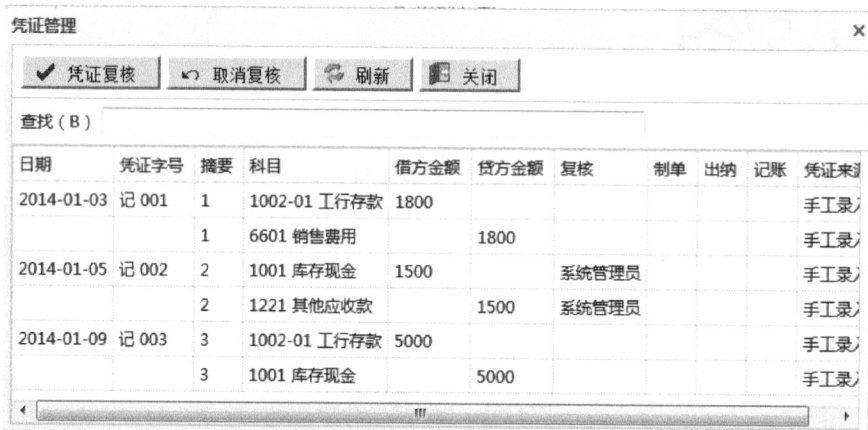

图 3-53　凭证复核

4．凭证记账

（1）记账功能

在会计软件中，记账是指由具有记账权限的人员，通过记账功能发出指令，由计算机按照会计软件预先设计的记账程序自动进行合法性校验、科目汇总、登记账目等操作。

（2）记账的操作控制

① 期初余额不平衡、不能记账；

② 上月未结账，本月不可记账；

③ 未被审核的凭证不能记账；

④ 一个月可以一天记一次账，也可以一天记多次账，还可以多天记一次账；

⑤ 记账过程中，不应人为终止记账。

【例题·实务操作题】

（操作员：系统主管；账套：无锡大时代传媒有限公司；操作日期：2014 年 1 月 31 日）

将凭证字号为记 002 的记账凭证记账。

【操作步骤】

1. 选择"系统—打开账套"菜单，选择账套：无锡大时代传媒有限公司，单击"确定"按钮（见图 3-11）。

2. 设置注册日期：2014-1-31，操作员：系统主管，单击"确定"按钮（见图 3-12）。

3. 选择"总账—凭证记账"菜单，在弹出的"凭证管理"对话框中选择"记 002"号凭证（见图 3-54）。

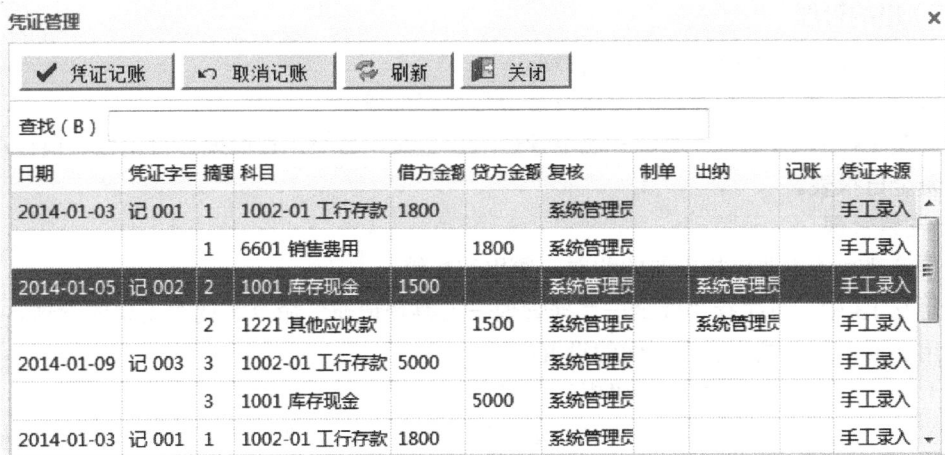

图 3-54　凭证记账

4. 单击"凭证记账"按钮，则在相应的记账栏中出现操作员名称；然后单击"关闭"按钮完成操作（见图 3-55）。

图 3-55　完成凭证记账管理

5. 凭证查询

在会计业务处理过程中，用户可以查询符合条件的凭证，以便审核、修改凭证，并随时了解经济业务发生的情况。

在用友 T3 软件中，有两种凭证查询方式。

查询方式 1

- 菜单"总账—凭证—查询凭证"。
- 可以查询所有凭证，包含未记账和已记账凭证。
- 不能修改。

查询方式 2

- 在"填制凭证"窗口中查询。
- 只能查询未记账的凭证，不能查看已记账的凭证。
- 可以修改。

（二）出纳管理

出纳主要负责现金和银行存款的管理。

1. 现金日记账、银行存款日记账及资金日报表的管理

在用友 T3 中，可执行"现金—现金管理—日记账"命令，查询现金日记账、银行存款日记账和资金日报表。

2. 支票管理

支票管理功能主要包括支票的购置、领用和报销。

在用友 T3 中，可执行"现金—票据管理—支票登记簿"命令实现对支票的管理。

使用支票管理功能需进行下面的设置：

（1）"银行存款"科目指定为"银行总账科目"。

（2）在"总账—设置—选项—凭证页签"设置中，勾选"支票控制"复选框。（初始化已做）

（3）结算方式功能中对需要使用支票登记簿的结算方式打上标志，即在"票据管理标志"复选框上打勾。

3. 银行对账

（1）银行对账初始数据录入

在首次启用银行对账功能时，需要事先录入账务处理模块启用日期前的银行和企业账户余额及未达账项，即银行对账的初始数据。

从启用月份开始，上月对账的未达账项将自动加入到以后月份的对账过程中。

（2）银行对账单录入

对账前，必须将银行对账单的内容录入到系统中。

录入的对账单内容一般包括入账日期、结算方式、结算单据字号、借方发生额、贷方发生额，余额由系统自动计算。

（3）对账

银行对账采用自动对账与手工对账相结合的方式。

① 自动对账：业务发生日期、结算方式、结算票号、发生金额。

【提示】发生金额相同是对账的基本条件。

② 手工对账：为了保证对账更彻底，更正确，用户可以用手工对账来进行调整。

（4）余额调节表的编制

在对银行账进行两清勾对后，计算机自动整理汇总未达账和已达账，自动生成"银行存款余额调节表"。调整后，银行存款日记账和银行对账单的余额应该相等。

用户可以在系统中查询余额调节表，但不能对其进行修改。

如果余额调节表显示账面余额不平，查看以下几方面：

（1）"银行期初录入"中的"调整后余额"是否平衡？如不平衡，查看"调整前余额"、"日记账期初未达项"及"银行对账单期初未达项"是否录入正确。如不正确进行调整。

（2）银行对账单录入是否正确？如不正确进行调整。

（3）"银行对账"中勾对是否正确、对账是否平衡？如不正确进行调整。

4．出纳签字

出纳签字针对涉及现金及银行存款的凭证（收款凭证和付款凭证），必须经由出纳签字后才能允许记账。出纳签字和审核签字没有先后顺序。

需要出纳签字的，应先进行如下的操作：

（1）在总账系统的选项中设置"出纳凭证必须经由出纳签字"选项。

（2）在总账系统初始化的科目设置中已经将"库存现金"指定为"现金总账科目"，将"银行存款"指定为"银行总账科目"。

【提示】

（1）凭证一经签字，就不能被修改、删除，只有被取消签字后才可以进行修改或删除。

（2）出纳签字操作完毕，要对收付款凭证进行记账操作。

【例题·实务操作题】

（操作员：系统主管；账套：无锡大时代传媒有限公司；操作日期：2014 年 1 月 31 日）
对凭证字号为记 002 的记账凭证出纳签字。

【操作步骤】

1．选择"系统—打开账套"菜单，选择账套：无锡大时代传媒有限公司，单击"确定"按钮（见图 3-11）。

2．设置注册日期：2014-1-31，操作员：系统主管，单击"确定"按钮（见图 3-12）。

3．选择"总账—出纳签字"菜单，在弹出的"凭证管理"对话框中选择"记 002"号凭证（见图 3-56）。

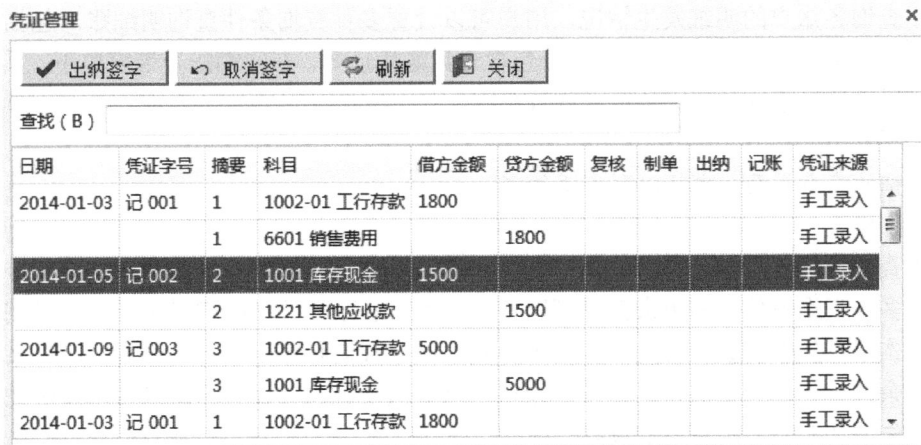

图 3-56　出纳签字

4．单击"出纳签字"按钮，则在相应的出纳栏中出现操作员名称；然后单击"关闭"按钮完成操作（见图 3-57）。

图 3-57 完成出纳签字管理

（三）账簿查询

1. 科目账查询

（1）总账查询

用于查询各总账科目的年初余额、各月发生额合计、期末余额以及本年累计金额。

总账查询可以根据需要设置查询条件，如会计科目代码、会计科目范围、会计科目级别、是否包含未记账凭证等。在总账查询窗口下，系统一般允许联查当前会计科目当前月份的明细账。

【提示】

① 如果勾选"包含未记账凭证"，那么在记账前，也可以查询科目账，这点与手工做账是有明显区别的。如果不勾选该复选框，则账簿查询将不包含未记账凭证数据。

② 在严格意义上讲，总分类账只登记一级科目，而在会计软件中，可以登记二级等明细科目。

（2）明细账查询

用于查询各账户的明细发生情况，用户可以设置多种查询条件查询明细账，包括会计科目范围、查询期间、会计科目代码、是否包含未记账凭证等。在明细账查询窗口下，系统一般允许联查所选明细事项的记账凭证及联查总账。

【提示】

从凭证的查看界面，也可以联查明细账。

（3）余额表

用于查询统计各级会计科目的期初余额、本期发生额、累计发生额和期末余额等。用户可以设置多种查询条件。利用余额表可以查询和输出总账科目、明细科目在某一时期内的期初余额、本期发生额、累计发生额和期末余额；可以查询和输出某会计科目范围在某一时期内的期初余额、本期发生额、累计发生额和期末余额；可以查询和输出包含未过账凭证在内的最新发生额及期初余额和期末余额。

【提示】

科目余额表，可以联查明细账。

（4）多栏账

多栏账即多栏式明细账，用户可以预先设计企业需要的多栏式明细账，然后按照明细科目保存为不同名称的多栏账。查询多栏账时，用户可以设置多种查询条件，包括多栏账名称、期间、是否包含未记账凭证等。

（5）日记账

用于查询除现金日记账、银行日记账之外的其他日记账。用户可以查询输出某日所有会计科目（不包括现金、银行存款会计科目）的发生额及余额情况。用户可以设置多种查询条件，包括查询日期、会计科目级次、会计科目代码、币别、是否包含未记账凭证等。

【提示】现金和银行存款日记账在"现金"模块中查询。

2. 辅助账查询

客户往来、供应商往来、个人往来、部门核算、项目核算。

包含辅助总账、辅助明细账查询。

【提示】客户、供应商往来辅助账的查询在"往来—账簿"命令下完成。

三、账务处理模块期末处理

账务处理模块的期末处理是指会计人员在每个会计期间的期末所要完成的特定业务，主要包括会计期末的转账、对账、结账等。

（一）自动转账

自动转账是指对于期末那些摘要、借贷方会计科目固定不变，发生金额的来源或计算方法基本相同，相应凭证处理基本固定的会计业务，将其既定模式事先录入并保存到系统中，在需要时，让系统按照既定模式，根据对应会计期间的数据自动生成相应的记账凭证。自动转账的步骤是先进行自动转账定义，包括编号、凭证类别、摘要、发生会计科目、辅助项目、发生方向、发生额计算公式等，一般对所有已有凭证审核记账后，再执行自动转账，生成自动转账凭证。常用的自动转账功能有期间损益结转、计提所得税、结转所得税费用、结转本年利润、提取盈余公积、结转利润分配等。

（二）对账

对账主要包括总账和明细账、总账和辅助账、明细账和辅助账的核对。

至少一个月一次，一般可在月末结账前进行。

在用友 T3 中，执行"总账—期末—对账"命令

（三）月末结账

1. 月末结账功能

结账主要包括计算和结转各账簿的本期发生额和期末余额，终止本期的账务处理工作，并将会计科目余额结转至下月作为月初余额。结账每个月只能进行一次。

"结束本期，结转下期"

2. 期末结账操作的控制

结账工作必须在本月的核算工作都已完成，系统中数据状态正确的情况下才能进行。因此，结账工作执行时，系统会检查相关工作的完成情况，主要包括：

（1）检查本月记账凭证是否已经全部记账，如有未记账凭证，则不能结账；

（2）检查上月是否已经结账，如上月未结账，则本月不能结账；

（3）检查总账与明细账、总账与辅助账是否对账正确，如果对账不正确则不能结账；

（4）对会计科目余额进行试算平衡，如试算不平衡将不能结账；

（5）检查损益类账户是否已经结转到本年利润，如损益类科目还有余额，则不能结账；

（6）当其他各模块也已经启用时，账务处理模块必须在其他各模块都结账后，才能结账。

结账只能由具有结账权限的人进行。在结账前，最好进行数据备份，一旦结账后发现业务处理有误，可以利用备份数据恢复到结账前的状态。结账后，账务处理的默认期间自动转为下一期。

【例题·实务操作题】

（操作员：系统主管；账套：无锡大时代传媒有限公司；操作日期：2014 年 1 月 31 日）

将本月（2014-01）账套进行结账操作。

【操作步骤】

1. 选择"系统—打开账套"菜单，选择账套：无锡大时代传媒有限公司，单击"确定"按钮（见图 3-11）。

2. 设置注册日期：2014-1-31，操作员：系统主管，单击"确定"按钮（见图 3-12）。

3. 选择"总账—凭证复核"菜单，在弹出的"凭证管理"对话框的凭证列表中选择一张未复核的凭证，单击"凭证复核"按钮，重复上述操作，直至所有凭证复核完成（见图 3-58）。

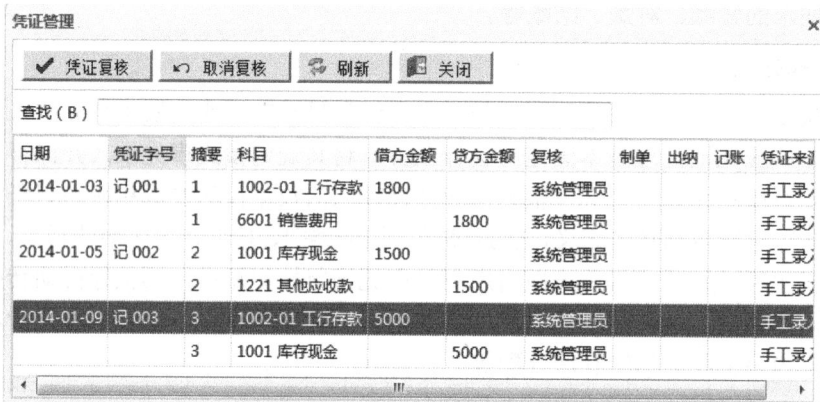

图 3-58　凭证复核

4. 单击图 3-58 所示的"关闭"按钮，完成凭证复核操作。选择"总账—凭证记账"菜单，在弹出的"凭证管理"对话框的凭证列表中选择一张未记账的凭证，单击"凭证记账"按钮，重复上述操作，直至所有凭证记账完成（见图 3-59）。

图 3-59　凭证记账

5. 单击图 3-58 所示的"关闭"按钮，完成凭证记账操作。选择"总账—期末结账"菜单，在弹出的"结账向导"对话框的期间列表中选择 2014-01，然后单击"下一步"按钮（见图 3-60）。

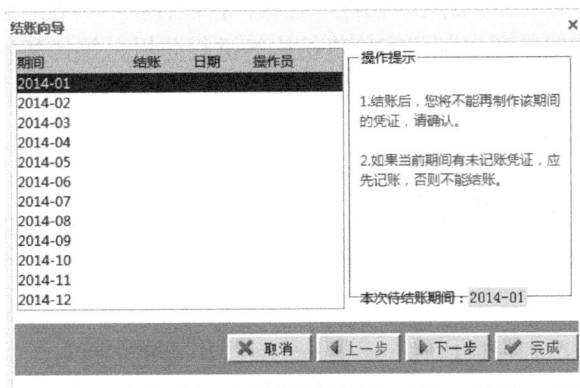

图 3-60　结账向导 1

6. 在弹出的"结账向导—工作简报"对话框中单击"下一步"按钮（见图 3-61）。

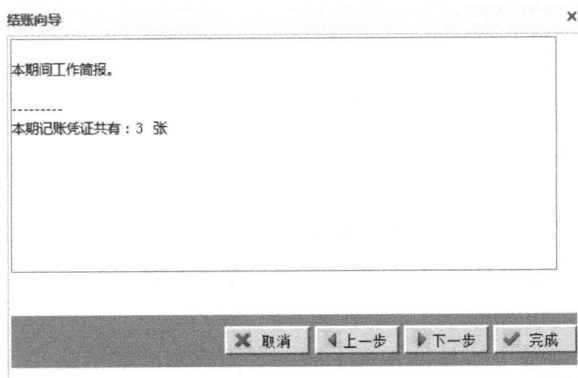

图 3-61　结账向导 2

7. 在弹出的"结账向导—结账确认"对话框中单击"完成"按钮，完成期末结账操作（见图 3-62）。

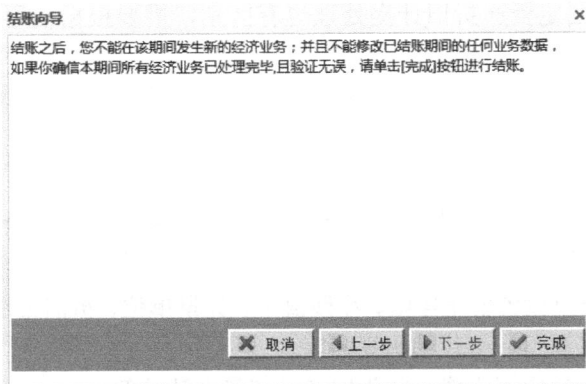

图 3-62　结账向导 3

第四节　固定资产管理模块的应用

固定资产管理模块主要是以固定资产卡片和固定资产明细账为基础，实现固定资产的会计核算；固定资产卡片的增加、删除、修改、查询；折旧计提和分配、设备管理等功能，同时提供了按类别、使用情况、所属部门和价值结构等进行分析、统计和各种条件下的查询、打印功能，以及该模块与其他模块的数据接口管理。

考点 10　固定资产模块处理

一、固定资产管理模块初始化工作

（一）设置控制参数

1．设置启用会计期间

第一次进入固定资产管理模块时，不得早于系统账套建立期间。

时间顺序：账套建立—账套启用—子系统启用。

2．设置折旧相关内容

设置折旧相关内容一般包括：是否计提折旧、折旧率小数位数等。如果确定不计提折旧，则不能操作账套内与折旧有关的功能。

3．设置固定资产编码

固定资产编码是区分每项固定资产的唯一标识。

（二）设置基础信息

1．设置折旧对应科目

某一部门内固定资产的折旧费用可以归集到一个比较固定的会计科目。

比如，管理部门的固定资产折旧，要计入管理费用科目。

2．设置增减方式

企业固定资产增加或减少的具体方式不同，其固定资产的确认和计量方法也不同。

固定资产增加的方式主要有：购入、接受投资、接受捐赠、融资租入、自建、盘盈、在建工程转入、其他增加等。

固定资产减少的方式主要有：出售、盘亏、其他减少等。

3．设置使用状况

不同使用状况的固定资产折旧计提处理也有区别，需要根据使用状况设置相应的折旧规则。

固定资产使用状况包括：正常使用、融资租入、经营性租出、季节性停用、大修理停用、不需要和未使用。

4．设置折旧方法

折旧方法通常包括：平均年限法、工作量法、年数总和法和双倍余额递减法等。

5．设置固定资产类别

在资产类别中，可以设置使用年限、净残值率、计量单位、折旧方法、固定资产科目、累计折旧科目、减值准备科目、卡片编码规则等。

以上这些属性直接决定固定资产的折旧和减值等会计核算。

【例题·实务操作题】

（操作员：系统主管；账套：无锡大时代传媒有限公司；操作日期：2014 年 1 月 31 日）

新增固定资产类别。

固定资产类别编码：10

固定资产类别名称：其他

折旧方法：年数总和法

预计使用年限：10（年）

【操作步骤】

1. 选择"系统—打开账套"菜单，选择账套：无锡大时代传媒有限公司，单击"确定"按钮（见图 3-11）。

2. 设置注册日期：2014-1-31，操作员：系统主管，单击"确定"按钮（见图 3-12）。

3. 选择"基础编码—固定资产类别"菜单，在弹出的"固定资产类别"对话框中单击"新增"按钮（见图 3-63）。

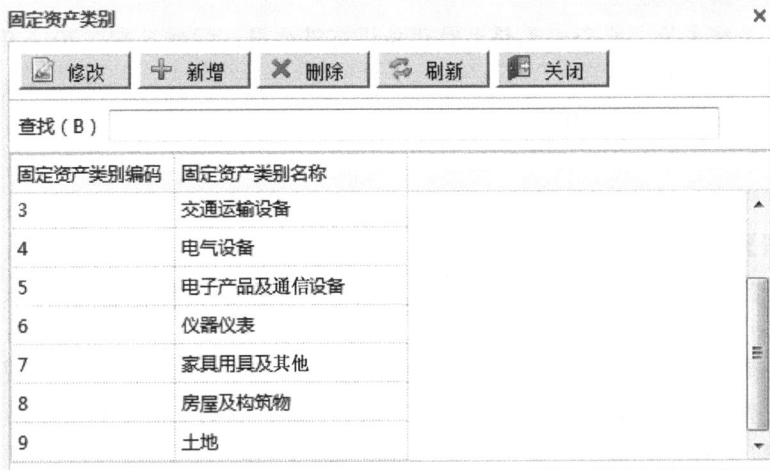

图 3-63　固定资产类别 1

4. 在"编辑—固定资产类别"对话框中输入固定资产类别编码：10，固定资产类别名称：其他，预计使用年限：10，选择常用折旧方法：年数总和法，然后单击"确定"按钮（见图 3-64）。

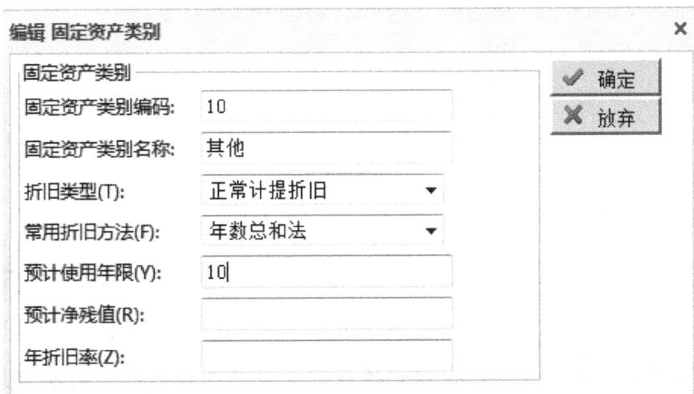

图 3-64　编辑—固定资产类别

5. 单击"关闭"按钮完成操作（见图 3-65）。

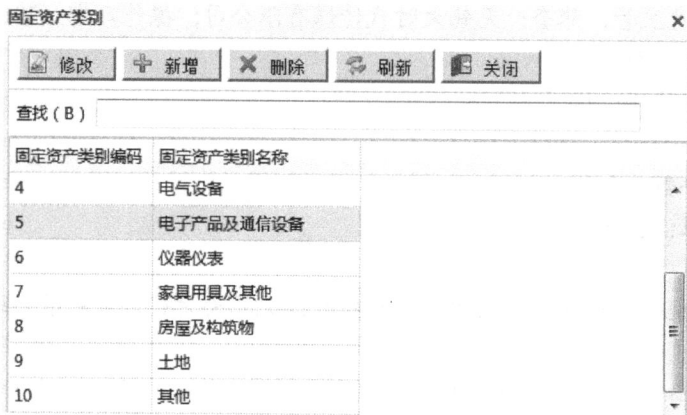

图 3-65　固定资产类别 2

【例题·实务操作题】

（操作员：系统主管；账套：无锡大时代传媒有限公司；操作日期：2014 年 1 月 31 日）
设置固定资产变动方式。

固定资产变动方式编码：07

固定资产变动方式名称：投资转出

变动类型：减少固定资产

【操作步骤】

1. 选择"系统—打开账套"菜单，选择账套：无锡大时代传媒有限公司，单击"确定"按钮（见图 3-11）。

2. 设置注册日期：2014-1-31，操作员：系统主管，单击"确定"按钮（见图 3-12）。

3. 选择"基础编码—固定资产变动方式"菜单，在弹出的"固资变动方式"对话框中单击"新增"按钮（见图 3-66）。

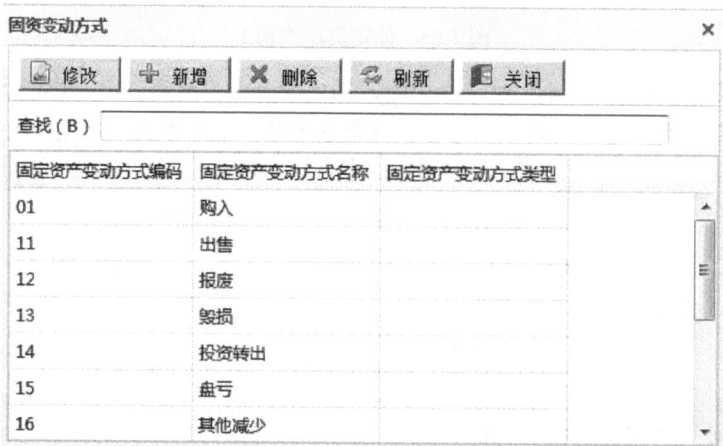

图 3-66　固定资产变动方式

4. 在"编辑—固资变动方式"对话框中选择固定资产变动类型：减少固定资产，输入固定资产变动方式编码：07，固定资产变动方式名称：投资转出，然后单击"确定"按钮（见图 3-67）。

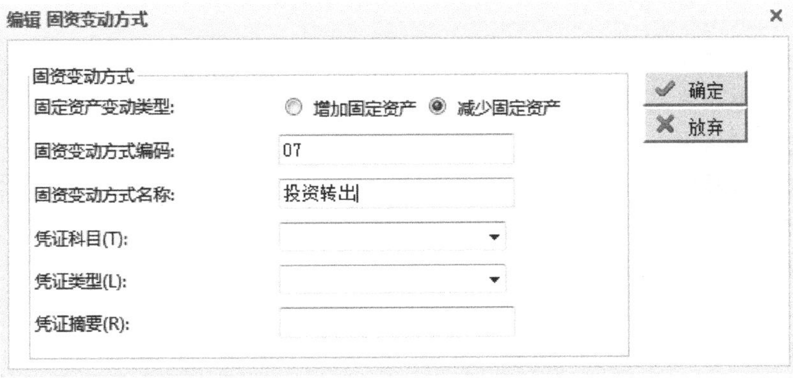

图 3-67　编辑—固资变动方式

5. 单击"关闭"按钮完成操作（见图 3-68）。

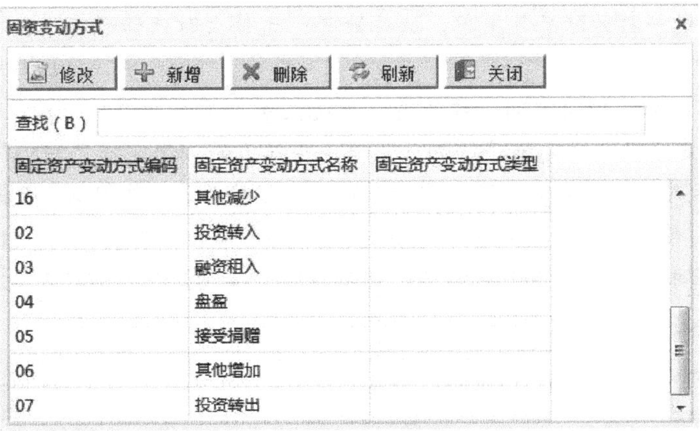

图 3-68　完成固资变动方式管理

（三）录入固定资产原始卡片

固定资产卡片是固定资产核算和管理的数据基础。它记录每项固定资产的详细信息，一般包括：固定资产编码、名称、类别、规格型号、使用部门、增加方式、使用状况、预计使用期间数、预计净残值、折旧方法、开始使用日期、原值、累计折旧等。

固定资产原始卡片记录的是在建账前已有的固定资产信息，考试软件在"固定资产期初"中进行录入。

二、固定资产管理模块日常处理

企业日常运营中，会发生固定资产相关业务，一般包括固定资产增加、减少、变动等。

（一）固定资产增加

固定资产增加是指企业购进或通过其他方式增加固定资产，应为增加的固定资产建立一张固定资产卡片，录入增加固定资产的相关信息和数据。

【例题·实务操作题】

（操作员：系统主管；账套：无锡大时代传媒有限公司；操作日期：2014 年 1 月 31 日）

新增固定资产。

卡片编号：0001

固资编码：5001

固资名称：复印机

固资类别：电子产品及通信设备

使用状态：使用中

增加方式：直接购入

原值：4500.00

增加日期：2014-1-28

使用部门：办公室

折旧费用科目：6602-01 折旧费

折旧方法：平均年限法

预计使用年限：15 年

【操作步骤】

1. 选择"系统—打开账套"菜单，选择账套：无锡大时代传媒有限公司，单击"确定"按钮（见图 3-11）。

2. 设置注册日期：2014-1-31，操作员：系统主管，单击"确定"按钮（见图 3-12）。

3. 选择"固定资产—固定资产增加"菜单，在弹出的"固定资产增加"对话框"基础资料"标签中输入卡片编号：0001，资产编号：5001，固资名称：复印机，选择固资类别：电子产品及通信设备，使用状态：使用中，增加方式：直接购入，增加日期：2014-1-28，使用部门：办公室，折旧科目：6602-01 折旧费，然后选择"折旧资料"标签（见图 3-69）。

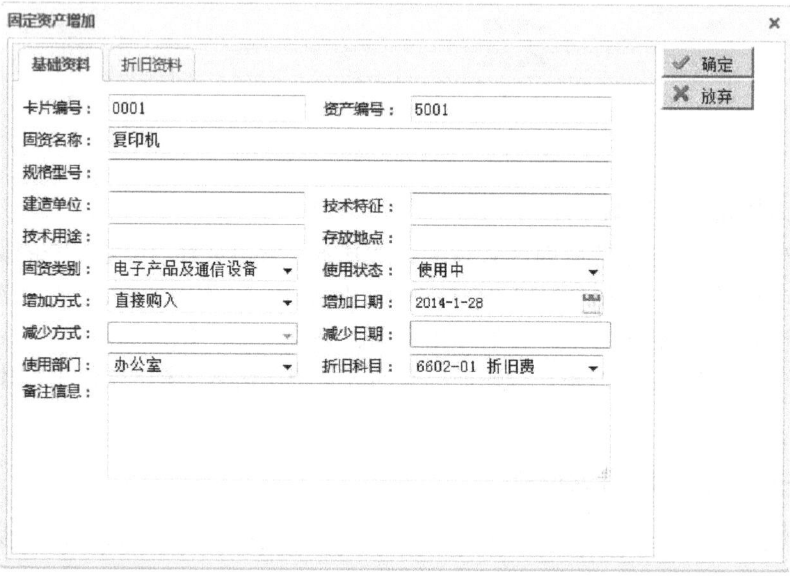

图 3-69　固定资产增加 1

4. 在"折旧资料"标签中输入原值—本币金额：4500.00，选择折旧方法：平均年限法，预计使用年限：15（年），然后单击"确定"按钮完成操作（见图 3-70）。

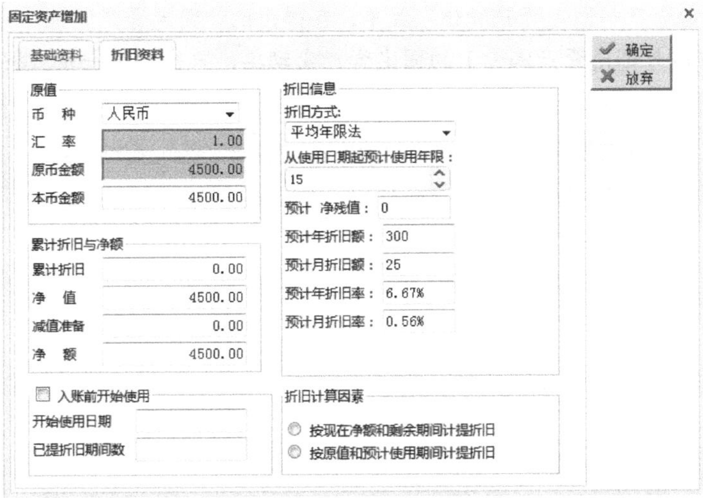

图 3-70 固定资产增加 2

（二）固定资产减少

固定资产减少业务的核算不是直接减少固定资产的价值，而是输入资产减少卡片，说明减少原因，记录业务的具体信息和过程，保留审计线索。需要注意的是，固定资产减少操作，必须在计提折旧之后再进行，因为当期减少的固定资产要照提折旧。

（三）固定资产变动

1. 价值信息的变更

（1）固定资产原值变动

固定资产使用过程中，其原值变动的原因一般包括：根据国家规定，对固定资产重新估价；增加补充设备或改良设备；将固定资产的一部分拆除；根据实际价值调整原来的暂估价值；发现原记录固定资产的价值有误等几种情况。

（2）折旧要素的变更

折旧要素的变更包括使用年限调整、折旧方法调整、预计净残值调整、累计折旧调整等。

2. 非价值信息变更

固定资产非价值信息变更包括固定资产的使用部门变动、使用状况变动、存放地点变动等。

（四）生成记账凭证

设置固定资产凭证处理选项之后，固定资产管理模块对于需要填制记账凭证的业务能够自动完成记账凭证填制工作，并传递给账务处理模块。

【例题·实务操作题】

（操作员：系统主管；账套：无锡大时代传媒有限公司；操作日期：2014 年 1 月 31 日）

选择卡号为 30001 的固定资产变动单，生成记账凭证。

【操作步骤】

1. 选择"系统—打开账套"菜单，选择账套：无锡大时代传媒有限公司，单击"确定"按钮（见图 3-11）。

2. 设置注册日期：2014-1-31，操作员：系统主管，单击"确定"按钮（见图 3-12）。

3. 选择"固定资产—固定资产凭证"菜单，在弹出的"固定资产凭证"对话框中选择卡号为 30001（是卡片编号不是资产编号）的固定资产变动单，单击"下一步"按钮（见图 3-71）。

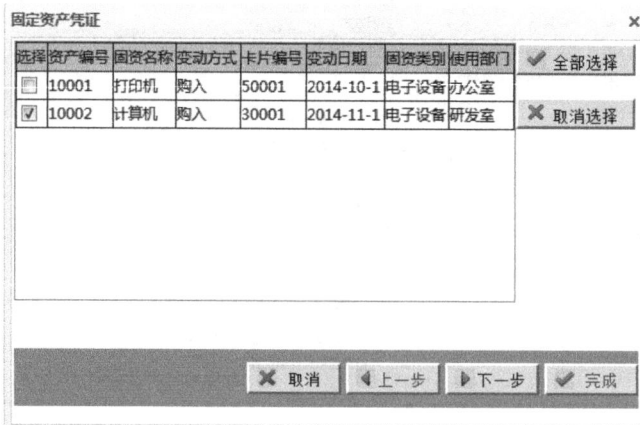

图 3-71　固定资产凭证 1

4. 继续在"固定资产凭证"凭证预览对话框中单击"完成"按钮（见图 3-72）。

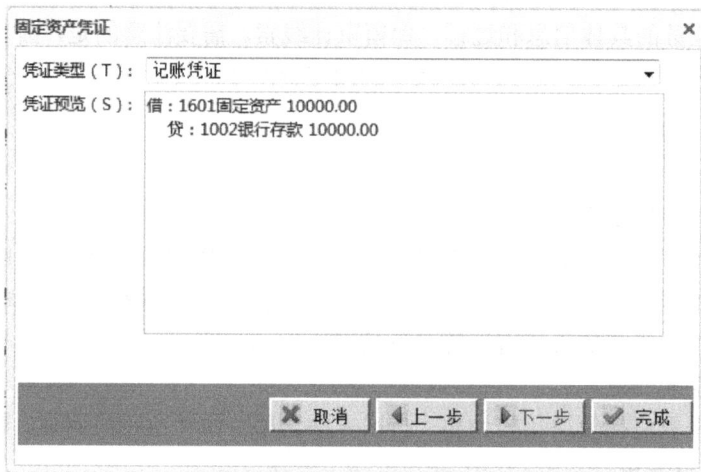

图 3-72　固定资产凭证 2

5. 在系统弹出的凭证生成信息提示框中单击"确定"按钮（见图 3-73）。

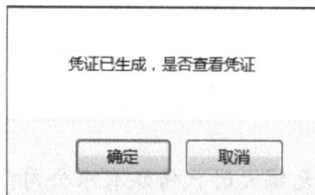

图 3-73　凭证生成信息提示

6. 系统弹出的"编辑—记账凭证"对话框，显示已生成的凭证，修改日期：2014-1-31，然后单击"确定"按钮完成操作（见图 3-74）。

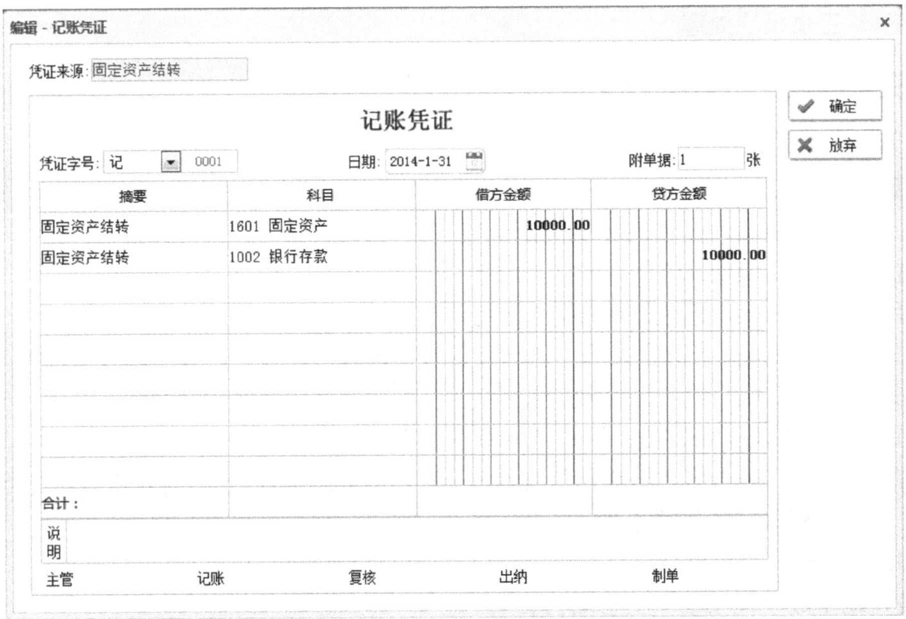

图 3-74 编辑—记账凭证

三、固定资产管理模块期末处理

（一）计提折旧

（二）对账

固定资产管理模块对账功能主要是指与账务处理模块进行对账。执行本操作，需要先将固定资产模块传递到总账的凭证进行审核、出纳签字和记账。

（三）月末结账

用户在固定资产管理模块中完成本月全部业务和生成记账凭证并对账正确后，可以进行月末结账。

（四）相关数据查询

固定资产管理模块提供账表查询功能，用户可以对固定资产相关信息按照不同标准进行分类、汇总、分析和输出，以满足各方面管理决策的需要。

第五节 工资管理模块的应用

工资是企业职工薪酬的重要组成部分，也是产品成本的计算内容，是企业进行各种费用计提的基础。工资管理模块是进行工资核算和管理的模块，该模块以人力资源管理提供的员工及其工资的基本数据为依据，完成员工工资数据的收集、员工工资的核算、工资发放、工资费用的汇总和分摊、个人所得税计算和按照部门、项目、个人时间等条件进行工资分析、查询和打印输出，以及该模块与其他模块的数据接口管理。

考点 11 工资模块处理

一、工资管理模块初始化工作

（一）建立工资账套

1．参数设置

（1）选择本账套处理所需的工资类别个数

设置工资类别的意义如下：

① 所有人员统一工资核算的企业，使用单一工资类别核算；

② 分别对在职人员、退休人员、离休人员进行核算的企业，可使用多工资类别核算；

③ 分别对正式工、临时工进行核算的企业，可使用多工资类别核算；

④ 每月进行多次工资发放，月末统一核算的企业，可使用多工资类别核算；

⑤ 在不同地区有分支机构，而由总机构统一进行工资核算的企业，可使用多工资类别核算。

（2）选择工资账套的核算币种

2．扣税设置

系统自动生成"代扣税"工资项目。

3．扣零处理

扣零处理是指每次发放工资时将零头扣下，积累取整，于下次工资发放时补上。在当前大多由银行代发工资的情况下，该选项意义不大。

4．人员编码

工资核算中每个职工都有一个唯一的编码，人员编码长度应结合企业部门设置和人员数量自行定义，但总长度不能超过系统提供的最大位数。

（二）设置基础信息

1．工资类别

2．设置工资类别所对应的部门

3．银行名称及账号

4．人员类别

5．人员档案

6．工资项目

7．工资项目计算公式

8．所得税

【例题·实务操作题】

（操作员：系统主管；账套：无锡大时代传媒有限公司；操作日期：2014 年 10 月 31 日）

修改并设置指定工资发放项目。

工资表名：管理人员

项目名称：事假天数

类型：数字

长度：12，小数：0

【操作步骤】

1．选择"系统—打开账套"菜单，选择账套：无锡大时代传媒有限公司，单击"确定"

按钮（见图 3-11）。

2. 设置注册日期：2014-10-31，操作员：系统主管，单击"确定"按钮（见图 3-12）。

3. 选择"工资—工资表目录"菜单，在弹出的"工资表目录"对话框的"工资表名称"列表中选择"管理人员"，然后单击"修改"按钮（见图 3-75）。

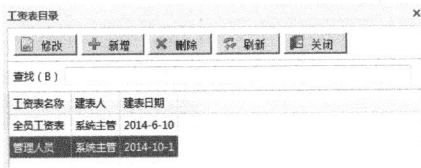

图 3-75　工资表目录

4. 在"工资表"对话框中单击"下一步"按钮（见图 3-76）。

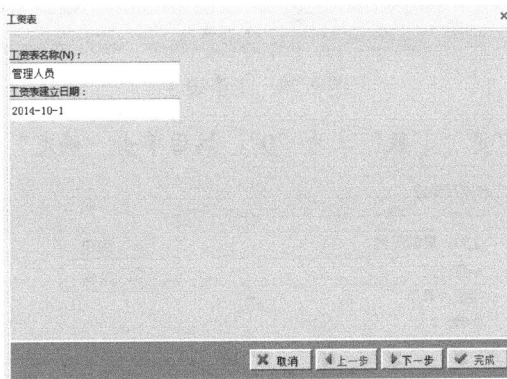

图 3-76　工资表 1

5. 在"工资表"对话框中单击"下一步"按钮（见图 3-77）。

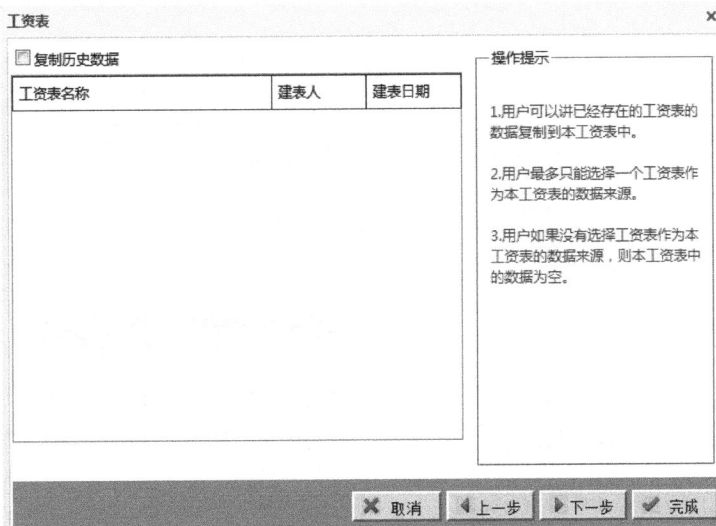

图 3-77　工资表 2

6. 在"工资表"对话框的"工资项目"列表中选择"事假天数"，然后单击"修改"按钮（见图 3-78）。

图 3-78　工资表 3

7. 在弹出的对话框中将"小数"改为"0"，然后单击"确定"按钮（见图 3-79）。

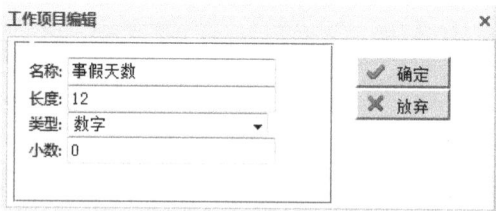

图 3-79　工资项目编辑

8. 单击"完成"按钮结束操作（见图 3-80）。

图 3-80　工资表 4

【例题·实务操作题】

（操作员：系统主管；账套：无锡大时代传媒有限公司；操作日期：2014年6月31日）

在"全员工资表"中设置工资计算公式。

交通费：200

物价补贴：300

实发合计=应发合计-代扣税额

【操作步骤】

1. 选择"系统—打开账套"菜单，选择账套：无锡大时代传媒有限公司，单击"确定"按钮（见图3-11）。

2. 设置注册日期：2014-6-31，操作员：系统主管，单击"确定"按钮（见图3-12）。

3. 选择"工资—工资表目录"菜单，在弹出的"工资表目录"对话框的"工资表名称"列表中选择"全员工资表"，然后单击"修改"按钮（见图3-81）。

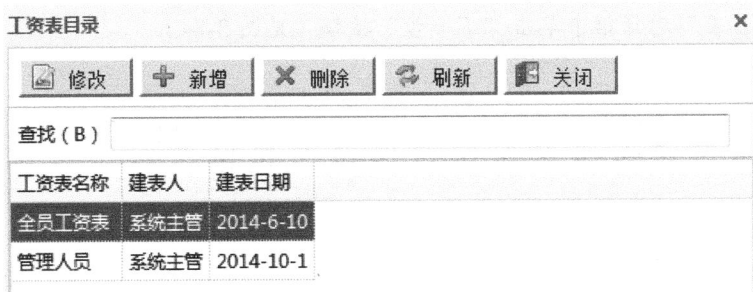

图3-81 工资表目录

4. 在"工资表"对话框中单击"下一步"按钮（见图3-82）。

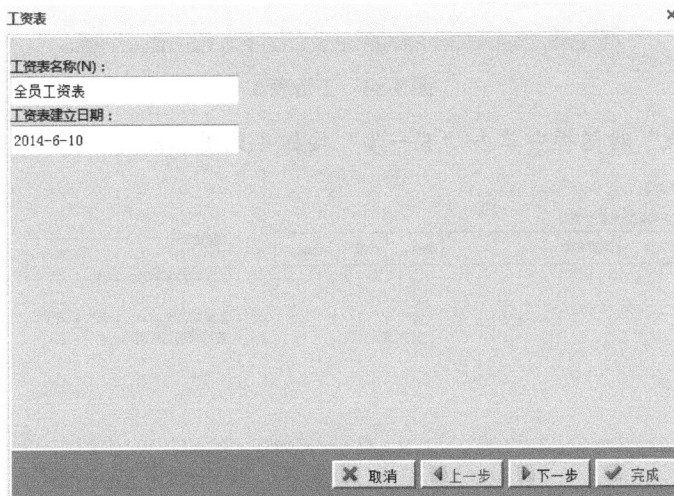

图3-82 工资表1

5. 在"工资表"对话框中单击"下一步"按钮（见图3-83）。

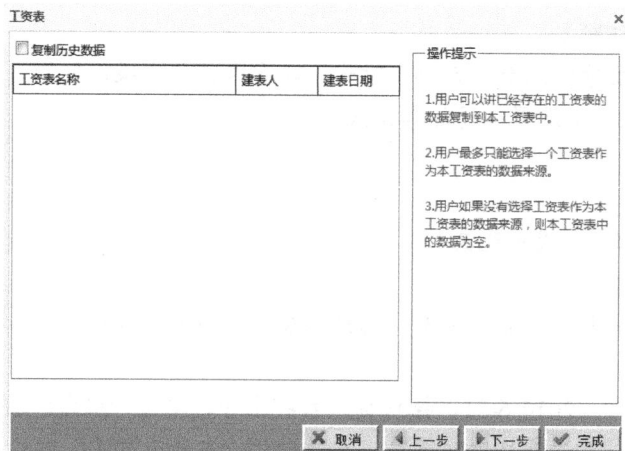

图 3-83　工资表 2

6. 在"工资表"对话框中单击"下一步"按钮（见图 3-84）。

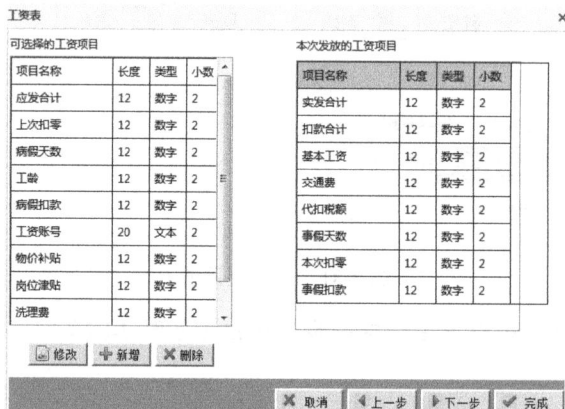

图 3-84　工资表 3

7. 在"工资表"对话框中单击"下一步"按钮（见图 3-85）。

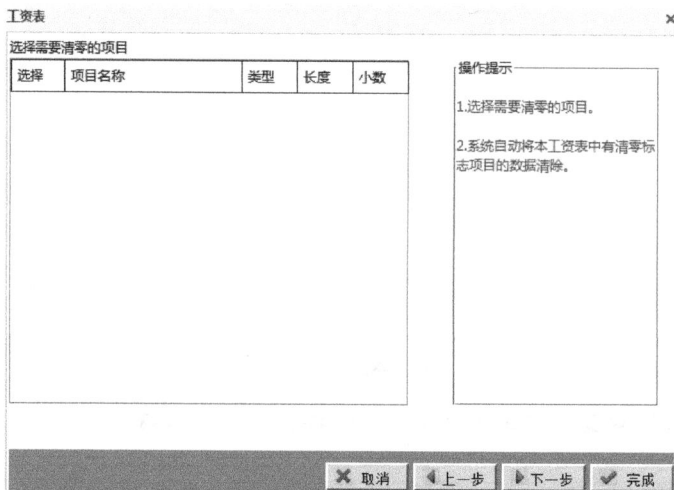

图 3-85　工资表 4

8. 在"工资表"对话框中单击"下一步"按钮（见图3-86）。

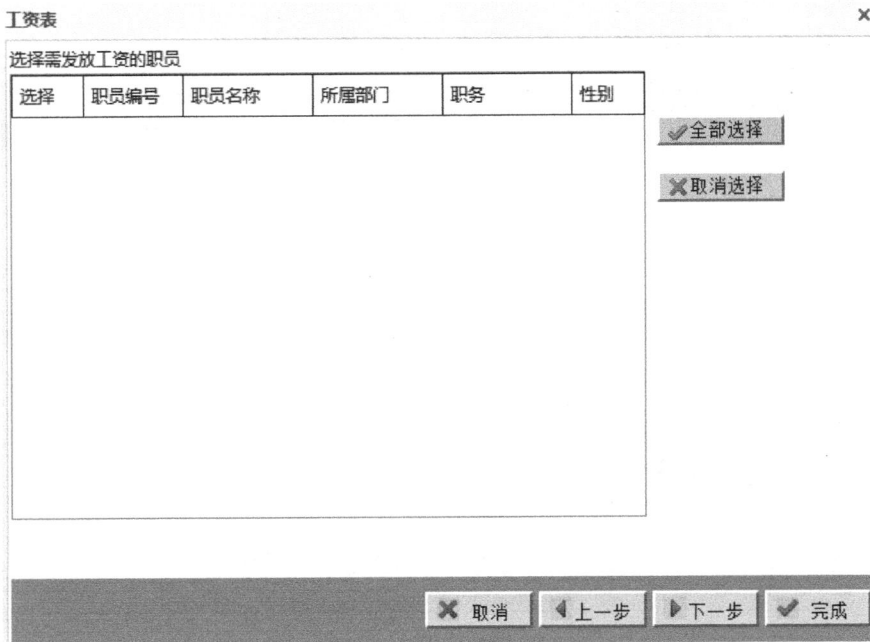

图 3-86 工资表 5

9. 在"工资表"对话框中的"计算项目"列选择"交通费"，在"计算公式"列输入：200 单击"新增公式"按钮（见图3-87）。

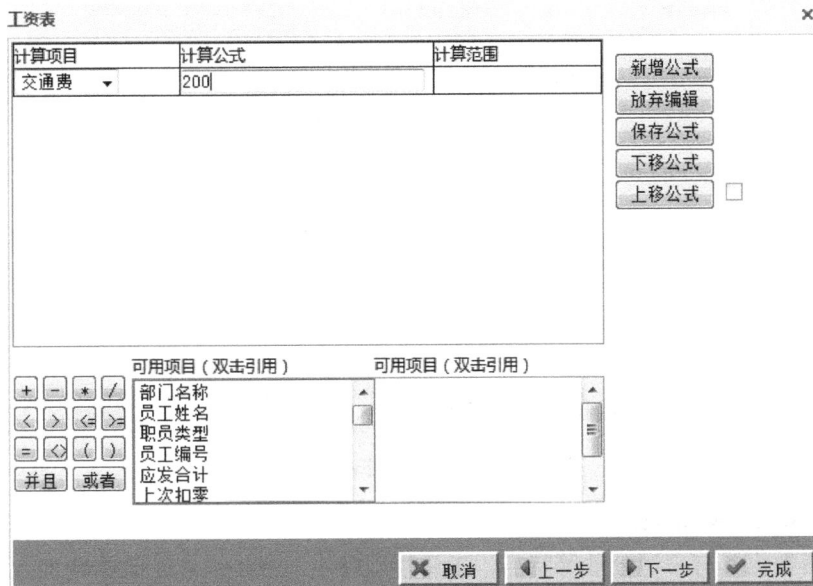

图 3-87 工资表 6

9. 同上步在"计算项目"列选择"物价补贴"，在"计算公式"列输入：300，然后单击"新增公式"按钮；在"计算项目"列选择"实发合计"，单击"计算公式"列，然后在下方"可选项目"列双击"应发合计"，再单击旁边的"–"号，双击"可选项目"列中的"代扣税额"；

公式全部设置结束后单击"保存公式"按钮，然后再单击"下一步"按钮（见图3-88）。

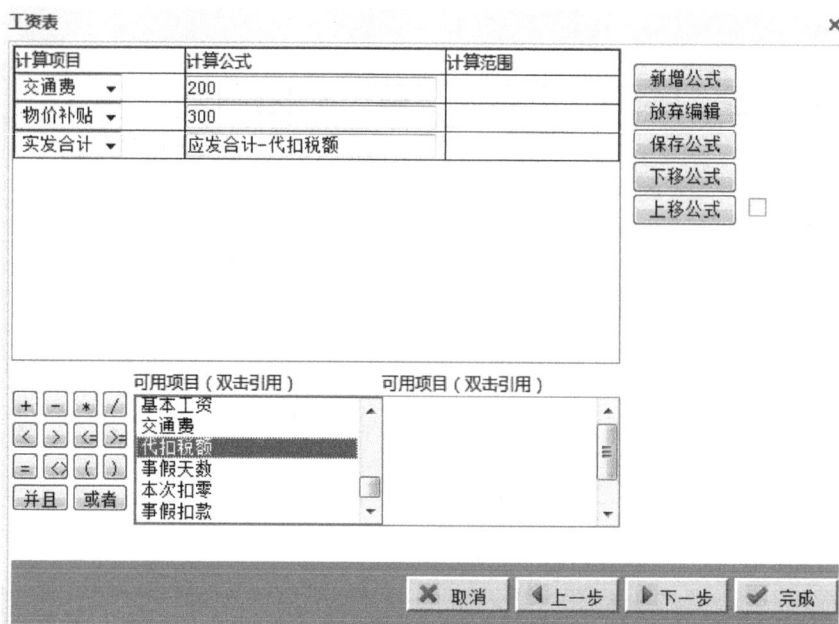

图3-88　工资表7

10. 单击"完成"按钮结束操作（见图3-89）。

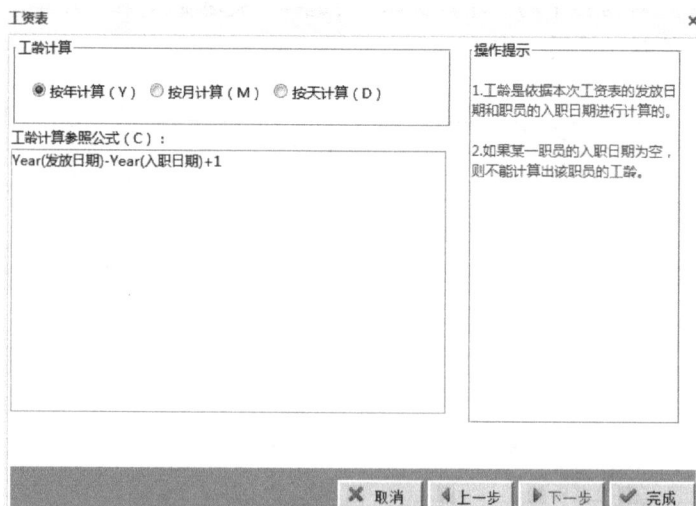

图3-89　工资表8

（三）录入工资基础数据

由于工资数据具有来源分散等特点，工资管理模块一般提供以下数据输入方式：

（1）单个数据录入；

（2）成组数据录入——"过滤器"；

（3）按条件成批替换——"替换"；

（4）公式计算——"设置"；

（5）从外部直接导入数据——"数据接口管理"。

在用友 T3 中，进入工资变动后屏幕显示所有人员的所有项目供查看。可直接修改数据，也可以通过以下方法快速录入。

（1）如果只需对某些工资项目进行录入，比如：录入电话补贴、缺勤扣款等，可使用"过滤器"功能，选择某些项目进行录入。

（2）如果需录入某个指定部门或人员的数据，可先单击"定位"图标，让系统自动定位到需要的部门或人员上，然后录入。

（3）如果需按某个条件统一调整数据，比如：将人员类别为干部的人员的书报费统一调整为 20 元钱，这时可使用"替换"功能。

（4）如果需按某些条件筛选符合条件的人员进行录入，比如：选择人员类别为干部的人员进行录入，可使用"筛选"功能。

二、工资管理模块日常处理

（一）工资计算

1．工资变动数据录入

工资变动是指对工资可变项目的具体数额进行修改，以及对个人的工资数据进行修改、增删。例如奖金、请假扣款等。

2．工资数据计算

工资数据计算是指按照所设置的公式计算每位员工的工资数据。

（二）个人所得税计算

工资管理模块提供个人所得税自动计算功能，用户可以根据政策的调整，定义最新的个人所得税税率表。

（三）工资分摊

工资分摊是指对当月发生的工资费用进行工资总额的计算、分配及各种经费的计提。工资费用分摊项目一般包括应付工资、应付福利费、职工教育经费、工会经费、各类保险等。

（四）生成记账凭证

根据工资费用分摊的结果及设置的借贷科目，生成记账凭证并传递到账务处理模块。

【例题·实务操作题】

（操作员：系统主管；账套：无锡大时代传媒有限公司；操作日期：2014 年 1 月 31 日）

将"管理人员"工资表生成记账凭证

选择公式："管理人员：实发合计"

设置科目："贷方科目：2211 应付职工薪酬"、"借方科目：6602-03 工资"

【操作步骤】

1．选择"系统—打开账套"菜单，选择账套：无锡大时代传媒有限公司，单击"确定"按钮（见图 3-11）。

2．设置注册日期：2014-1-31，操作员：系统主管，单击"确定"按钮（见图 3-12）。

3．选择"工资—工资凭证"菜单，在弹出的"工资凭证向导"对话框中选择"管理人员"，然后单击"下一步"按钮（见图 3-90）。

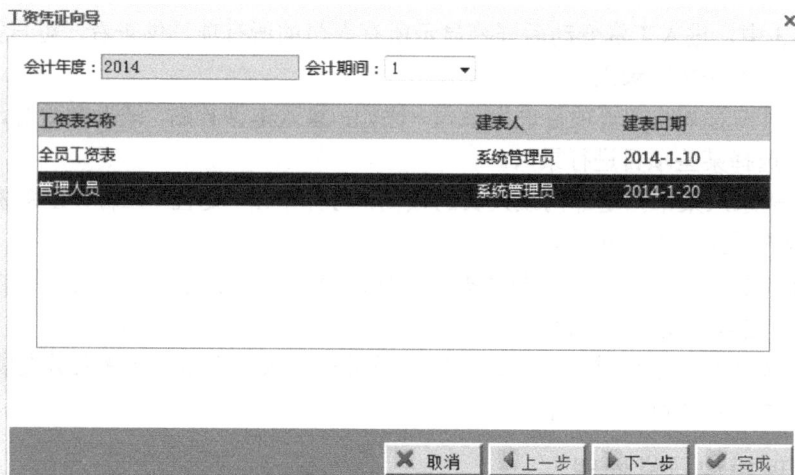

图 3-90　工资凭证向导 1

4. 在"工资凭证向导"对话框的"当前工资表的可用金额项目"列表中双击"管理人员：实发合计"，然后单击"下一步"按钮（见图 3-91）。

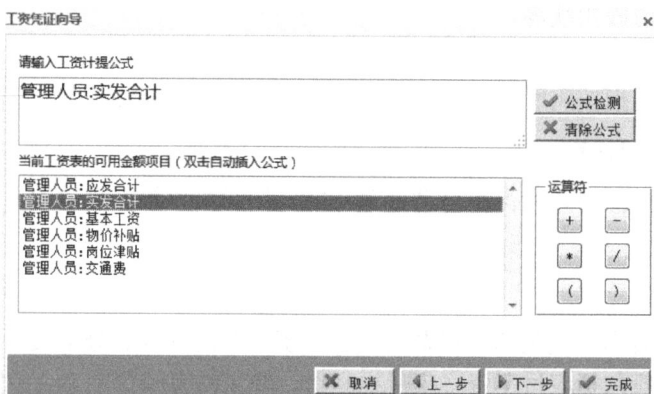

图 3-91　工资凭证向导 2

5. 在"工资凭证向导"对话框中选择贷方科目：2211 应付职工薪酬，借方科目：6602-03 工资，然后单击"下一步"按钮（见图 3-92）。

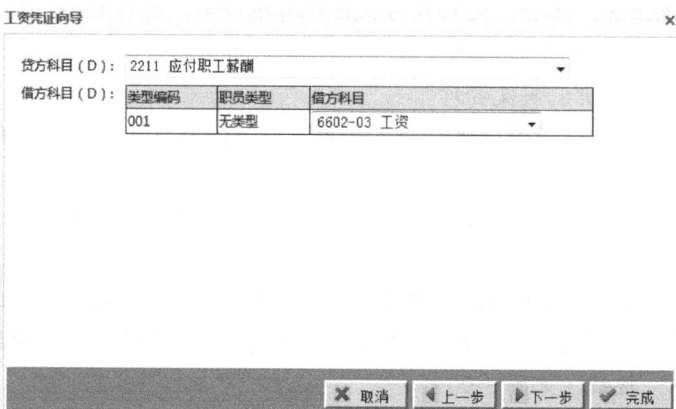

图 3-92　工资凭证向导 3

6. 在"工资凭证向导"对话框中选择"记账凭证",然后单击"完成"按钮(见图 3-93)。

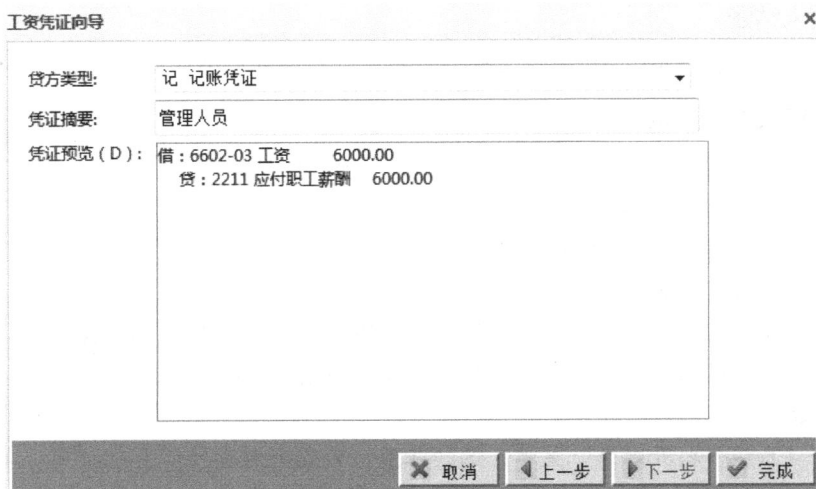

图 3-93 工资凭证向导 4

7. 系统弹出"是否查看凭证"提示框,单击"确定"按钮(见图 3-94)。

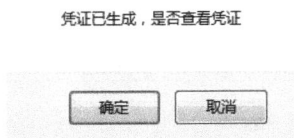

图 3-94 凭证生成

8. 系统弹出"编辑—记账凭证"对话框,修改日期:2014-1-31,单击"确定"按钮完成操作(见图 3-95)。

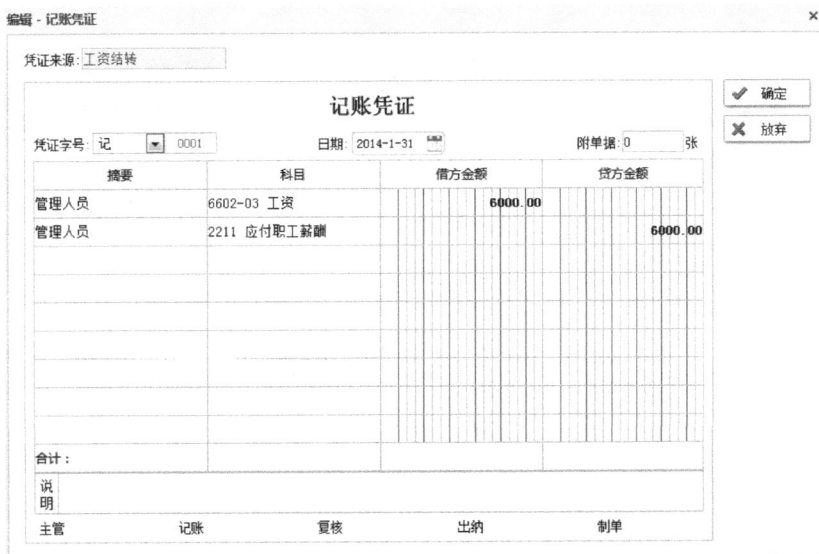

图 3-95 编辑—记账凭证

三、工资管理模块期末处理

（一）期末结账

"结束本期、结转下期"，系统可以对不同的工资类别分别进行期末结账。

（二）工资表的查询输出

工资数据处理结果最终通过工资报表的形式反映。包括：

（1）工资表：工资发放表、工资汇总表；

（2）工资分析表：供决策人员使用。

【例题·实务操作题】

（操作员：系统主管；账套：无锡大时代传媒有限公司；操作日期：2014 年 12 月 31 日）

将"全员工资表"的工资表名称修改为"2014 年 12 月份工资表"

【操作步骤】

1. 选择"系统—打开账套"菜单，选择账套：无锡大时代传媒有限公司，单击"确定"按钮（见图 3-11）。

2. 设置注册日期：2014-12-31，操作员：系统主管，单击"确定"按钮（见图 3-12）。

3. 选择"工资—工资表目录"菜单，在弹出的"工资表目录"对话框的"工资表名称"列表中选择"全员工资表"，然后单击"修改"按钮（见图 3-96）。

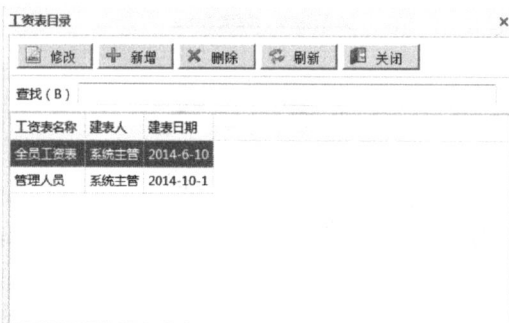

图 3-96　工资表目录

4. 在"工资表"对话框中将工资表名称修改为"2014 年 12 月份工资表"，然后单击"下一步"按钮（见图 3-97）。

图 3-97　工资表 1

5. 单击"完成"按钮结束操作（见图 3-98）。

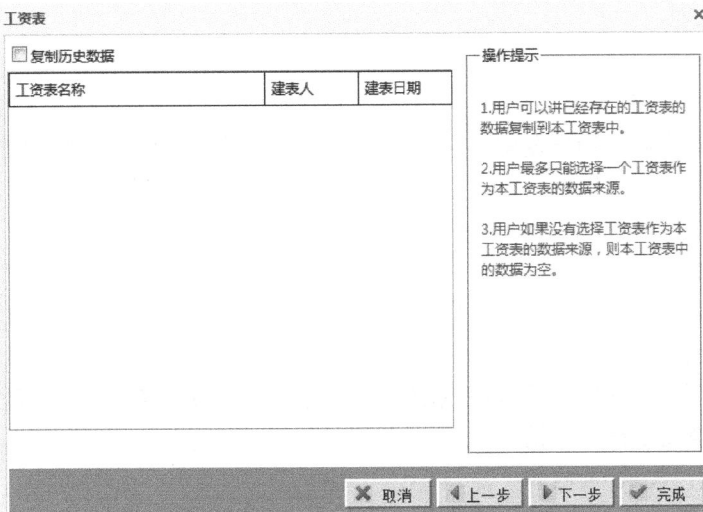

图 3-98 工资表 2

第六节 应收管理模块的应用

由于销售管理与应收款、采购管理与应付款关系密切，所以用友 T3 会计软件将销售管理与应收管理模块、采购管理与应付管理模块绑定在一起进行核算。应收、应付管理模块以发票、费用单据、其他应收单据、应付单据等原始单据为依据，记录销售、采购业务所形成的往来款项，处理应收、应付款项的收回、支付和转账，进行账龄分析和坏账估计及冲销，并对往来业务中的票据、合同进行管理，同时提供统计分析、打印和查询输出功能，以及与采购管理、销售管理、账务处理等模块进行数据传递的功能。

考点 12 应收模块处理

一、应收管理模块初始化工作

（一）控制参数和基础信息的设置

1. 控制参数的设置

应收（预收）款核销、汇兑损益方式、应收确认日期依据、现金折扣是否显示。

2. 基础信息的设置

会计科目、对应科目的结算方式、账龄区间。

（二）期初余额录入

初次使用应收管理模块时，要将系统启用前未处理完的所有客户的应收账款、预收账款、应收票据等数据录入系统，以便以后的核销处理。

当进入第二年度处理时，应收管理模块自动将上年未处理完的单据转为下一年的期初余额。

二、应收管理模块日常处理

（一）应收处理

1．单据处理

（1）应收单据处理

企业的应收款来源于销售发票（包括专用发票、普通发票）和其他应收单。

在用友 T3 软件中，"销售→客户往来→应收单"主要就是指其他应收单，比如代垫款项、运输装卸费、违约金等。

（2）收款单据处理

收款单据用来记录企业收到的客户款项。在"客户往来→收款结算"中核算。

（3）单据核销

单据核销主要用于建立收款与应收款的核销记录，加强往来款项的管理，同时核销日期也是账龄分析的重要依据。包括：

① 完全核销：收款=应收款

② 形成预收款：收款（多）-应收款（货款）=预收款

③ 使用预收款：预收款（先）+收款=应收款（货款）

2．转账处理

转账处理主要是往来款项对冲处理，是为了避免往来款多头挂账的问题而设置的功能。在实际业务处理中，由于经济业务的复杂性，有时无法明确划分某些企业是客户还是供应商，有些企业的销售货款是其他企业代付的，有些企业的预收款项无法明确是哪笔销售业务，因此系统一般都提供往来对冲处理功能，以便正确反映与这类企业的往来情况。

转账处理主要包括：应收冲应收、预收冲应收和应收冲应付。

（1）应收冲应收（两个客户）

应收冲应收是指用某客户的应收账款，冲抵另一客户的应收款项。解决应收款业务在不同客户间入错户和合并户等问题。

（2）预收冲应收（同一客户）

预收冲应收是指处理客户的预收款和该客户应收欠款的转账核销业务。可通过执行"销售→客户往来→预收冲应收"命令实现。

（3）应收冲应付（一客户一供应商）

应收冲应付是指用客户的应收款项来冲抵供应商的应付账款。通过应收冲应付功能，可将应收账款在客户与供应商之间进行转入、转出，实现应收业务的调整，解决应收债权与应付债务的冲抵。可通过执行"销售→客户往来→应收冲应付"命令实现。

（二）票据管理

票据管理用来管理企业销售商品、提供劳务收到的银行承兑汇票或商业承兑汇票。

用友 T3：出纳通→票据管理（出纳通是独立于账务处理模块以外的模块）。

1．新建票据账户。

2．添加票据、领用票据、报销票据、核销票据。

（三）坏账处理

1．坏账准备计提：计提方法，科目。

2．坏账发生：选定坏账单据，查找业务单据。

3. 坏账收回：填制收款单。

关于考试大纲中的"票据管理"和"坏账处理"内容，用友 T3 软件中没有，此处了解即可。

（四）生成记账凭证

在"核算→凭证→客户往来制单"命令中，可进行发票制单、应收单制单、核销制单、汇兑损益制单、转账制单、并账制单、现结制单，并将凭证传递到账务处理系统。

三、应收管理模块期末处理

（一）期末结账

（二）应收账款查询

应收账款查询包括单据查询和账表查询。

1. 单据查询主要是对销售发票和收款单等单据的查询。

销售→销售单据列表→销售发票列表

销售→客户往来→收款结算单列表

2. 账表查询主要是对往来总账、往来明细账、往来余额表的查询，以及总账、明细账、单据之间的联查。

销售→客户往来账表→客户往来余额表

（三）应收账龄分析

账龄分析主要是用来对未核销的往来账余额、账龄进行分析，及时发现问题，加强对往来款项动态的监督管理。没有购买购销存模块时可使用"往来"模块查询；销售中不能查询全部客户的账龄分析，只能一个一个查询，而往来中可以查询全部客户。

1. 销售→客户往来账表→业务账龄分析

2. 往来→账簿→往来管理→客户往来账龄分析

【例题·实务操作题】

（操作员：系统主管；账套：无锡大时代传媒有限公司；操作日期：2014 年 1 月 31 日）

1 月 18 日，ABC 电子有限公司欠货款 11 700 元，开票日 2014-01-18，请录入应收单。

摘要：应收所欠货款。

应收科目：1122 金额：11 700

对方科目：6001 金额：10 000

2221-01-01 金额：1700

【操作步骤】

1. 选择"系统—打开账套"菜单，选择账套：无锡大时代传媒有限公司，单击"确定"按钮（见图 3-11）。

2. 设置注册日期：2014-1-31，操作员：系统主管，单击"确定"按钮（见图 3-12）。

3. 选择"应收—应收借项"菜单，在弹出的对话框中选择单位：ABC 电子有限公司，选择日期：2014-1-18，选择应付科目：1122，输入本币金额：11700，第一行输入摘要：应收所欠货款、选择科目：6001，金额：10000，第二行输入摘要：应收所欠货款，选择科目：2221-01-01，金额：1700，单击"确定"按钮完成操作（见图 3-99）。

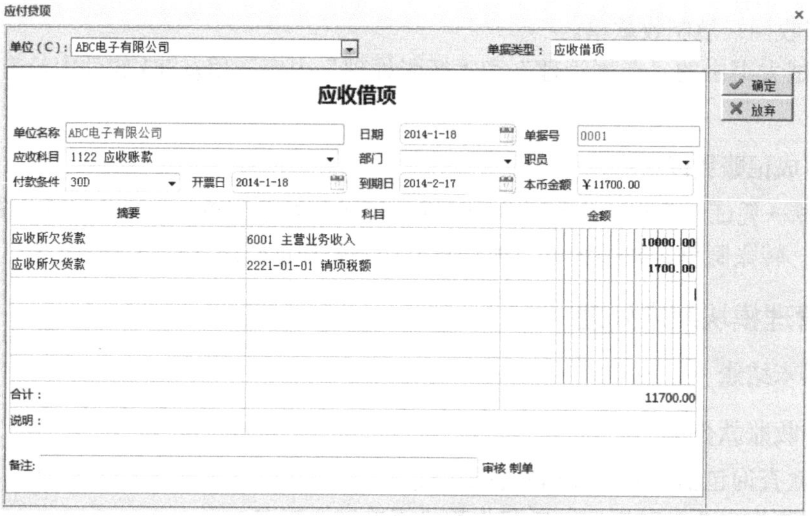

图 3-99　应收借项

第七节　应付管理模块的应用

与应收核算系统类似，在用友 T3 中，应付款的核算主要是通过往来、采购和核算等模块来完成的。

考点 13　应付模块处理

一、应付管理模块初始化工作

（一）控制参数和基础信息的设置

（二）期初余额录入

二、应付管理模块日常处理

日常业务处理主要完成日常付款单的录入和审核、其他付款单的录入、往来核销处理、生成凭证处理和统计分析等。

（一）应付处理

1. 单据处理

2. 转账处理

（二）票据管理

（三）生成记账凭证

三、应付管理模块期末处理

（一）期末结账

（二）应付账款查询

采购→采购单据列表→采购发票列表

采购→供应商往来→付款结算单列表

采购→供应商往来账表

（三）应付账龄分析

往来→账簿→往来管理→客户往来账龄分析

【例题·实务操作题】

（操作员：系统主管；账套：无锡大时代传媒有限公司；操作日期：2014年1月31日）

新增付款条件。

付款条件编码：04

付款条件名称：B60D

到期日期（天）：60

优惠日10、折扣率3%，优惠日20，折扣率2%，优惠日40，折扣率1%

【操作步骤】

1. 选择"系统—打开账套"菜单，选择账套：无锡大时代传媒有限公司，单击"确定"按钮（见图3-11）。

2. 设置注册日期：2014-1-31，操作员：系统主管，单击"确定"按钮（见图3-12）。

3. 选择"基础编码—付款条件"菜单，在弹出的"付款条件"对话框中单击"新增"按钮（见图3-100）。

4. 在"编辑—付款条件"对话框中输入付款条件编码：04，付款条件名称：B60D，到期日（天）：60，优惠日1：10，折扣率1：3，优惠日2：20，折扣率2：2，优惠日3：40，折扣率3：1，然后单击"确定"按钮（见图3-101）。

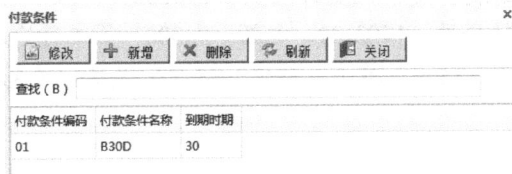

图3-100 付款条件1

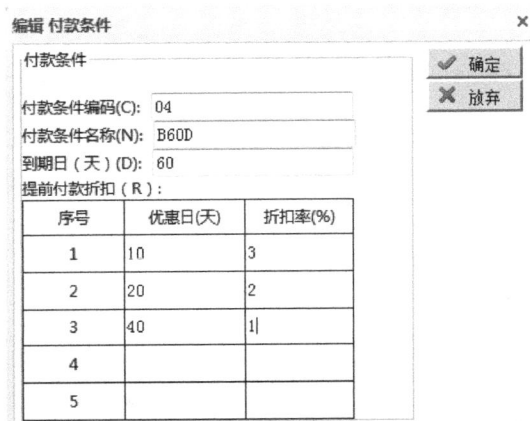

图3-101 编辑—付款条件

5. 单击"关闭"按钮完成操作（见图3-102）。

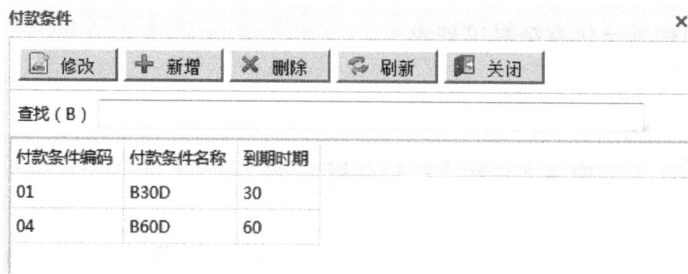

图 3-102　付款条件 2

【例题·实务操作题】

（操作员：系统主管；账套：无锡大时代传媒有限公司；操作日期：2014 年 1 月 31 日）

1 月 15 日，由于采购原材料（已入库），欠贝斯原材料有限公司货款 23 400 元。请录入应付单。

应付科目：2202　金额：23 400

对方科目：1403-01　金额：20 000

2221-01-02　金额：3400

【操作步骤】

1. 选择"系统—打开账套"菜单，选择账套：无锡大时代传媒有限公司，单击"确定"按钮（见图 3-11）。

2. 设置注册日期：2014-1-31，操作员：系统主管，单击"确定"按钮（见图 3-12）。

3. 选择"应付—应付贷项"菜单，在弹出的"应付贷项"对话框中选择单位：贝斯原材料有限公司，选择日期：2014-1-15，选择应付科目：2202，输入本币金额：23400，第一行输入摘要：采购原材料，选择科目：1403-01，金额：20000，第二行输入摘要：采购原材料，选择科目：2221-01-02，金额：3400，单击"确定"按钮完成操作（见图 3-103）。

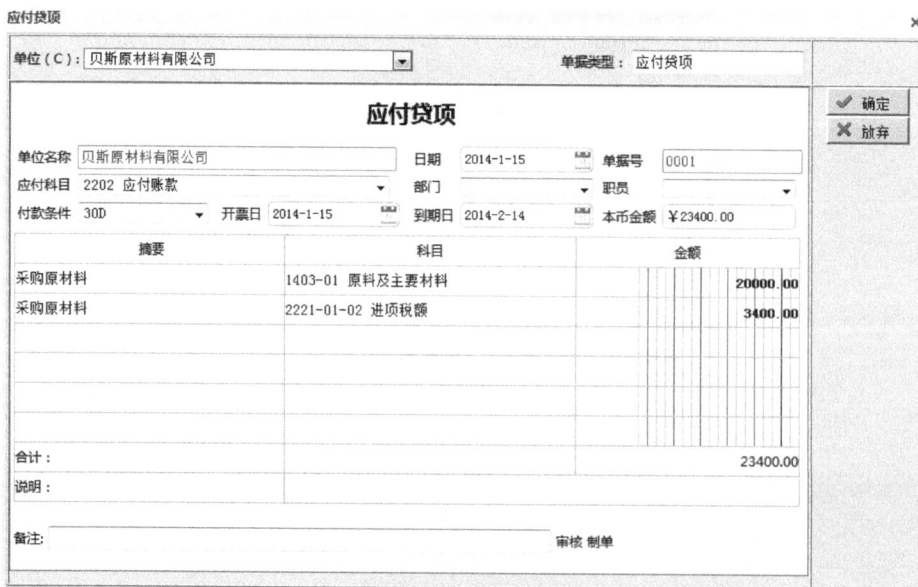

图 3-103　应付贷项

第八节　报表管理模块的应用

报表管理模块与其他模块相连，可以根据会计核算的数据，结合会计准则和会计制度的要求以及企业管理的实际需求，生成各种内部报表、外部报表、汇总报表，并根据报表数据分析报表，以及生成各种分析图等。在网络环境下，很多报表管理模块同时提供了远程报表的汇总、数据传输、检索查询和分析处理等功能。

考点 14　报表模块处理

一、基本概念

1．表页及报表文件

用友 T3 报表系统中的报表文件的后缀为".rep"。每个报表文件可以包含若干张表页。在用友 T3 中，在页标前用@表示表页的地址。

表页是报表管理系统存储数据的基本单位。

2．格式状态和数据状态

报表工作区的左下角有一个"格式/数据"按钮。在格式状态下可设置表尺寸、定义行高列宽、设置单元属性、组合单元、设置公式、设置关键字；在数据状态下可输入数据、增加/删除表页、报表审核、舍位平衡、数据透视、汇总/合并报表的操作。

3．单元格及其属性

由表行和表列确定的方格称为单元。一般用所在列的字母和行的数字来表示，如：A1 表示第 1 行和第 A 列对应的单元。

单元格属性（格式）包括：单元格类型、对齐方式、字体及颜色等。其中，报表的单元类型有数值单元、字符单元、表样单元三种。

4．区域与组合单元

区域也叫块，是由一组相邻的单元格组成的矩形块。最大的区域是一个表页的所有单元格，最小的区域可只包含一个单元格。开始单元格与结束单元格之间用冒号"："连接起来表示一个区域，如 C1：D4。

组合单元由相邻的两个或两个以上的单元格合并而成。组合单元的名称可以用区域名称或区域中的某一单元格的名称来表示。

5．关键字

关键字是报表中特殊的格式，可以用于唯一标识一张表页，用于在大量表页中快速定位或选择表页。在用友 T3 中有六种关键字，它们分别是"单位名称"、"单位编号"、"年"、"季"、"月"、"日"，除此之外，还可以自定义关键字，当定义名称为"周"和"旬"时有特殊意义，可在业务函数中代表取数日期。

关键字的显示位置在格式状态下设置，关键字的值则在数据状态下录入。

6．函数

（1）账务函数

函数名（"科目编码"，会计期间，["方向"]，[账套号]，[会计年度]，[编码 1]，[编码 2]）

编码 1 和编码 2 与科目编码的核算账类有关，可以取科目的辅助账，如无辅助核算则省略。

主要账务取数函数主要有，期初余额函数：QC( )，期末余额函数：QM( )，发生额函数：FS( )，累计发生额函数：LFS( )，条件发生额函数：TFS( )，对方科目发生额函数：DFS( )，净额函数：JE( )，汇率函数：HL( )。

（2）自本表页取数的函数（统计函数）

常用的函数主要有，数据合计：PTOTAL( )，平均值：PAVG( )，最大值：PMAX( )，最小值：PMIX( )。

（3）自本表其他表页取数的函数（SELECT 函数）

可以利用关键字或页标号作为定位依据。

例：如果 C5 单元取自上个月的 B5 单元的数据：

C5=SELECT（B5，月@=月+1）

例：C5 单元取自第 2 张表页的 B5 单元的数据：

C5=B5@2

（4）自其他报表取数的函数

对于取自其他报表的数据可以采用下面格式：

"报表.rep"→单元

以指定要取数的某张报表的单元。

例如：若当前表页 D5 的值等于报表"学校"第 4 页 D5 的值，可使用如下表达：

D5="学校.rep"→D5@4

二、报表数据来源

（一）手工录入

报表中有些数据需要手工输入，例如资产负债表中"一年内到期的非流动资产"和"一年内到期的非流动负债"需要直接输入数据。

（二）来源于报表管理模块其他报表

会计报表中，某些数据可能取自某会计期间同一会计报表的数据，也可能取自某会计期间其他会计报表的数据。

（三）来源于系统内其他模块

会计报表数据也可以来源于系统内的其他模块，包括账务处理模块（账务函数）、固定资产管理模块等。

三、报表管理模块应用基本流程

（一）格式设置（"格式"状态）

报表格式设置的具体内容一般包括：定义报表尺寸、定义报表行高列宽、画表格线、定义单元属性、定义组合单元、设置关键字等。

（二）公式设置（"格式"状态）

1．计算公式

计算公式是指对报表数据单元进行赋值的公式，是必须定义的公式。计算公式的作用是从账簿、凭证、本表或他表等处调用运算所需要的数据，并填入相关的单元格中。

2．审核公式

审核公式用于审核报表内或报表间的数据勾稽关系是否正确。审核公式不是必须定义的。

3．舍位平衡公式

舍位平衡公式用于报表数据进行进位或小数取整后调整数据，如将以"元"为单位的报表数据变成以"万元"为单位的报表数据，表中的平衡关系仍然成立。舍位平衡公式不是必须定义的。

（三）数据生成（"数据"状态）

（四）报表文件的保存（两个状态都可以）

（五）报表文件的输出

会计报表按输出方式的不同，通常分为：

（1）屏幕查询输出：最常见。

（2）图形输出。

（3）磁盘输出：保存。

（4）打印输出：日记账每日打印；报表每月打印。

（5）网络传送：子（分）公司向母（总）公司汇报。

四、利用报表模板生成报表

用友 T3 软件按行业设置报表模板，用户可以直接使用模板，也可以修改报表模板。

五、考试软件的报表操作

考试软件的报表模块较 T3 简单，其操作界面及菜单如图 3-104 所示。

【例题·实务操作题】

（操作员：系统主管；账套：无锡大时代传媒有限公司；操作日期：2014 年 1 月 31 日）

打开报表平台，设置报表格式并保存文件。

设置 A1 单元格中的文字为"1 月份表格"，字体为黑体，20 号字。以"1 月份表格.srp"为名称保存在考生文件夹下。

图 3-104　报表模块操作界面及菜单体系

【操作步骤】

1. 选择"系统—打开账套"菜单，选择账套：无锡大时代传媒有限公司，单击"确定"按钮（见图 3-11）。

2. 设置注册日期：2014-1-31，操作员：系统主管，单击"确定"按钮（见图 3-12）。

3. 选择"总账—财务报表"菜单，系统进入报表模块（见图 3-105）。

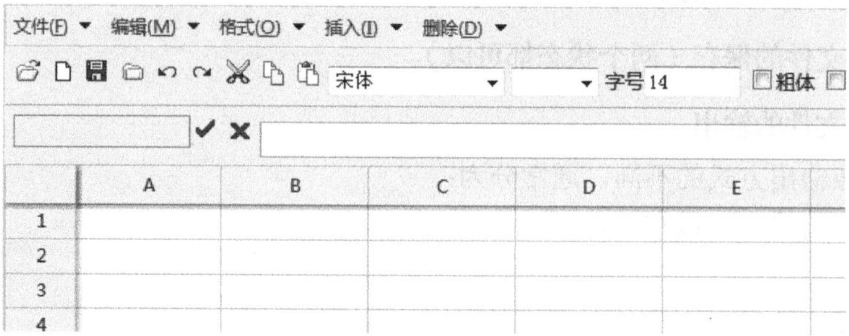

图 3-105　财务报表

4. 选中 A1 单元格，输入文字：1 月份表格，选择字体：黑体，字号：20（见图 3-106）。

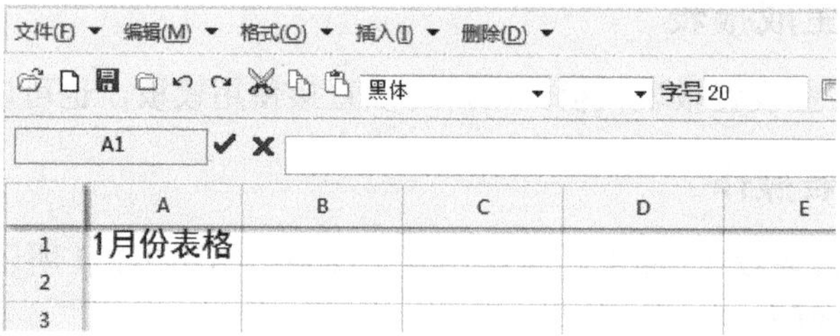

图 3-106　财务报表

5. 选择"文件—保存"菜单，在弹出的"保存"对话框中选择保存位置：考生文件夹，输入文件名：1 月份表格.srp，然后单击"保存"按钮（见图 3-107）。

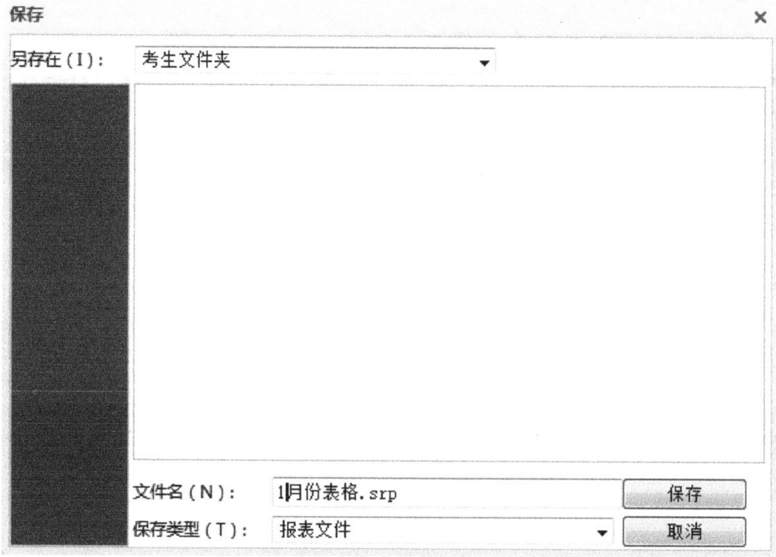

图 3-107　保存文件

6. 选择"文件—退出"菜单完成操作。

【例题·实务操作题】

（操作员：系统主管；账套：无锡大时代传媒有限公司；操作日期：2014年3月31日）

打开报表平台，设置报表格式并保存文件到考生文件夹。

新增"3月份资产负债表.srp"，设置第3行行高为45。

【操作步骤】

1. 选择"系统—打开账套"菜单，选择账套：无锡大时代传媒有限公司，单击"确定"按钮（见图3-11）。

2. 设置注册日期：2014-3-31，操作员：系统主管，单击"确定"按钮（见图3-12）。

3. 选择"总账—财务报表"菜单，系统进入报表模块（见图3-104）。

4. 选中第3行，选择"格式—行高"菜单，在弹出的"输入行高"对话框中输入行高：45，然后单击"确定"按钮（见图3-108）。

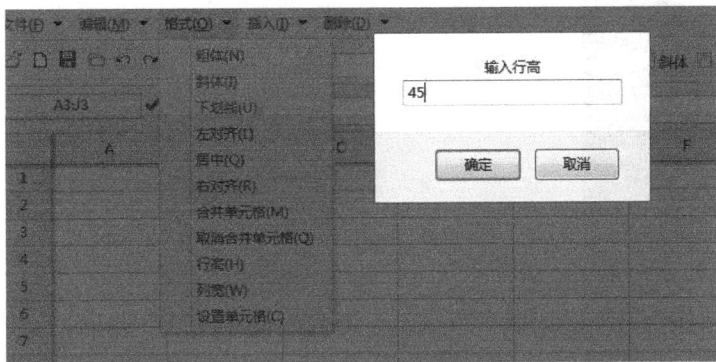

图3-108 输入行高

5. 选择"文件—保存"菜单，在弹出的"保存"对话框中选择保存位置：考生文件夹，输入文件名：3月份资产负债表.srp，然后单击"保存"按钮（见图3-109）。

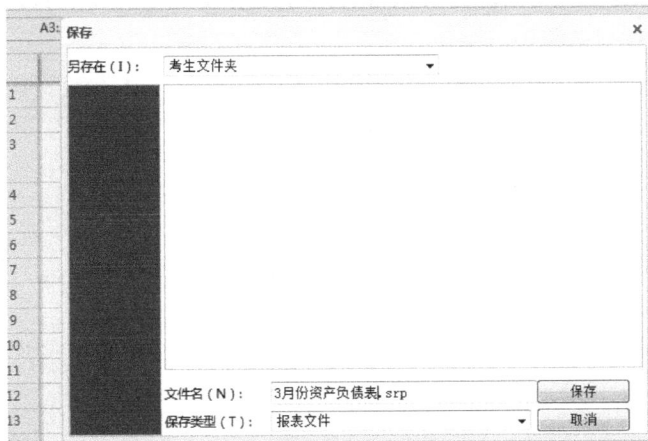

图3-109 保存文件

6. 选择"文件—退出"菜单完成操作。

【例题·实务操作题】

（操作员：系统主管；账套：无锡大时代传媒有限公司；操作日期：2014年1月31日）

打开考生文件下的"考试用资产负债表简表.srp"。

利用本表单元格间的勾稽关系，设置 D9 单元格的计算公式。以"资产负债表.srp"为文件名进行保存。

【操作步骤】

1. 选择"系统—打开账套"菜单，选择账套：无锡大时代传媒有限公司，单击"确定"按钮（见图 3-11）。

2. 设置注册日期：2014-1-31，操作员：系统主管，单击"确定"按钮（见图 3-12）。

3. 选择"总账—财务报表"菜单，系统进入报表模块（见图 3-104）。

4. 选择"文件—打开"菜单，在弹出的"打开"对话框中选择文件位置：考生文件夹，选择文件列表中的：考试用资产负债表简表.srp，然后单击"打开"按钮（见图 3-110）。

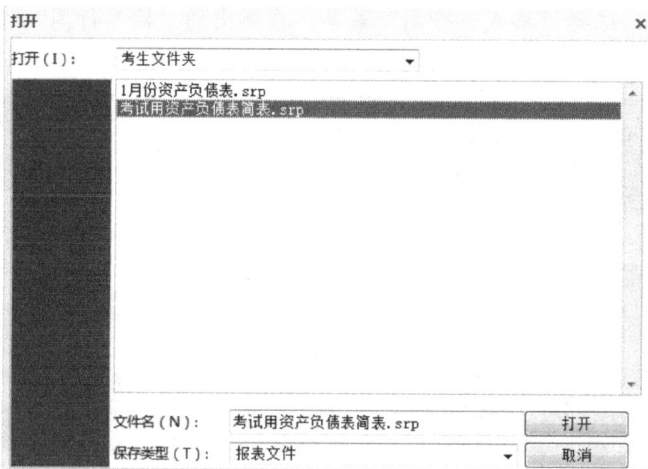

图 3-110　打开报表

5. 选择 D9 单元格，在公式编辑栏根据"所有者权益合计=资产总计-负债合计"输入：=B10-D6，单击对号 ✔，系统在 D9 单元格中显示计算结果（见图 3-111）。

图 3-111　公式编辑

6. 选择"文件—另存为"菜单，在弹出的"保存"对话框中选择保存位置：考生文件夹，输入文件名：资产负债表.srp，然后单击"保存"按钮（见图 3-112）。

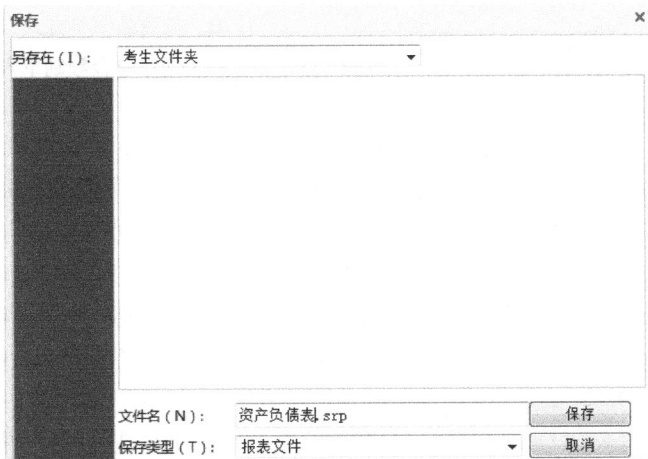

图 3-112　另存报表

7. 选择"文件—退出"菜单完成操作。

本章小结

【考试大纲基本要求】

1. 了解会计软件的应用流程
2. 掌握会计软件的系统初始化
3. 掌握账务模块的初始化、日常处理和期末处理
4. 掌握固定资产模块的初始化、日常处理和期末处理
5. 掌握工资模块的初始化、日常处理和期末处理
6. 掌握应收模块的初始化、日常处理和期末处理
7. 掌握应付模块的初始化、日常处理和期末处理
8. 掌握报表模块的应用

考点强化训练

一、单项选择题

1. 结账操作每月可进行（　　）。
   A. 一次　　　　　B. 二次　　　　　C. 三次　　　　　D. 多次

2. 会计核算软件中，会计报表的编制一般有报表定义和（　　）两个具体过程。
   A. 报表实际编制　　B. 报表审核　　　C. 报表制作　　　D. 报表打印

3. 账务处理系统期初余额录入后，其数据是否正确是由（　　）。
   A. 系统自动检验　　B. 手工进行检验　　C. 不必进行检验　　D. 都不对

4. 辅助核算要设置在（　　）会计科目上。
   A. 一级　　　　　B. 二级　　　　　C. 总账　　　　　D. 末级

5. 记账操作每月可进行（　　）。
   A. 一次　　　　　B. 二次　　　　　C. 三次　　　　　D. 多次

6. 应收款系统的制单方式是指计算机根据原始单据如何编制记账凭证，不包括（　　）。

A. 按客户制单方式　　　　　　　　　　　　B. 按商品制单方式

C. 按单据制单方式　　　　　　　　　　　　D. 按汇总金额制单方式

7. 以账套主管的身份注册系统管理时，不能进行的操作是（　　　）。

　　A. 建立账套　　　　　B. 修改账套　　　　　C. 年度账清空　　　　D. 年度账引入

8. 下列关于会计核算软件记账功能的说法中不正确的是（　　　）。

　　A. 总分类账和明细分类账可以在同一个功能模块中登记或在不同功能模块中登记

　　B. 会计核算软件可以提供机内会计凭证审核通过后直接登账或成批登账的功能

　　C. 机内总分类账和明细分类账登记时，应当计算出各会计科目的发生额和余额

　　D. 机内总分类账和明细分类账登记时，应当打印出各会计科目的发生额和余额

9. 科目编码结构为 4222，正确的说法是（　　　）。

　　A. 每一会计科目必须设置到 4 级　　　　　B. 一级科目编码不得超过 4 位

　　C. 总位长为 6　　　　　　　　　　　　　D. 二级科目的位长必须是 2 位

10. 不是应付款管理系统处理票据的有（　　　）。

　　A. 应收票据　　　　　　　　　　　　　　B. 应付票据

　　C. 付款单和退款单　　　　　　　　　　　D. 采购发票与应付单

11. 直接执行删除的会计科目为（　　　）。

　　A. 已填制过凭证的科目　　　　　　　　　B. 已执行过指定科目的会计科目

　　C. 已录入期初余额的科目　　　　　　　　D. 已设置过辅助核算的科目

12. 在固定资产核算系统中，能够确定固定资产是否计提折旧的数据项是（　　　）。

　　A. 资产名称　　　　　B. 资产原值　　　　　C. 折旧方法　　　　　D. 使用状态

13. 报表子系统生成的对内会计报表是（　　　）。

　　A. 资产负债表　　　　　　　　　　　　　B. 管理用会计报表

　　C. 利润表　　　　　　　　　　　　　　　D. 财务状况变动表

14. 下列功能不属于工资核算系统的是（　　　）。

　　A. 输入各种工资数据　　　　　　　　　　B. 工资计算和发放

　　C. 工资费用的汇总和分配　　　　　　　　D. 工资系统生成凭证的审核、记账

15. 与应付款系统没有数据关联的系统是（　　　）。

　　A. 采购管理系统　　　　　　　　　　　　B. 账务处理系统

　　C. 库存管理系统　　　　　　　　　　　　D. 应收款管理系统

16. 当一个科目设置为个人往来核算时，可以再设置（　　　）。

　　A. 客户往来　　　　　B. 供应商往来　　　　C. 部门核算　　　　　D. 项目核算

17. 科目期初余额的录入方法是（　　　）。

　　A. 一级科目上录入　　　　　　　　　　　B. 二级科目上录入

　　C. 三级科目上录入　　　　　　　　　　　D. 末级科目上录入

18. 应付款系统日常处理业务不包括（　　　）。

　　A. 单据处理　　　　　B. 转账处理　　　　　C. 初始设置　　　　　D. 凭证处理

19. 进行月末结账处理，下列描述不正确的是（　　　）。

　　A. 结账前应将所有凭证登记入账　　　　　B. 某月结账后，将不能再输入该月凭证

　　C. 某月结账后，该月不能再记账　　　　　D. 每月可多次结账

20. 对于固定资产管理子系统说法正确的是（　　　）。

A. 固定资产管理子系统提供卡片管理，但与账务系统无关

B. 固定资产系统只是对固定资产的增减变动情况的管理

C. 固定资产系统只要使用或改变就应计提折旧

D. 固定资产系统计提折旧的方法可以由用户自行定义

21. 外币辅助项录入时，汇率可采用（　　）。

A. 固定汇率　　　　　B. 浮动汇率　　　　　C. 变动汇率　　　　　D. 以上均正确

22. 工资管理子系统可以进行（　　）工资设置。

A. 一套　　　　　B. 二套　　　　　C. 三套　　　　　D. 多套

23. 在总账系统初始化期初余额录入时，应当（　　）。

A. 先调整余额方向，再录入期初余额　　　　　B. 先录入期初余额，再调整余额方向

C. 可以不考虑余额的方向　　　　　D. 余额的方向可随时调整

24. 账务处理系统中，账簿中的数据（　　）。

A. 不可以修改或删除　　B. 可以删除　　　　　C. 可以增加　　　　　D. 可以修改

25. 在系统管理中有增加操作员的权力是（　　）。

A. 普通操作员　　　　　B. 系统管理员

C. 账套主管　　　　　D. 账套主管和系统管理员

26. 关于审核操作，下列说法错误的是（　　）。

A. 审核人必须具有审核权　　　　　B. 作废凭证不能被审核，也不能被标错

C. 审核人和制单人可以是同一个人　　　　　D. 凭证一经审核，不能被直接修改或删除

27. 使用总账系统填制凭证时，制单人签字（　　）。

A. 由系统根据进入总账系统时输入的操作员姓名自动输入

B. 由制单人利用键盘输入

C. 由审核人利用键盘输入

D. 由账套主管利用键盘输入

28. 总账系统中出纳签字不可以由（　　）来执行。

A. 制单人　　　　　B. 审核人　　　　　C. 系统管理员　　　　　D. 账套主管

29. 修改已结账月份的凭证无须（　　）。

A. 取消记账　　　　　B. 取消审核　　　　　C. 取消自动转账　　　　　D. 取消结账

30. （　　）是应收账款系统对客户管理的基础。

A. 客户档案　　　　　B. 存货档案　　　　　C. 商品档案　　　　　D. 职员档案

31. 下列报表中，不在账务处理系统中编制和输出的是（　　）。

A. 资产负债表　　　　　B. 科目汇总表　　　　　C. 试算平衡表　　　　　D. 资金日报表

32. 不是应付款系统目标的是（　　）。

A. 减轻账务处理系统的负荷，集中核算应付账款

B. 正确选择结算方式与结算时间，跟踪应付账款的到期期限，争取合理折扣

C. 及时核算企业应付账款与预付账款，反映和监督采购资金支出和应付情况

D. 及时提供债务总额和现金需要量，为采购管理提供决策支持

33. 报表处理系统中的打开、关闭、保存等命令都是根据（　　）进行处理的。

A. 报表名字　　　　　B. 表页名　　　　　C. 关键字　　　　　D. 表头

34. 下列关于会计科目的说法，正确的是（　　）。

A．会计科目使用后，不能删除　　　　　　　B．会计科目编码可以修改

C．会计科目建立后，不能删除和修改　　　　D．会计科目可以随时删除

35．为了分别管理生产人员和管理人员的工资，工资核算系统应该设置（　　）。

A．职工性别　　　　B．部门类别　　　　C．职工类别　　　　D．专业类别

36．下列功能中，不属于工资系统业务处理功能的是（　　）。

A．计算汇总费用分配　　B．个税处理　　　C．银行代发工资　　D．设置工薪税率

37．月末结转时将要生成新月份的工资数据表，在该表中需要从本月复制数据的是（　　）。

A．变动数据项　　　　B．固定数据项　　　　C．数值数据项　　　　D．所有数据项

38．期初余额试算不平衡，系统将不能（　　）。

A．审核凭证　　　　B．记账　　　　C．修改期初余额　　　　D．填制凭证

39．工资系统每月必须将工资费用分配表以及其他与工资的发放、计提、扣款有关的信息，以记账凭证的形式传递给（　　）。

A．总账系统　　　　B．应收系统　　　　C．成本管理系统　　　　D．固定资料系统

40．关于记账操作，下列说法中错误的是（　　）。

A．计算机自动进行凭证借贷金额校验

B．记账一般采用向导方式，使记账过程更加明确

C．未经审核的凭证也可以记账

D．第一次记账时，若期初余额试算不平衡，不能记账

二、多项选择题

1．下列属于系统管理员的操作权限是（　　）。

A．建立账套　　　　B．分配操作员权限　　　C．设置账套主管　　　D．年度账结转

2．会计报表系统与其他子系统相比，具有（　　）特点。

A．手工输入数据较少　　　　　　　　B．不设置报表数据的直接修改功能

C．输出信息规范性强　　　　　　　　D．通过性强

3．会计报表系统的主要功能有（　　）。

A．报表系统自动根据预定要求，进行计算处理　　B．报表格式设置

C．报表编制　　　　　　　　　　　　D．报表编制信息的查询

4．账套初始化设置时，对账套的说明参数主要包括（　　）。

A．账套号、账套名称　　　　　　　　B．单位性质、启用会计期

C．会计科目编码方案　　　　　　　　D．会计主管、记账本位币

5．工资管理子系统的主要任务是（　　）。

A．计算职工工资　　　　　　　　　　B．对职工工资实行计划管理

C．按工资的用途或部门进行汇总　　　D．按一定的分配原则进行费用的计提和分配

6．已标错的凭证不能被（　　）。

A．审核　　　　B．修改　　　　C．记账　　　　D．出纳签字

7．在往来客户或供应商管理中对客户或供应商进行编码时，如果给定了编码原则为234，以下说法正确的是（　　）。

A．一级位长是2　　　　　　　　　　B．二级位长是3

C．编码分为3级　　　　　　　　　　D．编码最长为9位

8. 固定资产管理子系统应具备的功能有（　　）。

   A. 管理固定资产的增减变动情况　　　　　B. 管理固定资产卡片

   C. 计提折旧　　　　　　　　　　　　　　D. 计算固定资产净值

9. 下列属于工资核算子系统特点的是（　　）。

   A. 数据量大

   B. 业务处理的时限性、准确性要求高

   C. 处理业务重复性强，核算方法简单

   D. 与成本核算子系统和账务处理子系统存在数据传递关系

10. 下列属于工资建账内容的是（　　）。

   A. 工资参数设置　　　B. 扣税设置与扣零设置　　C. 汇率设置　　　　D. 工资类别设置

11. 对会计科目辅助核算属性，某一科目能够同时设置辅助核算的有（　　）。

   A. 个人往来核算与部门核算　　　　　　B. 客户往来核算与部门核算

   C. 供应商往来核算与部门核算　　　　　D. 项目核算与部门核算

12. 固定资产核算系统主要与（　　）系统存在数据联系。

   A. 成本子系统　　　　B. 销售子系统　　　C. 账务子系统　　　D. 产成品子系统

13. 账务处理系统进行期末结账处理时，需要注意的是（　　）。

   A. 各科目的摊、提、结转必须在结账以前完成　　B. 当月输入的记账凭证必须全部记账

   C. 上月未结账的本月无法结账　　　　　　　　　D. 每月只能结账一次

14. 下列关于报表文件的叙述正确的是（　　）。

   A. 每个报表文件只有一张报表　　　　　B. 每个报表文件可以包含多张报表

   C. 报表文件是报表系统中存储数据的基本单位　　D. 报表文件可以是一个三维表

15. 工资系统主要是与（　　）系统之间存在数据联系。

   A. 账务系统　　　　　B. 固定资产系统　　　C. 成本系统　　　D. 销售核算系统

三、判断题

1. 账务系统必须拒绝在期末调汇、结转损益等处理事项完成之前进行期末结账。（　　）

2. 试算平衡功能就是将系统中所设置的所有科目的期末余额按"借方余额=贷方余额"进行平衡检验。（　　）

3. 辅助核算的初始设置包括两个方面，一是辅助核算种类，二是具体的核算项目。（　　）

4. 需要输入账务系统的初始数据主要包括科目本位币、外币、数量的年初余额与本年累计发生额，以及辅助核算项目的年初余额与本年累计发生额。（　　）

5. 固定资产系统在计提折旧的同时一般自动按使用状态生成折旧费用分配表。（　　）

6. 账龄是指某一往来业务从发生之日起到月末结账之日止的时间期限。（　　）

7. 不管期初余额是否试算平衡，本月份所审核通过的所有凭证都可记账。（　　）

8. 在工资系统中设置银行档案的主要目的是银行对账。（　　）

9. 在工资表和基础信息表进行汇总分配计算，可输出工资汇总表、工资费用分配汇总表等，并生成转账凭证传递到账务处理系统和成本核算系统中。（　　）

10. 指定会计科目是指定出纳专管的科目。指定科目后，才能执行出纳签字，也才能查看现金或银行存款日记账。（　　）

11. 账套设置即定义核算单位，用户只可以在总账中建立一个账套。（　　）

12. 账务处理系统中的记账处理只能对本月的记账凭证进行处理。（　　）

13. 账套号是区别不同账套的唯一标识。（　　）

14．可以对客户进行无分类管理，也可以对客户进行分类管理。（　　）

15．一个单位可以建立多个工资类别，不同类别的职工部门、人员、工资项目和计算公式都可以不同。（　　）

16．如果同时使用应付款与采购两个系统，则与采购有关的票据均应从应付款系统输入。（　　）

17．固定资产账套参数在建立完成后一般是可以修改的。（　　）

18．在报表系统中，数字格式指数值型数据在显示或打印输出时的表示形式，如：0、0.00、#，##0.00、0%、0.00%等。（　　）

19．账务处理系统都不具有处理往来业务的功能。（　　）

20．工资类别与职工类别是相同的概念。（　　）

21．建立账套时，如果选择"是否按行业预置科目"，则系统会自动建立企业所需的所有会计科目。（　　）

22．只有建立客户分类的条件下，才能建立客户档案。（　　）

23．职工档案管理是工资核算子系统最基本的管理功能。（　　）

24．有数量辅助核算的科目在录入数量及单价后，金额仍需要操作员在借方栏目或贷方栏目内输入。（　　）

25．系统管理员可以审核任何人填制的凭证。（　　）

26．工资系统中的部门档案、人员档案如果在账务系统中已经进行过设置，在工资系统中就不需要再次进行设置，而可以直接使用。（　　）

27．固定资产系统产生的凭证传递到账务系统后，要在账务系统进行签字、审核后记账，如果发现凭证错误可以在账务系统删除凭证。（　　）

28．增设的客户必须在最末级客户分类上。（　　）

29．在客户档案建立过程中，客户编码和客户名称必须输入，但客户简称可输入也可不输入。（　　）

30．工资系统中工资分摊所生成的凭证将出现在账务系统中，但是应该在工资系统中进行审核。（　　）

31．固定资产核算系统日常数据输入量少，数据处理方式较单纯。（　　）

32．固定资产核算系统的引入，一个很重要的原因就是为了取代原来手工方式下的固定资产卡片的管理功能。（　　）

33．固定资产核算系统向成本核算系统提供的数据主要是固定资产的增加和减少数据，并据以计算产品成本。（　　）

34．账务处理系统中，第一次应用计算机将手工账簿输入计算机的过程称为记账。（　　）

35．科目余额表用于查询某往来科目下所有客户的发生额和余额情况。（　　）

36．按照现行会计制度的规定，一级科目的位长需要设置为 3 位位长。（　　）

37．在固定资产系统中原值变动、部门转移之类的变动处理必须通过变动单进行。（　　）

38．固定资产系统每月结账后当期的数据还可以修改。（　　）

39．所有的供应商往来凭证全部由应付款系统生成，其他系统不再生成这类凭证。（　　）

40．报表文件创建完后，应定义报表的格式，报表格式设计是制作报表的基本步骤，它决定了整张报表的外观和结构。（　　）

41．记账凭证上的制单日期可以滞后系统日期。（　　）

42．在银行辅助核算录入窗口，要求输入的票号应与出纳支票登记簿中记录的票号一致，以便系统能自动勾销借出支票。（　　）

43．工资核算系统可以进行工资费用和"三费"等费用的分配设置，并自动根据设置产生转账凭证，传输到账务系统和成本系统。（　　）

44．系统记账时，需要的基本信息和辅助信息都是在填制凭证时录入。（　　）

45．一般情况下，经过账务系统的记账后，固定资产核算系统才应该和账务系统进行对账。（　　）

第四章

电子表格软件在会计中的应用

第一节　电子表格软件概述

一、电子表格软件的功能

考点1　常用的电子表格软件

电子表格，又称电子数据表，是指由特定软件制作而成的，用于模拟纸上计算的由横竖线条交叉组成的表格。可以完成数据的输入、输出和显示，也可以利用公式计算一些简单的加减法。

Windows 操作系统下常用的电子表格软件主要有微软的 Excel、金山 WPS 电子表格等。

Mac 操作系统下则有苹果的 Numbers，该软件同时可用于 iPad 等手持设备。

此外，还有专业电子表格软件如 Lotus，第三方电子表格软件如 Formula One 等。

【例题·单选题】下列各项中，不属于常用电子表格软件的是（　　）。

A. 微软的 Excel

B. 金山 WPS 电子表格

C. Numbers

D. 数据库

【答案】D

【解析】Windows 操作系统下常用的电子表格软件主要有微软的 Excel、金山 WPS 电子表格等；Mac 操作系统下则有苹果的 Numbers；专业电子表格软件如 LotusNotes，第三方电子表格软件如 FormulaOne 等。

考点2　电子表格软件的主要功能

1. 建立工作簿
2. 管理数据
3. 实现数据网上共享
4. 制作图表
5. 开发应用系统

（一）建立工作簿

每个工作簿含有一张或多张工作表。单元格是工作表的最小组成单位。每一单元格最多可容纳 32 000 个字符。Excel 2003 与 Excel 2013 的区别如表 4-1 所示。

表 4-1　Excel 2003 与 Excel 2013 的区别

版　　本	默认工作表数量	行　　数	列　　数
Excel 2003	3 张	65 536（2562）	256
Excel 2013	1 张	1 048 576（256×642）	16 384（256×64）

（二）管理数据

用户通过 Excel 不仅可以直接在工作表的相关单元格中输入、存储数据，编制销量统计表、科目汇总表、试算平衡表、资产负债表、利润表以及大多数数据处理业务所需的表格，而且可以利用计算机，自动、快速地对工作表中的数据进行检索、排序、筛选、分类、汇总等操作，还可以运用运算公式和内置函数，对数据进行复杂的运算和分析。

（三）实现数据网上共享

通过 Excel，用户可以创建超级链接，获取局域网或互联网上的共享数据，也可以将自己的工作簿设置成共享文件，保存在互联网的共享网站中，让世界上任何位置的互联网用户共享工作簿文件。

（四）制作图表

Excel 有散点图、柱形图、饼图、条形图、面积图、折线图、气泡图、三维图等 14 类 100 多种基本图表。

（五）开发应用系统

Excel 自带 VBA 宏语言，用户可以根据这些宏语言，自行编写和开发一些满足自身管理需要的应用系统，有效运用和扩大 Excel 的功能。

【例题·单选题】在 Excel 2013 中，一个工作表由（　　　）组成。

A. 65 536 行和 256 列

B. 65 536 行和 16 384 列

C. 1 048 576 行和 16 384 列

D. 1 048 576 行和 256 列

【答案】C

【解析】在 Excel 2013 中，行数=256×642，列数=256×64。

【例题·多选题】下各项中，属于 Excel 常用图表类型的是（　　　）。

A. 柱形图　　　　B. 饼图　　　　C. 折线图　　　　D. 散点图

【答案】ABCD

【解析】Excel 有散点图、柱形图、饼图、条形图、面积图、折线图、气泡图、三维图等 14 类 100 多种基本图表。

【例题·多选题】下列各项中，属于电子表格软件主要功能的是（　　　）。

A. 制作图表　　　　　　　　B. 开发应用系统

C. 管理数据　　　　　　　　D. 实现数据网上共享

【答案】ABCD

【解析】电子表格软件的主要功能有建立工作簿、管理数据、实现数据网上共享、制作图表和开发应用系统。

【例题·判断题】通过 Excel，用户可以创建超级链接，获取局域网或互联网上的共享数据（   ）。

【答案】对

【解析】Excel 可以实现数据网上共享，通过 Excel，用户可以创建超级链接，获取局域网或互联网上的共享数据。

【例题·判断题】Excel 中每个工作簿含有工作表的张数不受计算机内存大小的限制。（   ）。

【答案】错

【解析】Excel 中每个工作簿含有工作表的张数受到计算机内存大小的限制。

二、Excel 软件的启动与退出

考点 3　Excel 软件的启动方法

1．通过"开始"菜单中的 Excel 快捷命令启动。

2．通过桌面或任务栏中的快捷方式启动。

3．通过"运行"对话框启动。

4．通过打开已有 Excel 文件启动。

【例题· 多选题】下列属于 Excel 软件启动方法的是（   ）。

A．单击"开始"菜单中列示的 Excel 快捷命令

B．单击任务栏中的 Excel 快捷方式图标

C．通过"运行"对话框启动 Excel 软件

D．双击已有 Excel 文件

【答案】ABCD

【解析】Excel 软件的启动方法：①通过"开始"菜单中的 Excel 快捷命令启动；②通过桌面或任务栏中的快捷方式启动；③通过"运行"对话框启动；④通过打开已有 Excel 文件启动。

考点 4　Excel 软件的退出方法

1．通过标题栏的"关闭"按钮退出。

2．通过任务栏退出。

3．通过快捷键退出：Alt+F4。

4．双击标题栏的控制按钮（Office 按钮）退出。

5．打开标题栏的控制按钮（Office 按钮），点击退出。

【例题·单选题】下列不属于 Excel 软件退出方法的是（   ）。

A．通过标题栏的"关闭"按钮退出

B．Alt+F4 组合键

C．双击标题栏的控制按钮

D．Ctrl+F4 组合键

【答案】D

【解析】选项 D，属于关闭 Excel 文件的方法。

【例题·判断题】双击 Excel 文件可以打开 Excel 软件（   ）。

【答案】对

【解析】双击或右键打开现成的 Excel 文件，通过打开该文件来启动 Excel 软件。

三、Excel 软件的用户界面

考点 5　Excel 软件的用户界面

Excel 2003 及以下版本的默认用户界面基本相同，由标题栏、菜单栏、工具栏、编辑区、工作表区、状态栏和任务窗格等要素组成。

Excel 2007 及以上版本的默认用户界面基本相同，主要由功能区、编辑区、工作表区和状态栏等要素组成。

【提示】功能区将标题栏、菜单栏、工具栏和任务窗格进行了合并，非常方便操作。

【提示】

1．工具栏可分为常用工具栏和格式工具栏。

2．单元格是工作表中最基本的存储单位。

3．如果需要打开任务窗格，可以选择"视图"菜单的"任务窗格"命令或使用快捷键 Ctrl+F1 将其打开。

4．如需隐藏功能区，可以在当前所在的选项卡处双击，再次双击将取消隐藏。在隐藏状态下，可通过单击某选项卡来查看功能区并选择其中的命令。

【例题·判断题】Excel 2003 及以下版本的默认用户界面基本相同，由标题栏、菜单栏、工具栏、编辑区、工作表区、状态栏和任务窗格等要素组成。（　　　）。

【答案】对

【解析】Excel 2003 及以下版本的默认用户界面基本相同，由标题栏、菜单栏、工具栏、编辑区、工作表区、状态栏和任务窗格等要素组成。

四、Excel 文件的管理

考点 6　Excel 文件的管理

Excel 文件的管理主要包括新建、保存、关闭、打开、保密、备份、修改、删除等工作。

（一）Excel 文件的新建与保存

1．Excel 文件的新建

（1）启动软件时：自动建立新文件。

（2）启动软件以后：

快捷键：Ctrl+N 组合键。

菜单栏："文件"→"新建"。

工具栏："新建"按钮。

2．Excel 文件的保存

快捷键：F12 键，另存为。

Ctrl+S 组合键，保存。

工具栏："保存"按钮。

菜单栏："文件"→"保存"或"另存为"。

自动保存。

（二）Excel 文件的关闭与打开

1．Excel 文件的关闭

（1）退出 Excel 软件，文件自动关闭。

（2）不退出 Excel 软件：

工具栏："关闭"按钮

菜单栏："文件"→"关闭"

快捷键：Ctrl+F4 或 Ctrl+W 组合键。

【提示】注意与软件退出快捷键（Alt+F4）的区别

2．Excel 文件的打开

（1）双击 Excel 文件打开。

（2）菜单：

右键快捷菜单："打开"。

菜单栏："文件"→"打开"。

（3）工具栏："打开"。

（4）快捷键：Ctrl+O 组合键。

（三）Excel 文件的保密与备份

1．Excel 文件的保密

（1）打开权限密码。

（2）修改权限密码。

"另存为"→"工具"→"常规选项"。

2．Excel 文件的备份

保存时，自动生成备份文件："原文件名+的备份"。

图标与原文件不同。

（四）Excel 文件的修改与删除

1．Excel 文件的修改

修改单元格内容、增删单元格和行列、调整单元格和行列的顺序、增删工作表和调整工作表顺序等。

2．Excel 文件的删除

（1）选中要删除的 Excel 文件，按击 Delete 键进行删除。

（2）鼠标右键点击要删除的 Excel 文件,选择删除命令。

【例题·单选题】使用"文件"菜单中的"保存"命令，保存的是（　　　）。

A．当前工作表　　　　　　　　B．全部工作表

C．当前工作簿　　　　　　　　D．全部打开的工作簿

【答案】C

【解析】使用"文件"菜单中的"保存"命令，保存的是当前工作簿。

【例题·单选题】下列关于工具栏的说法错误的是（　　　）。

A．工具栏由一系列与菜单项命令具有相同功能的按钮组成

B．Excel 2003 中默认显示常用工具栏和格式工具栏

C．可以自行设定工具栏中的按钮

D. 工具栏不可以隐藏

【答案】D

【解析】用户可以根据实际需要，显示或隐藏适用于特定功能的其他工具栏。

【例题·多选题】新建 Excel 文件的方法有（   ）。

A. 使用任务栏中的新建图标

B. 使用文件菜单中的新建命令

C. 使用工具栏中的新建命令

D. 使用 Ctrl+O 快捷键

【答案】BC

【解析】选项 A 应为单击常用工具栏的新建图标。选项 D 是打开文件的方法，新建应该是 Ctrl+N 快捷键。

【例题·多选题】打开 Excel 文件的方法有（   ）。

A. 右键快捷菜单"打开"命令

B. 快捷键 Shift+O

C. Excel "文件"菜单中的"打开"命令

D. 常用工具栏"打开"按钮

【答案】ACD

【解析】选项 B，应该是 Ctrl+O 快捷键。

【例题·判断题】通过按击快捷键 Ctrl + S 可以将 Excel 文件进行保存。（   ）

【答案】对

【解析】Excel 文件的保存方法有：①通过敲击功能键 F12 进行保存。在弹出的"另存为"对话框中，给文件命名并选择合适的位置保存。②通过按击快捷键 Ctrl + S 键进行保存。对于新建的 Excel 文件，在弹出的"另存为"对话框中，给文件命名并选择合适的位置保存；对于之前已经保存过的文件，按击快捷键 Ctrl + S 键后，将直接保存最近一次的修改，不再弹出"另存为"对话框。③单击常用工具栏（适用于 Excel2003）或快捷访问工具栏（适用于 Excel2010）中的"保存"或"另存为"按钮进行保存。④通过"文件"菜单（或 Excel2003"工具栏"菜单）中的"保存"或"另存为"命令进行保存。

第二节　数据的输入与编辑

一、数据的输入

考点 7　数据的输入

（一）数据的手工录入

1. 在单个单元格中录入数据。

2. 在单张工作表的多个单元格中快速录入完全相同的数据：Ctrl+Enter。

3. 在单张工作表的多个单元格中快速录入部分相同的文本或数据。

4. 在工作组的一个单元格或多个单元格中快速录入相同的数据。

（1）按住 Ctrl 键，选取多张工作表，将其组合成工作组。

（2）录入数据，方法同 1、2、3。

（3）取消工作组：

① 单击组外任何一个工作表标签；

② 右击组内任何一个工作标签，选择"取消成组工作表"。

（二）单元格数据的快速填充

1．相同数据的填充：填充柄、Ctrl 键的使用

【提示】数字型以及不具有增或减序可能的文字型数据，可直接拖动；而日期型以及具有增或减序可能的文字型数据，应按住 Ctrl 键拖动。

2．序列的填充

（1）输入第一、二个单元格数据。

（2）选中上述两个单元格，拖动填充柄。

【提示】是否按 Ctrl 键，与相同数据的填充正好相反！

3．填充序列类型的指定

"自动填充选项"按钮。

4．自定义排序

Excel 2003：工具→选项→自定义序列

Excel 2007：Office 按钮→Excel 选项→常用→编辑自定义列表

Excel 2013：文件→选项→高级→编辑自定义列表

（三）导入其他数据库的数据

Excel 可以获取 SQLServer、Access 等数据库的数据，实现与小型数据库管理系统的交互。

功能区：数据→获取外部数据。

【例题·单选题】要在 Excel 工作表区域 A1:Al0 输入等比数列 2，4，8，16，…，1024，可以在 A1 单元输入数字 2，在 A2 单元输入公式"=2* A1"，然后选中 A2 单元，再（　　　）用鼠标拖动填充柄至 A10 单元即可。

A．按住 Tab 键的同时

B．按住 Shift 键的同时

C．按住键盘上任意键的同时

D．不按住任何键盘键

【答案】D

【解析】公式的填充。

【例题·多选题】下列属于取消工作组方法的是（　　　）。

A．单击工作组以外的工作表标签

B．"工具"菜单中的"取消"命令

C．"工具"按钮中的"取消"按钮

D．在工作表标签上单击右键，在弹出的快捷菜单上选择"取消组合工作表"

【答案】AD

【解析】取消工作组的方法：一是单击工作组以外的工作表标签，二是在工作表标签上单击右键，在弹出的快捷菜单上选择"取消组合工作表"。

【例题·判断题】在单张工作表的多个单元格中能录入相同的数据。（　　　）

【答案】对

【解析】在单张工作表的多个单元格中能录入相同的数据。

二、数据的编辑

考点 8 数据的编辑

（一）数据的复制、剪切、粘贴

复制：Ctrl+C；剪切：Ctrl+X；粘贴：Ctrl+V

数据的剪切与复制不同。

数据复制后，原单元格中的数据仍然存在，目标单元格中同时还增加原单元格中的数据。

数据剪切后，原单元格中数据不复存在，只在目标单元格中增加原单元格中的数据。

（二）数据的查找和替换

1. 查找和替换特定数据

Ctrl+F（查找），Ctrl+H（替换）

Excel 中的通配符"?"代替任意单个字符，"*"代替多个任意字符。

例如：查询"? k*"，表示前一个字符是任意字符，第二个字符是"k"，后面是任意个任意字符。

2. 选中包含公式的单元格

编辑→查找和选择→公式

3. 替换格式

单击"选项"按钮，可以完成格式的批量替换。

【例题·单选题】下列关于 Excel 中数据的剪切与粘贴说法正确的是（　　　）。

A. 数据复制后，原单元格中的数据不复存在，只在目标单元格数据的剪切与复制中保留原单元格中的数据

B. 数据复制后，原单元格中的数据仍然存在，目标单元格中同时还增加原单元格中的数据

C. 数据剪切后，原单元格中数据仍然存在，目标单元格中同时还增加原单元格中的数据

D. 数据剪切后，原单元格中数据不复存在，只在目标单元格数据的剪切与复制中保留原单元格中的数据

【答案】BD

【解析】数据的剪切与粘贴区别在于，数据复制后，原单元格中的数据仍然存在，目标单元格中同时还增加原单元格中的数据；数据剪切后，原单元格中数据不复存在，只在目标单元格数据的剪切与复制中保留原单元格中的数据。

【例题·判断题】Excel 可查找和替换文字，还可查找和替换公式和附注。（　　　）

【答案】对

【解析】Excel 中除可查找和替换文字外，还可查找和替换公式和附注。

【例题·判断题】Excel 中的通配符"?"代替多个任意字符，"*"代替任意单个字符。（　　　）

【答案】×

【解析】Excel 中的通配符"?"代替任意单个字符，"*"代替多个任意字符。

三、数据的保护

考点9 数据的保护

（一）保护工作簿

1. 限制编辑权限：

设置两项保护内容：结构、窗口

Excel 2003：工具→保护→保护工作簿

Excel 2007、2013：审阅→更改→保护工作簿

2. 设置工作簿打开权限密码：

Excel 2003："另存为"→工具→常规选项

Excel 2007、2013：左上角"Office 或文件按钮"

（二）保护工作表

Excel 2003：工具→保护→保护工作表，允许用户编辑区域

Excel 2007、2013：审阅→更改→保护工作表，在保护工作表情况下，可以设定允许用户编辑区域。

（三）锁定单元格

设置单元格格式→保护工作表→锁定

【提示】锁定单元格必须启用保护工作表功能。

【例题·多选题】Excel 数据的保护包括（　　　）。

A. 保护工作簿

B. 保护工作表

C. 锁定单元格

D. 冻结窗格

【答案】ABC

【解析】冻结窗格不属于数据的保护，只是视图上的一个调整。当我们在制作一个 Excel 表格时，如果列数较多，行数也较多，一旦向下滚屏，上面的标题行也跟着滚动，在处理数据时往往难以分清各列数据对应的标题，这时利用可"冻结窗格"功能。具体方法是将光标定位在要冻结的标题行（可以是一行或多行）的下一行，然后选择"冻结窗格"即可。滚屏时，被冻结的标题行总是显示在最上面，增强了表格编辑的直观性。

【例题·判断题】Excel 可以为重要的工作簿设置保护，限制进行相应的操作。（　　　）

【答案】对

【解析】Excel 可以为重要的工作簿设置保护，限制进行相应的操作。

【例题·判断题】保护工作表是对工作表中的内容进行保护。（　　　）

【答案】对

【解析】工作表的保护。

【例题·判断题】为了防止他人对重要的工作簿进行篡改、复制、删除等操作，应对制作的工作簿进行保护设置，保护设置包括加密与备份。（　　　）

【答案】对

【解析】为了防止他人对重要的工作簿进行篡改、复制、删除等操作，应对制作的工作簿

进行保护设置，保护设置包括加密与备份。

第三节　公式与函数的应用

一、公式的应用

考点 10　公式的概念及其构成

例如：=68+B2*3-SUM（C1:C5）

包含：=、运算体、运算符（公式总是以等号"="开始）

（1）运算体是指能够运算的数据或数据所在单元格的地址名称、函数等。上例中 68、B2、SUM（C1:C5）

（2）运算符是使 Excel 自动执行特定运算的符号。Excel 中，运算符主要有四种类型：算术运算符、比较运算符、文本运算符、引用运算符。

工作表中的数据往往需要进行大量的计算，Excel 根据单元格之间的勾稽关系，利用公式自动完成这些运算。

公式是指一系列运算体和运算符在单元格中有序连接而成的特定组合。运算体是指能够运算的数据或数据所在单元格的地址名称、函数等；运算符是指加"+"、减"-"、乘"*"、除"/"、乘方、开方等数学运算符号以及用于标示特定运算顺序的小圆括号"（　　）"。

公式中的运算符有四种不同类型，分别是算术运算、比较运算、文本连接和引用运算。

（1）算术运算

算术运算即加、减、乘、除运算。运算顺序先括号，再乘方，然后乘除，最后加减；若为同级运算（如加减）则按从左到右的顺序进行，如表 4-2 所示。

表 4-2　算术运算符含义及示例

算数运算符	含　义	示　例
+（加号）	加法	3+3
-（减号）	减法或负数	3-1，-1
*（星号）	乘法	3*3
/（正斜杠）	除法	3/3
%（百分号）	百分比	20%
^（脱字号）	乘方	3^2

（2）比较运算

可以使用下列运算符比较两个值。当使用这些运算符比较两个值时，结果为逻辑值 TRUE 或 FALSE。运算符如表 4-3 所示。

表 4-3　比较运算符含义及示例

比较运算符	含　义	示　例
=（等号）	等于	A1=B1
>（大于号）	大于	A1>B1

比较运算符	含　义	示　例
＜（小于号）	小于	A1＜B1
＞＝（大于等于号）	大于等于	A1＞＝B1
＜＝（小于等于号）	小于等于	A1＜＝B1
＜＞（不等号）	不等于	A1＜＞B1

（3）文本连接

使用"&"连接一个或多个文本字符串，以生成一段文本。加入的文本字符要使用双引号，并且是英文状态下的双引号，如表4-4所示。

表4-4　文本运算符含义及示例

文本运算符	含　义	示　例
&（与号）	将两个值连接（或串联）起来产生一个连续的文本值	"North&wind"的结果为"Northwind"

（4）引用运算

引用运算符（：）是 Excel 特有的运算符，用于单元格引用，可以使用以下运算符对单元格区域进行合并计算。引用运算一般都涉及单元格引用，即公式中输入单元格地址时，表示该单元格中的内容参加运算。当引用的单元格中的数据发生变化时，公式自动重新计算并更新计算结果，如表4-5所示。

表4-5　引用运算符含义及示例

引用运算符	含　义	示　例
：（冒号）	区域运算符，生成一个对两个引用之间所有单元格的引用（包括这两个引用）	B5:B15
，（逗号）	联合运算符，将多个引用合并为一个引用	WUM（B5:15，D5:D15）
（空格）	交集运算符，生成一个对两个引用中共有单元格的引用	B7:D7，C6:C8

如果公式在运用过程中出现错误，系统会自动产生提示信息，明确这些信息产生的原因，可有助于用户检查、修改公式，直到公式正确。常见单元格公式错误信息如表4-6所示。

表4-6　常见单元格公式错误信息

显　示　信　息	原　　因
####	列宽不足以显示内容
#DIV/O!	在公式中有除数为零，或者有除数为空白的单元格（Excel把空白单元格也当作 0）
#N/A	在公式中使用查找功能的函数时，没有可用的数值
#NAME?	在公式中使用了 Excel 无法识别的文本。例如函数的名称拼写错误，使用了没有被定义的区域或单元格名称，引用文本时没有加引号等
#NUN!	当需要数字型参数时，公式中却引用了一个非数字型参数；给了公式一个无效的参数；公式返回的值太大或者太小

显 示 信 息	原　因
#VALUE	文本类型的数据参与了数值运算，函数参数的数据类型不正确；函数的参数本应该是单一值，却提供了一个区域作为参数；输入一个数组公式时，忘记按 Ctrl+Shift+Enter 组合键
#REF!	公式中使用了无效的单元格引用。例如，删除了被公式引用的单元格；把公式复制到含有引用自身的单元格中
#NULL!	使用了不正确的区域运算符或引用的单元格区域的交集为空

【例题·单选题】在 Excel 工作表的单元格里输入公式，运算符有优先顺序，下列（　　）说法是错误的。

A. 乘和除优先于加和减　　　　　　B. 乘方优先于负号

C. 百分比优先于乘方　　　　　　　D. 字符串连接优先于关系运算

【答案】B

【解析】负号优先于乘方。

【例题·判断题】在公式中使用小圆括号可以改变运算的优先顺序。（　　）

【答案】对

【解析】为了改变运算优先顺序，应将公式中需要最先计算的部分使用一对左右小圆括号。

考点 11　公式的创建与修改

（一）公式的创建和输入

1．手动输入公式

手动输入公式的操作步骤。

（1）选定目标单元格。

（2）在目标单元格或其对应的编辑栏中输入等号"="，输入的内容在单元格和编辑栏中同步显示。

（3）输入第一个运算体、第一个运算符、第二个运算体、第二个运算符……依次类推，直至最后一个运算体。如有小圆括号，应注意其位置以及左右括号的匹配。

（4）确认新创建的公式。

2．移动点击输入公式

当输入的公式中含有其他单元格的数值时，为了避免重复输入费时甚至出错，可以移动点击输入数值所在单元格的地址（引用单元格的数值）。

移动点击输入公式的操作方法如下。

（1）选中需要输入公式的单元格。

（2）在单元格或其对应的编辑框中输入等号、必须直接输入的数值和运算符。

（3）将鼠标从需要输入的另一单元格数值处移至该数值所在的单元格，然后单击该数值所在单元格(也可通过移动方向键去选取)，该数值所在单元格四周冷却的彩色边框，公式所在单元格及其对应编辑栏中出现该数值所在单元格的地址名称，其名称的颜色与边框的颜色相同，光标自动返回公式所在单元格或对应编辑栏中显示该地址的后面，等待输入其他内容。

（4）继续输入运算符和其他数值或单元格的地址名称。

（5）确认新创建的公式。

【提示】报表管理模块中公式的录入，需要在"显示公式"或"格式"状态下进行。

（二）公式的编辑和修改

1. 基本方法

公式的编辑和修改方法包括：

（1）双击公式所在的单元格直接在单元格内更改内容。

（2）选中公式所在的单元格，按下 F2 键后直接在单元格内更改内容。

（3）选中公式所在的单元格后单击公式编辑栏，在公式编辑栏中作相应更改。

2. 在公式与运算结果之间切换

公式与运算结果之间切换的具体操作为：

（1）在单元格显示运行结果时，选中单元格，按下 Ctrl+～组合键，可切换为显示公式内容。

（2）在单元格显示公式内容时，选中单元格，按下 Ctrl+～组合键，可切换为显示运行结果。

3. 查看公式中某一步的运算结果

操作步骤：

（1）选中公式所在单元格，双击或按 F2 进入编辑状态。

（2）用鼠标选中需要查看其结果的部分公式，按 F9 键，此时公式转化为运算结果数值，单元格显示选中部分公式对应的运算结果。

（3）按 Ctrl+V 快捷键将数值结果恢复为公式。

4. 将公式运算结果转换为数值

采用复制粘贴的方法将公式原地复制，然后通过选择性粘贴，只粘贴数值。

（三）公式的运算次序

1. 优先级次相同的运算符：

从左至右运算。

2. 多个优先级次不同的运算符：

从高至低运算。

比如小括号、乘号等优先级较高。

（四）公式运算结果的显示

1. 查看公式中某步骤的运算结果

快捷键：F9（查看）、"Esc 或 Ctrl+Z"（恢复）

【提示】先按 F2 功能键进入公式编辑状态，再按 F9 功能键查看。

2. 公式默认显示方式的改变

快捷键：Ctrl+（数字 1 左边的按键）

功能区：公式→显示公式

3. 将公式运算结果转换为数值

复制→选择性粘贴

【例题·单选题】编辑栏内的"="图标是（　　　）用来在活动单元格中创建公式。

A. 输入按钮　　　　B. 取消按钮　　　　C. 鼠标指针　　　　D. 编辑公式按钮

【答案】D

【解析】编辑栏中的"="图标是编辑公式按钮，用来在活动单元格中创建公式。

【例题 · 单选题】下列属于区域运算符的是（　　）。

A．“/”　　B．“&”　　C．“:”　　D．“,”

【答案】C

【解析】选项 A 为算术运算符；选项 B 为文本运算符；选项 D 为联合运算符。

二、单元格的引用

考点 12　单元格的引用

例如：=68+B2*3-SUM（C1:C5）

（一）引用的类型

1．相对引用：Excel 默认使用的单元格引用

2．绝对引用

例如：=68+$B$2*3-SUM（C1:C5）

3．混合引用

例如：=68+$B2*3-SUM（C1:C5）

【例题 · 实务操作题】如图 4-1 所示，计算学生的总成绩。

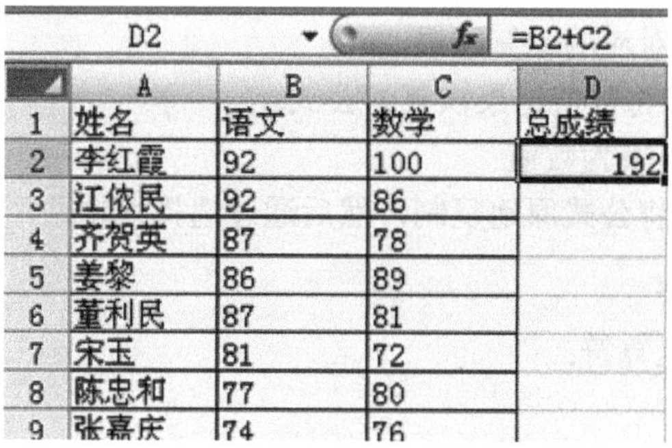

D2　=B2+C2

	A	B	C	D
1	姓名	语文	数学	总成绩
2	李红霞	92	100	192
3	江依民	92	86	
4	齐贺英	87	78	
5	姜黎	86	89	
6	董利民	87	81	
7	宋玉	81	72	
8	陈忠和	77	80	
9	张嘉庆	74	76	

图 4-1　计算学生的总成绩

（二）输入单元格引用

1．在列标和行标前直接输入“$”符号。

2．输入完单元格地址以后，重复按 F4 键选择合适的引用类型。

【例题 · 实务操作题】把图中 D2 的单元格公式改为“=$B$2+$C$2”，然后将公式复制到单元格 D3 中，D3 中的值与 D2 相同，引用地址没有改变，如图 4-2 所示。

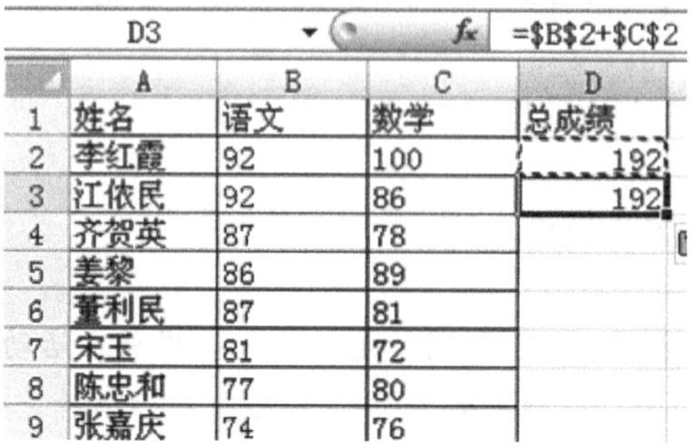

D3　=$B$2+$C$2

	A	B	C	D
1	姓名	语文	数学	总成绩
2	李红霞	92	100	192
3	江依民	92	86	192
4	齐贺英	87	78	
5	姜黎	86	89	
6	董利民	87	81	
7	宋玉	81	72	
8	陈忠和	77	80	
9	张嘉庆	74	76	

图 4-2　输入单元格引用计算学生的总成绩

（三）跨工作表单元格引用

工作表名!数据源所在单元格地址

例如：=68+Sheet1!$B$2*3-SUM（C1:C5）

（四）跨工作簿单元格引用

[工作簿名]工作表名!数据源所在单元格地址

例如：=68+[Book2]Sheet1!$B$2*3-SUM（C1:C5）

【例题·单选题】单元格引用不包括的是（ ）。

A. 同一工作表不同单元格引用

B. 同一工作簿不同工作表单元格引用

C. 不同工作簿单元格引用

D. 其他电子表格单元格引用

【答案】D

【解析】其他电子表格单元格不能引用。

【例题·判断题】通过引用，可以在公式中使用工作表相同部分的数值，或者在多个公式中使用同一单元格的数值。（ ）

【答案】错

【解析】通过引用，可以在公式中使用工作表不同部分的数值，或者在多个公式中使用同一单元格的数值。

三、函数的应用

考点 13 函数的应用

基本格式：函数名（参数序列）

函数只能出现在公式中。除中文外都必须使用英文半角字符，参数无大小写之分。

【提示】重点把握参数的含义和运用。

（一）常用函数

1. 统计函数

（1）MAX（number1,number2,…）

（2）MIN（number1,number2,…）

MAX/MIN 函数忽略参数中的逻辑值和文本。

（3）SUM（number1,number2,…）

数值、逻辑值、文本数字、单元格和区域的引用地址。例如：=SUM（"1",2,TRUE）=4

（4）SUMIF（range,criteria,sum_range）

对于满足条件的单元格求和，如图4-3所示。

（5）AVERAGE（number1,number2,…）

（6）AVERAGEIF（range,criteria,average_range）

对于满足条件的单元格求平均数，如图4-4所示。

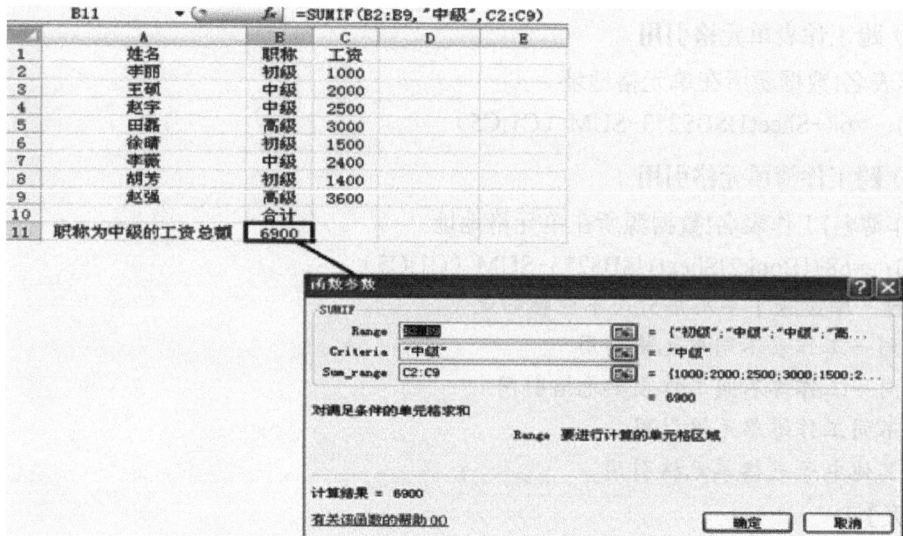

图 4-3　单元格求和

图 4-4　单元格求平均数

（7）COUNT（value1,value2,…）。

数字、空单元格、逻辑值、日期或文本数字

（8）COUNTIF（range,criteria）。

例如，要在 B1:B10 单元格范围内统计数值在 80～90 的人数，表达式应该是"=countif（B1:B10," >=80")－countif （B1:B10," >90")"。

【例题·单选题】MIN 函数的功能是（　　）。

A．求指定区域最大值　　　　　　　B．求指定区域最小值

C．求指定区域之和　　　　　　　　D．求指定区域平均数

【答案】B

【解析】MIN 函数用于返回一组值中的最小值。

【例题·多选题】下列属于统计函数的是（　　）。

A．SUM　　　　　　　　　　　　　B．COUNT

C．RIGHT　　　　　　　　　　　　D．INDEX

【答案】AB

【解析】SUM 和 COUNT 属于统计函数。

2．文本函数

（1）LEN　（text）

用于返回文本字符串中的字符数。

例如：=LEN（"中华会计网校"）=6

（2）RIGHT（text,num_chars）

用于从文本字符串中最后一个字符开始返回指定个数的字符。

例如：=RIGHT（"中华会计网校",2）="网校"

（3）MID（text,start_num,num_chars）

用于返回文本字符串中从指定位置开始的指定数目的字符。

例如：=MID（"中华会计网校",3,4）="会计网校"

（4）LEFT （text,num_chars）

用于返回文本字符串中第一个字符开始至指定个数的字符。

例如：=LEFT（"中华会计网校",4）="中华会计"

【例题·单选题】用于返回文本字符串中从指定位置开始的指定数目的字符函数为（　　）。

A．LEN　　　　　　B．RIGHT　　　　　　C．MID　　　　　　D．LEFT

【答案】C

【解析】MID 函数是用于返回文本字符串中从指定位置开始的指定数目的字符。

3．逻辑函数 IF

IF（logical_test,value_if_true,value_if_false）

例如图 4-5 所示。

	A	B	
1	实际费用	预算费用	
2	1500	900	
3	500	900	
4	500	925	
5	说明	公式	
6	判断第1行是否超出预算	OverBudget	=IF(A2>B2,"OverBudget","OK")
7	判断第2行是否超出预算	OK	=IF(A3>B3,"OverBudget","OK")

图 4-5　罗辑函数 IF

【例题·单选题】A1=100，B1=50，A2=30，B2=20，则公式=if（A1<=60，A2，B2）结果为（　　）。

A．100　　　　　　B．50　　　　　　C．30　　　　　　D．20

【答案】D

【解析】A1<=60 则为 A2 即为 30，A1>60 则为 B2 即为 20。

4．查找与引用函数

（1）LOOKUP

① 向量形式

（lookup_value,lookup_vector,result_vector）

例如图 4-6 所示。

C2		fx	=LOOKUP(700,A2:A4,B2:B4)			
	A	B	C	D	E	F
1	分数	级别				
2	600	三级	二级			
3	700	二级				
4	900	一级				

图 4-6　向量形式

【提示】

如果函数 LOOKUP 在第二参数确定的区域中找不到与第一参数完全相同的值,则查找该区域中最接近第一参数且小于它的值。

如果第一参数小于第二参数确定的区域中的最小值, 函数 LOOKUP 返回错误值 "#N/A"。

② 数组形式

LOOKUP （lookup_value,array）

用于在数组的第一行或第一列中查找指定的值,并返回数组最后一行或最后一列内同一位置的值。

例如:

=LOOKUP （5.2, {4.2,5,7,9,10}）=5,

=LOOKUP （1,{4.2,5,7,9,10}）=#N/A。

【提示】如果 LOOKUP 找不到 lookup_value,它会使用该数组中小于或等于 lookup_value 的最大值。

如果 lookup_value 小于第一行或列（取决于数组维度）中的最小值,则 LOOKUP 会返回错误值。

（2）INDEX （array,row_num,column_num）

用于返回表格或数组中的元素值,此元素由行号和列号的索引值给定。

例如: =INDEX （B1:E11,4,3）,确认后则显示出 B1 至 E11 单元格区域中第 4 行和第 3 列交叉处的单元格（D4）中的内容。

（3）MATCH （lookup_value,lookup_array,match_type）

用于在单元格区域中搜索指定项,然后返回该项在单元格区域中的相对位置。

如果 match_type 为-1,查找大于或等于 lookup_value 的最小数值,lookup_array 必须按降序排列。

如果 match_type 为 0,查找等于 lookup_value 的第一个数值,lookup_array 可以按任何顺序排列。

如果 match_type 为 1,查找小于或等于 lookup_value 的最大数值,lookup_array 必须按升序排列。

如果省略 match_type,则默认为 1。

如图 4-7 所示,在 F2 中输入 "=MATCH （E2,B1:B11,0）",显示的结果是 8。

	A	B	C	D	E	F
				F2	▼	fx =MATCH(E2,B1:B11,0)
1	12	1	14	15	16	
2	12	2	14	15	7	8
3	12	5	14	15	16	
4	12	6	14	15	16	
5	12	4	14	15	16	
6	12	5	14	15	16	
7	12	6	14	15	16	
8	12	7	14	15	16	
9	12	8	14	15	16	
10	12	9	14	15	16	
11	12	10	14	15	16	

图 4-7　显示结果

5．日期与时间函数

（1）函数名称：year

主要功能：将系列数转换为年。

使用格式：YEAR（serial_number）

参数说明：Serial_number 为一个日期值。其中包含要查找的年份。

应用举例：YEAR（"2014/7/5"）等于 2014； YEAR("2015/05/01")等于 2015。

（2）函数名称：MONTH

主要功能：将系列数转换为月。

使用格式：MONTH （serial_number）

参数说明：Serial_number 为一个日期值。其中包含要查找的月份。

应用举例：MONTH（"2014/7/5"）等于 7； MONTH（"2015/05/01"）等于 5。

（3）函数名称：DAY

主要功能：求出指定日期或引用单元格中日期的天数。

使用格式：DAY (serialnumber)

参数说明：serialnumber 代表指定的日期或引用的单元格。

应用举例：输入公式：=DAY（"2013-12-18"），确认后，显示出 18。

特别提醒：如果是给定的日期，请包含在英文双引号中。

（4） 函数名称：NOW

主要功能：给出当前系统日期和时间。

使用格式：NOW（   ）

参数说明：该函数不需要参数。

应用举例：输入公式：=NOW（   ），确认后即刻显示出当前系统的日期和时间。如果系统日期和时间发生了改变，只要按一下 F9 功能键，即可让其随之改变。显示出来的日期和时间格式，可以通过单元格格式进行重新设置。

【提示】日期有多种输入方式，包括：带引号的文本串（如"1998/01/30"）、序列号（如表示 1998 年 1 月 30 日的 35825）或其他公式或函数的结果（DATE （1998,1,30））等。

【例题·单选题】下列各项中属于文本函数的是（   ）。

A．MAX   B．SUMIF   C．RIGHT   D．LOOKUP

【答案】C

【解析】MAX、SUMIF 为统计函数；LOOKUP 为查找与引用函数。

【例题·判断题】TODAY（   ）可以返回当前的日期和时间。（   ）

【答案】错

【解析】NOW（   ）可以返回当前的日期和时间。

（二）基本财务函数

1．DDB 函数

函数名称：DDB

主要功能：双倍余额递减法是在不考虑固定资产预计净残值的情况下，根据每期期初固定资产净值和双倍的直线法折旧率计算固定资产折旧额的一种方法。

使用格式：DDB（cost, salvage, life, period, factor）

参数说明：cost 代表固定资产原值。

salvage 代表固定资产折旧期末的价值（有时也称资产残值），此值可以是 0。

life 代表固定资产的折旧期限（有时也称资产的使用寿命）。

period 代表需要计算折旧值的期间，period 必须使用与 life 相同单位。

factor 代表余额递减速率。

应用举例：公式"DDB（100 000, 5000,5,1）"表示，原值是 100 000，净残值是 5000（10 000×5%，净残值率为 5%），使用寿命是 5 年的资产按双倍余额递减法进行计算时第 1 年的折旧额，返回结果为 40 000。注意，不能使用 DDB 函数计算最后两期的折旧额，最后两期要把未提完的折旧平均分摊。结果如图 4-8 所示。

年数（年）	公式	年折旧额（元）
第一年	DDB(100000,5000,5,1)	40000
第二年	DDB(100000,5000,5,2)	24000
第三年	DDB(100000,5000,5,3)	14400
第四年	SLN(100000-40000-24000-14400,5000,2)	8300
第五年	SLN(100000-40000-24000-14400,5000,2)	8300

图 4-8　应用举例结果

2．SLN 函数

函数名称：SLN

主要功能：返回某项资产在一个期间中的线性折旧值。

使用格式：SLN（cost, salvage, life）

参数说明：cost 为资产原值；

salvage 为资产在折旧期末的价值（有时也称资产残值）。

life 为折旧期限（有时也称资产的使用寿命）。

应用举例：公式"SLN（300 000, 30000, 10）"表示，原值是 300 000，净残值率为 10%，使用寿命是 10 年的资产按直线法计提折旧时每年的折旧额，返回结果为 27 000 元。结果如图 4-9 所示。

年数（年）	公式	年折旧额（元）
第一年	SLN(300000,300000*10%,10)	27000
第二年	SLN(300000,300000*10%,10)	27000
第三年	SLN(300000,300000*10%,10)	27000
第四年	SLN(300000,300000*10%,10)	27000
第五年	SLN(300000,300000*10%,10)	27000
第六年	SLN(300000,300000*10%,10)	27000
第七年	SLN(300000,300000*10%,10)	27000
第八年	SLN(300000,300000*10%,10)	27000
第九年	SLN(300000,300000*10%,10)	27000
第十年	SLN(300000,300000*10%,10)	27000

图 4-9　应用举例结果

3．SYD 函数

函数名称：SYD

主要功能：利用年限总和法计提折旧

使用格式：SYD（cost，salvage, life, per）

参数说明：cost 为固定资产原值。

salvage 为固定资产折旧期末的价值（有时候称资产预计残值）。

life 为固定资产的折旧期限（有时也称固定资产的使用寿命或生命周期）。

per 为需要计算折旧值的期间。其单位与 life 相同。

应用举例：某价值是 600 000、净残值是 60 000、使用寿命是 5 年的固定资产按年限总和法进行计算时每年的折旧额。结果如图 4-10 所示。

年数（年）	公式	年折旧额（元）
第一年	SYD(600000,60000,5,1)	180000
第二年	SYD(600000,60000,5,2)	144000
第三年	SYD(600000,60000,5,3)	108000
第四年	SYD(600000,60000,5,4)	72000
第五年	SYD(600000,60000,5,5)	36000

图 4-10　应用举例结果

另外，常见的财务函数还有年金终值 FV、年金现值 PV、年金 PMT、利率 RATE、期数 NPER 等资金的时间价值函数，净现值函数 NPV，内含报酬率函数 IRR。

【例题·单选题】下列不属于常用财务函数的是（　　　）。

A. SYD　　　　　　B. SLN　　　　　　C. DAY　　　　　　D. FV

【答案】C

【解析】DAY 函数是日期函数。

【例题·判断题】固定资产按直线法计提折旧每年的折旧额是相同的。（　　　）

【答案】对

【解析】固定资产按直线法（平均年限法）计提折旧每年的折旧额是相同的。

第四节　数据清单及其管理分析

一、数据清单的构建

考点 14　数据清单的构建

（一）数据清单的概念

Excel 中，数据库是通过数据清单或列表来实现的。数据清单是一种包含一行列标题和多行数据且每行同列数据的类型和格式完全相同的 Excel 工作表。

数据清单是一个二维的表格，是由行和列构成的，数据清单与数据库相似，每行表示一条记录，每列代表一个字段。

数据清单具有以下几个特点：

（1）第一行是字段名，其余行是清单中的数据，每行表示一条记录；如果本数据清单有标题行，则标题行应与其他行（如字段名行）隔开一个或多个空行。

（2）每列数据具有相同的性质。

（3）在数据清单中，不存在全空行或全空列。

（二）构建数据清单的要求

为了使 Excel 自动将数据清单当作数据库，构建数据清单的要求主要如下。

（1）列标志应位于数据清单的第一行，方便查找和组织数据、创建报告。

（2）同一列中各行数据项的类型和格式应当完全相同。

（3）避免在数据清单中间放置空白的行或列，如果需要将数据清单和其他数据隔开时，应在它们之间至少留出一个空白的行或列。

（4）尽量在一张工作表中建立一个数据清单。

创建数据清单有两种方法：第一种是直接在工作表中输入，第二种可以利用记录单的方式命令。

【例题·单选题】下列关于 Excel 数据清单的说法中，不正确的是（   ）。

A. 列标志应位于数据清单的第一行

B. 数据清单中的列是数据库中的字段

C. 每一行对应数据库中的一条记录

D. 同一行中各列数据项的类型和格式应当完全相同

【答案】D

【解析】同一列中各行数据项的类型和格式应当完全相同。

【例题·判断题】创建数据清单只能在记录单中输入。（   ）

【答案】错

【解析】创建数据清单有两种方法：一是直接在工作表中输入，二是可以利用记录单的方式命令。

二、记录单的使用

考点 15　记录单的使用

（一）记录单的概念

记录单又称数据记录单，是快速添加、查找、修改或删除数据清单中相关记录的对话框。记录单也是输入数据的一种方式。如果数据清单中的行列信息比较多，直接输入需要在不同的行列之间切换，容易出错，此时可以采用记录单方式输入信息。

"记录单"对话框左半部从上至下依次列示数据清单第一行从左到右依次排列的列标志，以及等待输入数据的空白框，右半部从上到下依次是记录状态显示区和"新建"、"删除"、"上一条"、"下一条"、"条件"、"关闭"等按钮。

【提示】注意掌握记录单与数据清单的关系。

（二）通过记录单处理数据清单的记录

1. 通过记录单处理记录的优点

界面直观，操作简单，减少数据处理时行列位置的来回切换，避免输入错误，特别适用于大型数据清单中记录的核对、添加、查找、修改或删除。

2. 记录单对话框的打开

Excel 2003，"数据"菜单→"记录单"。

Excel 2013，"快速访问工具栏"→"记录单"。

【提示】打开记录单对话框后，只能通过"记录单"对话框来输入、查询、核对、修改或删除数据清单中的相关数据，无法直接在工作表的数据清单中进行相应的操作。

3．在"记录单"对话框中输入新记录

在"记录单"对话框中输入一条新记录的方法是：单击"新建"按钮，光标被自动移入第一个空白文本框，等待数据录入。在第一个空白文本框中输入相关数据后，按 Tab 键（而不是 Enter 键）或鼠标点击第二个空白文本框，将光标移入第二个空白文本框（按 Shift+Tab 快捷键移入上一个文本框），等待数据录入，以此类推。

输入完一条记录的所有文本框后，按下 Enter 键或上下光标键确认，该条记录将被加入数据清单的最下面，光标自动移入下一条记录的第一个空白文本框，等待新数据的录入。

在数据录入过程中，如果发现某个文本框中的数据录入有误，可将光标移入该文本框，直接进行修改；如果发现多个文本框中数据录入有误，不便逐一修改，可通过单击"还原"按钮放弃本次确认前的所有输入，光标将自动移入第一个空白文本框，等待数据录入。

所有记录输入完毕，单击"关闭"按钮，退出"记录单"对话框并保存退出前所输入的数据。

4．利用"记录单"对话框查找特定单元格

在"记录单"对话框中单击"条件"按钮，该按钮变为"表单"。对话框中所有列后文本框的内容被清空，光标自动移入第一个空白文本框，等待键入查询条件。键入查询条件后，单击"下一条"按钮或"上一条"按钮进行查询。符合条件的记录将分别出现在该对话框相应列后的文本框中，"记录状态"显示该条记录的次序数以及数据清单中记录的总条数。

这种方法尤其适合于具有多个查询条件的查询，只要在对话框中多个列名后的文本框内同时输入相应的查询条件即可。

5．利用"记录单"对话框核对或修改特定记录

（1）利用上述方法，查找到待核对或修改的记录。

（2）在对话框中相应列后的文本框中逐一核对或修改后，按 Enter 键或单击"新建"、"上一条"、"下一条"、"条件"、"关闭"等按钮或上下光标确认。

在修改确认前，可通过单击"还原"按钮放弃本次修改。

6．利用"记录单"对话框删除特定记录

查找到待删除的记录，单击"删除"的按钮，即可删除找到的记录。记录删除后，无法通过"还原"按钮来撤销。

【例题·多选题】下列关于记录单的说法正确的是（　　　）。

A．记录单对话框左半部从上到下一次列示数据清单第一行从左到右依次排列的列标志

B．当前记录的字段内容是公式，则在记录单内容框中显示的是公式

C．记录单右上角显示的分母为总记录数，分子表示当前是第几条记录

D．如查找符合一定条件的记录，可通过条件按钮实现

【答案】ACD

【解析】当前记录的字段内容是公式，则在记录单内容框中显示的是公式计算的结果。

【例题·多选题】在 Excel 2010 中打开记录单的方法不正确的是（　　　）。

A．按击快捷键 Alt+D+O

B．使用快速访问工具栏中的记录单按钮

C．依次按击快捷键 Alt+D, Alt+O

D．使用数据功能区的记录单按钮

【答案】AD

【解析】Excel 2010 中可以依次按击快捷键 Alt+D、Alt+O 和快速访问工具栏中的记录单按钮打开记录单。

【例题·判断题】在 Excel 中，数据库的表现形式是工作表。（   ）

【答案】错

【解析】在 Excel 中，数据库的表现形式是数据清单。

【例题·判断题】打开记录单对话框以后，仍可以直接在工作表的数据清单中进行相应的操作。（   ）

【答案】错

【解析】打开记录单对话框以后，只能通过"记录单"对话框来输入、查询、核对、修改或删除数据清单中的相关数据，无法直接在工作表的数据清单中进行相应的操作。

【例题·判断题】数据清单中的每一列为一个字段，每一行为一个记录。（   ）

【答案】对

【解析】数据清单中的每一列为一个字段，存放相同类型的数据。每一行为一个记录，存放相关的一组数据。

三、数据的管理与分析

Excel 可以方便地对数据清单中的数据进行管理和分析，包括排序、筛选、汇总和图形分析。

考点 16　数据的排序

排序可以使原本无序的数据按某一个或某几个关键字进行升序或降序重新排列，以便于用户做出分析、判断。Excel 表的排序条件随工作簿一起保存，这样，每当打开工作簿时，都会对该表重新应用排序，但不会保存单元格区域的排序条件。

排序可通过"数据"菜单或功能区中的排序命令来完成。

1. 快速排序

操作步骤如下：

（1）在数据清单中选定需要排序的各行记录；

（2）执行工具栏或功能区中的排序命令。

例如按总分对成绩表进行排序，单击执行升序排序（从 A 到 Z 或从最小数字到最大数字）；单击执行降序排序（从 Z 到 A 或从最大数字到最小数字）。按总分降序排序后的成绩表。

2. 自定义排序

操作步骤如下：

（1）在"数据"菜单或功能区中打开"排序"对话框；

（2）在"排序"对话框中选定排序的列、依据和次序。

比如，想完成对总分降序排列，同一总分的按大学英语成绩降序排列，操作如下：

选中需要排序的数据字段，单击多条件排序按钮 ，按钮弹出的对话框中，在"主要关键字"下选择"总分"，"排序依据"中选择"数值"，"次序"中选择"降序"。单击"添加条件"按钮，在对话框中出现"次要关键字"，分别选择"大学英语"、"数值"和"降序"。

在进行设置的过程中，为避免字段名也成为排序对象，在"排序"对话框中应选中"有标题行"（Excel 2003）或"数据包含标题"（Excel 2007 或 Excel 2013）。

【例题·单选题】在 Excel 2013 中，对数据表进行排序时，在"排序"对话框中能够指定的排序关键字个数限制为（　　）。

A. 1个　　　　　B. 2个　　　　　C. 3个　　　　　D. 任意

【答案】D

【解析】在 Excel 2013"排序"对话框中，"添加条件"是任意添加的。

【例题·多选题】数据的排序包括（　　）。

A. 快速排序　　　B. 简单排序　　　C. 复杂排序　　　D. 自定义排序

【答案】AD

【解析】数据的排序有快速排序和自定义排序两种。

考点 17　数据的筛选

数据的筛选是指利用"筛选"命令对数据清单中的指定数据进行查找和其他工作。筛选后的数据清单仅显示那些包含了某一特定值或符合一组条件的行，暂时隐藏其他行。通过筛选，用户可以快速查找信息，不但可以控制需要显示的内容，还能够控制需要排除的内容。

Excel 中提供了两种数据的筛选操作，即"自动筛选"和"高级筛选"。自动筛选是一种快速筛选方法，它可以方便地将那些满足条件的记录显示在工作表上；高级筛选可进行复杂的筛选，挑选出满足多重条件的记录。

1. 快速筛选

"快速筛选"也叫"自动筛选"，一般用于简单的条件筛选，筛选时将不满足条件的数据暂时隐藏起来，只显示符合条件的数据。

具体操作如下：

（1）选取数据区域中的任一单元格；

（2）单击"数据"选项卡的"排序和筛选"命令，这时可以看到各字段边的筛选器（带下拉箭头的标记）；

（3）单击要进行筛选列的筛选器，下拉出一个清单框，在弹出的下拉列表中取消"全选"，然后勾选筛选条件，单击"确定"按钮即可筛选出满足条件的记录。

2. 高级筛选

"高级筛选"一般用于条件较复杂的筛选操作，其筛选结果可显示在原数据表格中，不符合条件的记录被隐藏起来；也可以在新的位置显示筛选结果，不符合条件的记录同时保留在数据表中而不会被隐藏起来，这样更便于进行数据比对。

比如，要查找每科成绩均在 80 分以上的信息，具体操作如下：

（1）选择需要进行高级筛选的数据；

（2）录入筛选条件，其中同一行表示"与"的关系，条件不在同一行表示"或"的关系；单击"数据"选项卡下"排序和筛选"组的"高级"命令，设定列表区域和条件区域。

3. 清除筛选

对经过筛选后的数据清单进行第二次筛选时，之前的筛选将被清除。

【例题·单选题】数据的筛选包括（　　）。

A. 自定义筛选　　　　B. 简单筛选　　　　C. 快速筛选　　　　D. 高级筛选

【答案】CD

【解析】数据的筛选有快速筛选和高级筛选两种。

【例题·判断题】通过筛选，用户可以快速查找信息，不但可以控制需要显示的内容，而且还能够控制需要排除的内容。

【答案】对

【解析】通过筛选，用户可以快速查找信息，不但可以控制需要显示的内容，而且还能够控制需要排除的内容。

考点 18　数据的分类汇总

数据的分类汇总是指在数据清单中按照不同类别对数据进行汇总统计。分类汇总采用分级显示的方式显示数据，可以收缩或展开工作的行数据或列数据，实现各种汇总统计。

在 Excel 中，分类汇总的方式有求和、平均值、最大值、最小值、偏差、方差等十多种，常用的是对分类数据求和或求平均值。通过分类汇总，可以得到需要的统计信息。在进行分类汇总之前，必须先对数据清单进行排序，使同一类的记录集中在一起。

1．创建分类汇总

分类汇总的操作步骤如下：

（1）确定数据分类依据的字段，将数据清单按照该字段排序；

（2）单击"数据"选项卡下"分级显示"组的"分类汇总"命令；

（3）设定分类汇总选项，单击"确定"按钮，完成分类汇总操作。比如，按部门对工资进行分类汇总。

在"分类字段"下拉列表中选择分类依据的字段名，在"汇总方式"下拉列表中选择汇总分式，在"选定汇总项"中选择需要汇总的字段名。图中，"+"、"-"称作分级显示符号，这些符号显示在标志的左边，各符号的含义如下：单击"+"，可显示汇总行或列展开的各级明细数据。单击"-"可隐藏各级明细数据，只显示汇总行或列。

2．清除分类汇总

若对分类汇总结果不满意，想回到汇总前的数据清单，可选择"数据"选项卡的"分类汇总"命令，在出现的分类汇总对话框中选择"全部删除"按钮，即可恢复到汇总前的情况。

【提示】分类汇总时，先对字段进行排序。

【例题·单选题】在 Excel 中，在打印学生成绩单时，对不及格的成绩用醒目的方式表示，当要处理大量的学生成绩时，利用（　　　）命令最为方便。

A．排序　　　　　　B．分类汇总　　　　　　C．条件格式　　　　　D．筛选

【答案】C

【解析】通过"条件格式"（Excel 2003 中，在"格式—条件格式"中执行；Excel 2007 中在"开始—样式—条件格式"中执行）命令，可对符合条件的单元格用设定的格式显示。

【例题·多选题】数据分类汇总的方式有（　　　）。

A．求和　　　　　　B．平均值　　　　　　C．最大值　　　　　　D．最小值

【答案】ABCD

【解析】分类汇总的方式有求和、平均值、最大值、最小值、偏差、方差等十多种。

考点 19　数据透视表的插入

数据透视表是根据特定数据源生成的，可以动态改变其版面布局的交互式汇总表格。

基本概念：报表筛选、列标签、行标签、值。

1．数据透视表的创建

Excel 2003：数据→数据透视表和数据透视图。

Excel 2013：插入→数据透视表。

2．数据透视表的设置

（1）重新设计版面布局。在"数据透视表工具"菜单中，选择不同的字段，拖放到相应位置，报表的版面布局就会立即自动更新。拖放的位置不同，则产生不同的透视效果。

（2）设置值的汇总依据。值的汇总依据有求和、计数、平均值、最大值、最小值、乘积等多种方式。可通过右键单击数据透视表的计数项单元格，选择"值汇总依据"中的其中一种，默认为求和。

（3）设置值的显示方式。值的显示方式有"无计算"、"百分比"、"升序排列"、"降序排列"等。设置方法是通过右键计数项单元格，在"值显示方式"菜单中进行选择。

（4）进行数据的筛选。分别对报表的行和列进行数据的筛选，系统会根据条件自行筛选出符合条件的数据列表。

（5）设定报表样式。数据透视表中，可通过单击"开始"选项卡"样式"组的"套用表格格式"，进行报表样式的定义，也可通过设置单元格格式自己定义报表样式。

【例题·单选题】在 Excel 中选取"自动筛选"命令后，在清单上的（　　　）出现了下拉式按钮图标。

A．字段名处　　　　B．所有单元格内　　　C．空白单元格内　　　D．底部

【答案】A

【解析】通过筛选数据清单，可以只显示满足条件的数据行，隐藏其他行。执行自动筛选后，在清单上的"字段名"右下角出现一个自动筛选箭头

【例题·单选题】下列说法中，正确的是（　　　）。

A．自动筛选需要事先设置筛选条件

B．高级筛选不需要设置筛选条件

C．进行筛选前，无须对表格先进行排序

D．自动筛选前，必须先对表格进行排序

【答案】C

【解析】进行筛选不需要先进行排序工作，自动筛选不需要设置筛选条件，而高级筛选需要进行设置筛选条件。

【例题·单选题】下列不属于数据透视表的值的汇总依据的有（　　　）。

A．求和　　　　B．平均值　　　　C．方差　　　　D．百分比

【答案】D

【解析】百分比是值的显示方式。值的显示方式有无计算、百分比、升序排列、降序排列等。

考点20　图表的插入

Excel 的图表工具，更直观地显示数据之间的关系和变化趋势。

Excel 2010 中插入图表的步骤如下。

（1）选择制作图表的数据。

（2）在"插入"选项卡的"图表"组中，单击要使用的图表类型，然后单击图表子类型。

根据管理的需要，选择不同的图表类型，方便对数据的变化和所占比例进行分析。

（3）Excel 工作表的界面中出现一个空白框，双击空框，打开"选择数据源"对话框。

（4）选择图表源数据。

（5）调整图表的大小和位置。

（6）保存退出。

【例题·单选题】下列关于插入图表的说法不正确的有（　　）。

A. 插入的图表可以根据需要输入标题

B. 插入的图表可以根据需要输入各轴所代表的含义

C. 插入的图表不可以进行位置的调整

D. 可以调整插入图表的大小

【答案】C

【解析】图表不仅可以根据需要分别输入标题和各轴所代表的数据含义，而且可以适当调整大小及其位置。

【例题·判断题】Excel 2003 提供了 14 种标准图表类型，而 Excel 2007 只提供了柱形图、折线图、饼图、条形图、面积图、散点图、股价图、曲面图、圆环图、气泡图、雷达图 11 种图表类型。（　　）

【答案】对

【解析】Excel 2003 提供了 14 种标准图表类型，Excel 2007 提供了柱形图、折线图、饼图、条形图、面积图、散点图、股价图、曲面图、圆环图、气泡图、雷达图 11 种图表类型。

本章小结

【考试大纲基本要求】

1. 了解常用电子表格软件的种类

2. 了解电子表格软件的主要功能

3. 熟悉 Excel 软件的用户界面

4. 熟悉启动与退出 Excel 软件的常用方法

5. 熟悉 Excel 文件管理的常用方法

6. 熟悉 Excel 图表的插入方法

7. 掌握数据输入与编辑的常用方法

8. 掌握 Excel 的公式及其运用

9. 掌握 Excel 常用函数的使用

10. 掌握数据清单的设计要求

11. 掌握记录单的使用方法

12. 掌握 Excel 的数据排序、筛选与分类汇总的方法

13. 掌握数据透视表创建与设置的方法

考点强化训练

一、单项选择题

1. 某单位要统计各科室人员工资情况，按工资从高到低排序，若工资相同，以工龄降序排列，则以下做

法正确的是（　　）。

  A．关键字为"科室"，次关键字为"工资"，第三关键字为"工龄"

  B．关键字为"工资"，次关键字为"工龄"，第三关键字为"科室"

  C．关键字为"工龄"，次关键字为"工资"，第三关键字为"科室"

  D．关键字为"科室"，次关键字为"工龄"，第三关键字为"工资"

2．单击分类汇总工作表窗口左边的分级显示区中的按钮"1"，实现的功能是（　　）。

  A．显示列表中所有的详细数据

  B．显示列表中列标题和总计结果

  C．只显示列表中列标题和总计结果

  D．什么都不显示

3．以下各项中，对 Excel 中的筛选功能描述正确的是（　　）。

  A．按要求对工作表数据进行排序

  B．隐藏符合条件的数据

  C．只显示符合设定条件的数据，而隐藏其他

  D．按要求对工作表数据进行分类

4．在 Excel 的工作表中，每个单元格都有其固定的地址，如"A5"中的（　　）。

  A．"A"代表 A 列，"5"代表第 5 行

  B．"A"代表 A 行，"5"代表第 5 列

  C．"A5"代表单元格的数据

  D．以上都不是

5．在 Excel 中，数据库的表现形式是（　　）。

  A．工作簿　　　　　B．工作表　　　　　C．数据清单　　　　D．工作组

6．NOW 函数表示的是（　　）。

  A．返回系统当前的日期和时间

  B．返回某日期对应的天数

  C．返回某日期对应的月份

  D．返回某日期对应的年份

7．统计成绩工作表中不及格人数，可以使用的函数是（　　）。

  A．COUNTIF　　　　B．COUNT　　　　C．SUMIF　　　　D．LEN

8．（　　）是单元格的跨工作簿引用格式。

  A．sheet1！A5　　　　　　　　　　B．[book1]sheet1！A5

  C．sheet1.A5　　　　　　　　　　D．[book1]sheet1.A5

9．当向 Excel 工作表单元格输入公式时，使用单元格地址 D$2 引用 D 列第 2 行单元格，该单元格的引用称为（　　）。

  A．交叉地址引用　　B．混合地址引用　　　C．相对地址引用　　D．绝对地址引用

10．关于公式运算次序的说法中，不正确的是（　　）。

  A．对于只由一个运算符或者多个优先级次相同的运算符构成的公式，Excel 将按照从左到右的顺序自动进行运算

  B．对于由多个优先级次不同的运算符构成的公式，Excel 则将自动按照公式中运算符优先级次从高到低进行运算

C. 为了改变运算优先顺序，应将公式中需要最先计算的部分使用一对中括号括起来

D. 公式中左右小圆括号的对数超过一对时，Excel 将自动按照从内向外的顺序进行计算

11. 下列各项中，属于联合运算符的是（　　　）。

A. *　　　　　　　　　B. ,　　　　　　　　　C. :　　　　　　　　　D. =

12. 下列关于锁定单元格的表述中，错误的是（　　　）。

A. 锁定单元格可以使单元格的内容不能被修改

B. 使用"锁定单元格"功能必须启用保护工作表功能

C. 使用"锁定单元格"功能可以选择是否启用保护工作表功能

D. 锁定单元格的操作步骤为启用保护工作表；选定需要保护的单元格或单元格区域，依次单击"开始"、"单元格"、"格式"和"锁定单元格"，完成保护单元格设置

13. 下列快捷键表示全选的是（　　　）。

A. Ctrl+C　　　　　　　B. Ctrl+V　　　　　　　C. Ctrl+A　　　　　　　D. Ctrl+X

14. 在 Excel 中输入分数时，最好以混合形式（0 #/#）方式输入，以免与（　　　）格式相混。

A. 日期　　　　　　　　B. 货币　　　　　　　　C. 数值　　　　　　　　D. 文本

15. 在 Excel 中，文字数据默认的对齐方式是（　　　）。

A. 左对齐　　　　　　　B. 右对齐　　　　　　　C. 居中对齐　　　　　　D. 两端对齐

16. 如果某单元格显示为若干个"#"号(如#######)，这表示（　　　）。

A. 公式错误　　　　　　B. 数据错误　　　　　　C. 行高不够　　　　　　D. 列宽不够

17. 可以切换当前单元格状态的功能键是（　　　）。

A. F3　　　　　　　　　B. F2　　　　　　　　　C. F4　　　　　　　　　D. F9

18. 关于已有的 Excel 文件方式启动 Excel 软件的操作，不能实现建立一个新的空白工作簿的是（　　　）。

A. 通过快捷键 Ctrl+N

B. 通过快捷键 Ctrl+S

C. 执行"文件—新建"菜单命令，选定其中的空白工作簿模板

D. 单击工具栏中的"新建"按钮

19. 下列快捷键可以打开 Excel 文件的是（　　　）。

A. Ctrl+O　　　　　　　B. Ctrl+F4　　　　　　　C. Ctrl+W　　　　　　　D. Ctrl+S

20. （　　　）位于窗口的最上方，列示 Excel 软件的图标、文档的标题和控制 Excel 窗口的按钮。

A. 标题栏　　　　　　　B. 菜单栏　　　　　　　C. 工具栏　　　　　　　D. 编辑区

21. 下列各项中，属于任务窗口包括内容的是（　　　）。

A. 公式　　　　　　　　B. 数据　　　　　　　　C. 审阅　　　　　　　　D. 剪贴画

22. 下列各项中，不属于 Excel 2003 中用户界面组成部分的是（　　　）。

A. 标题栏　　　　　　　B. 菜单栏　　　　　　　C. 工具栏　　　　　　　D. 功能区

23. 由名称框、取消输入按钮、确认输入按钮、插入函数按钮和编辑栏构成的是（　　　）。

A. 菜单栏　　　　　　　B. 编辑区　　　　　　　C. 工作表区　　　　　　D. 任务窗格

24. 在 Excel 中，光标处在 C4 地址中，说明该光标位于工作表（　　　）。

A. 第 C 行，第 4 列　　　　　　　　　　　　B. 第 4 行，第 3 列

C. 第 3 行，第 4 行　　　　　　　　　　　　D. 第 2 列，第 3 行

25. Excel 程序的退出可通过快捷键（　　　）执行。

A. Alt+F4　　　　　　　B. Ctrl+C　　　　　　　C. Ctrl+V　　　　　　　D. Ctrl+X

26. Excel 2007 中，每个工作簿默认含有（　　）张工作表。

    A. 1   B. 2   C. 3   D. 无数

27. （　　）用于显示当前单元格的名字和当前单元格的内容。

    A. 标题栏   B. 菜单栏   C. 地址栏   D. 编辑区

28. 当单元格内容是数字时，要使单元格内容居中显示，下列说法错误的是（　　）。

    A. 单击"开始"标题栏下，"对齐方式"中的"居中"图标

    B. 在单元格上单击鼠标右键，选择"设置单元格格式"，在"对齐"选项卡中选择"居中"

    C. 在单元格上单击鼠标右键，直接选择"居中"图标

    D. 在单元格上单击鼠标左键，直接选择"居中"图标

29. MAX 函数的功能是（　　）。

    A. 求指定区域最大值   B. 求指定区域最小值

    C. 求指定区域之和   D. 求指定区域平均数

30. 在 Excel 菜单中，如果命令选项后面有"…"符号，表示选择这个命令时将（　　）出现。

    A. 有子菜单   B. 有快捷菜单   C. 有对话框   D. 什么也没有

31. 下列关于记录单的说法不正确的是（　　）。

    A. 记录单对话框左半部从上到下一次列示数据清单第一行从左到右依次排列的列标志

    B. 当前记录的字段内容是公式，则在记录单内容框中显示的是公式

    C. 记录单右上角显示的分母为总记录数，分子表示当前是第几条记录

    D. 如查找符合一定条件的记录，可通过条件按钮实现

32. 在单张工作表的多个单元格中快速录入完全相同的数据，选定单元格区域，在当前活动单元格或对应的编辑栏中录入所需的数字或文本，通过组合键（　　）确认录入的内容。

    A. Ctrl＋Enter   B. Ctrl＋A   C. Ctrl＋F   D. Ctrl＋H

33. 下列（　　）不是创建工作簿的方法。

    A. 选择"Office 按钮—新建"命令   B. 单击"快速访问"工具栏上的按钮

    C. 使用快捷键 Ctrl＋O   D. 使用快捷键 Ctrl＋N

34. Excel 2013 文件的扩展名是（　　）。

    A. .xlsx   B. .xls   C. .ppt   D. .doc

35. 使用记录单不能实现的操作是（　　）。

    A. 查找记录   B. 修改记录   C. 添加记录   D. 排序记录

36. 如果对工作表中的所有单元格都进行了保护，则（　　）。

    A. 无法对工作表进行移动或复制   B. 无法删除该工作表

    C. 无法移动或修改单元格中的数据   D. 无法打开此工作表

37. "选择性粘贴"命令，不可以完成的操作是（　　）。

    A. 粘贴单元格的全部信息   B. 粘贴单元格的部分字符

    C. 粘贴单元格的格式   D. 粘贴单元格的批注

38. 如果用预置小数位数的方法输入数据时，当设定小数是"2"时，输入 56789 表示（　　）。

    A. 567.89   B. 0056789   C. 5678900   D. 56789.00

39. 已知 D2 单元格的内容为=B2*C2，当 D2 单元格被复制到 E3 单元格时，E3 单元格的内容为（　　）。

    A. =B2*C2   B. =C2*D2   C. =B3*C3   D. =C3*D3

40. （　　）默认位于菜单栏的下方，由一系列与菜单选项命令具有相同功能的按钮组成。

A．工具栏　　　　　B．标题栏　　　　　C．菜单栏　　　　　D．编辑区

41．在 Excel 中，在单元格中输入 2/5，则表示（　　）。

A．分数 2/5　　　　B．2 月 5 日　　　　C．0.4　　　　　　D．2 除以 5

42．给 Excel 文件加上读写权限，进行加密设置，应采用的操作是（　　）。

A．在"另存为"对话框中，打开"保存选项"对话框设置

B．通过"审阅"页签下的"保护工作表"命令进行设置

C．通过"审阅"页签下的"保护工作簿"命令进行设置

D．通过"属性"对话框进行设置

43．将数据添加到已有图表中的方法之一是（　　）。

A．在嵌入图表的工作表中选定想要添加的数据，用"编辑"菜单的"复制"和"粘贴"命令添加到已有的图表中

B．在嵌入图表的工作表中选定想要添加的数据，然后将其直接拖放到嵌入的图表中

C．先用"插入"菜单的"图表"命令，选择要添加的数据，再将数据添加到已有的图表中

D．在嵌入图表的工作表中选定想要添加的数据，用"插入"菜单的"图表"命令，将数据添加到已有的图表中

44．下列说法错误的是（　　）。

A．在 Excel 2013 中，执行"审阅—更改—保护工作簿"命令可以实现对工作簿限制编辑权限的操作

B．在 Excel 2013 中，执行"文件—信息—保护工作簿—用密码进行加密"命令可以实现设置工作簿打开权限密码操作

C．在 Excel 2013 中，设置工作簿打开权限密码时，密码不区分大小写

D．在 Excel 2013 中，使用锁定单元格功能必须启用保护工作表功能

45．在 Excel 中，在打印学生成绩单时，对不及格的成绩用醒目的方式表示，当要处理大量的学生成绩时，利用（　　）命令最为方便。

A．查找　　　　　　B．条件格式　　　　C．数据筛选　　　　D．分类汇总

46．关于高级筛选，下列说法中错误的是（　　）。

A．筛选条件和表格之间必须有一行或一列的间隙

B．可以在原有区域显示筛选结果

C．可以将筛选结果复制到其他位置

D．不需要写筛选条件

47．Excel 工作表中，为显示数据的组成部分，可插入（　　）图表。

A．饼图　　　　　　B．散点图　　　　　C．折线图　　　　　D．柱状图

48．在公式运算中，如果要引用第 4 行的绝对地址，第 C 列的相对地址，则应为（　　）。

A．4C　　　　　　　B．C$4　　　　　　C．4C　　　　　　　D．$C4

49．下列不能关闭 Excel 文件的是（　　）。

A．使用快捷键 Ctrl+F4　　　　　　　　B．单击"文件"菜单中的"关闭"命令

C．单击工具栏中的"关闭"命令　　　　D．使用快捷键 Ctrl+N

50．下列地址中使用相对地址的是（　　）。

A．A1　　　　　　　B．A1　　　　　　C．$A1　　　　　　D．A$1

51．使用 Excel 的数据筛选功能，是将（　　）。

A. 满足条件的记录显示出来，而删除不满足条件的数据

B. 不满足条件的记录暂时隐藏起来，只显示满足条件的数据

C. 不满足条件的数据用另外一个工作表来保存起来

D. 将满足条件的数据突出显示

52. 在 Excel 中指定 A2 至 A6 五个单元格的表示形式是（　　）。

　A. A2，A6　　　　B. A2&A6　　　　C. A2；A6　　　　D. A2:A6

53. DAY 函数表示的是（　　）。

　A. 返回系统当前的日期和时间　　　　B. 返回某日期对应的天数

　C. 返回某日期对应的月份　　　　D. 返回某日期对应的年份

54. Excel 2003 中，关闭当前工作簿但不退出 Excel，不能实现这一操作的是（　　）。

　A. 使用 Ctrl+F4 快捷键　　　　B. 在"文件"菜单中选"关闭"命令

　C. 在"文件"菜单中选"退出"命令　　　　D. 单击该工作簿窗口的"关闭"按钮

55. 在 Excel 2003 中，退出自动筛选状态的方法是（　　）。

　A. 选取"数据"菜单中的"筛选"命令，再选取"全部显示"子命令

　B. 选取"数据"菜单中的"筛选"命令，再选取"撤销筛选"子命令

　C. 选取"数据"菜单中的"筛选"命令，再选取"自动筛选"子命令

　D. 单击字段名右下角的下拉箭头按钮，在下拉列表中选择"全部"选项

56. 设 A1 单元格中的公式为=AVERAGE(C1:E5)，将 C 列删除后，A1 单元格中的公式将调整为（　　）。

　A. =AVERAGE(C1:E5)　　　　B. =AVERAGE(C1:D5)

　C. =AVERAGE(D1:E5)　　　　D. 出错

57. A1=100,B1=200,A2=300,B2=400,则公式=SUM(A1:B2)结果为（　　）。

　A. 100　　　　B. 200　　　　C. 1000　　　　D. 500

58. 要在 Excel 工作簿中同时选择多个不相邻的工作表，可以在按住（　　）键的同时依次单击各个工作表的标签。

　A. Shift　　　　B. Ctrl　　　　C. Alt　　　　D. CapsLock

59. 如果要对工作表的某些数据求平均值，应使用下列函数中的（　　）。

　A. SUM（　）　　B. AVERAGE（　）　　C. IF（　）　　D. COUNT（　）

60. 位于名称框和编辑栏中间的"√"表示（　　）。

　A. 取消输入　　　　B. 停止输入　　　　C. 确认输入　　　　D. 插入函数

61. 在 Excel 中，在选择了内嵌图表后，改变其大小的方法是（　　）。

　A. 按【+】号或【-】号　　　　B. 用鼠标拖拉它的边框

　C. 按【↑】键或【↓】键　　　　D. 用鼠标拖拉图表边框上的控制点

62. 下列关于数据复制与剪切的说法中，错误的是（　　）。

　A. 数据的剪切与复制不同

　B. 复制和剪切的快捷键都是 Ctrl+C

　C. 数据复制后，原单元格中的数据仍然存在，目标单元格中同时还增加原单元格中的数据

　D. 数据剪切后，原单元格中数据不复存在，只在目标单元格中增加原单元格中的数据

63. Excel 工作表的名称 Sheet1，Sheet2，Sheet3，…是（　　）。

　A. 工作表标签　　B. 工作簿名称　　　　C. 单元名称　　　　D. 菜单

64. 在 Excel 中，数字型数据可以（　　）的操作进行填充有序数列。

A. 拖动单元格 B. 按 Ctrl+拖动单元格

C. 拖动填充柄 D. 按 Ctrl+拖动填充柄

65. 在 Excel 工作表单元格中，输入下列的表达式（ ）是错误的。

A. =(15－B1)/3 B. =A3+A4

C. =B2\\C1 D. =SUM(A3：A4)/2

66. 下列操作中，不能在 Excel 工作表的选定单元格中输入公式的是（ ）。

A. 单击"编辑"菜单中的"对象"命令 B. 单击"插入"菜单中的"函数"命令

C. 单击工具栏中的"函数"按钮 D. 单击"编辑栏"中的"函数"按钮

67. 在 Excel 中，删除工作表中与图表链接的数据时，图表将（ ）。

A. 被删除 B. 必须用编辑器删除相应的数据点

C. 不会发生变化 D. 自动删除相应的数据点

68. Excel 2003 默认在标签显示区显示前 3 个工作表的名称，从左到右依次为（ ）。

A. Sheet1、Sheet2、Sheet3 B. 表 1、表 2、表 3

C. 工作表 1、工作表 2、工作表 3 D. Book1、Book2、Book3

69. Excel 工作表的编辑栏中的编辑框用来编辑（ ）。

A. 活动单元格中的数据和公式 B. 单元格中的数据和公式

C. 单元格的地址 D. 单元格的名字

70. 地址 R7C6 表示的是（ ）单元格。

A. G7 B. F7 C. G6 D. F6

71. 在 Excel 中如果 A1:A5 包含数字 16 和 4，则 MAX(A1:A5,18)=（ ）。

A. 18 B. 6 C. 16 D. 4

72. 公式中左右小圆括号的对数超过一对时，Excel 将自动按照（ ）的顺序进行计算。

A. 从上向下 B. 从下向上 C. 从内向外 D. 从外向内

73. （ ）用于判断"1ogical_test"的内容是否为真，如果为真则返回"value_if_true"，如果为假则返为"value_if_false"的内容。

A. MID B. LEFT C. IF D. LOOPUP

74. 在 Excel 中，A2 单元格内输入"=SUM（B3:C5，E7:G9）"后按 Enter 键，则 A2 最多存放（ ）个单元格内容的和。

A. 42 B. 6 C. 9 D. 15

75. 在对成绩表进行排序时，经常还会需要计算学生单科成绩的排名，这里可以使用（ ）函数。

A. RANK B. INDEX C. COUNTIF D. AVERAGEIF

76. 需要生成图表的数据清单、列表或者数据透视表，选择（ ）菜单中的"图表"菜单，按照相关步骤操作可完成图表的插入。

A. 插入 B. 视图 C. 引用 D. 加载项

77. 在 Excel 中，冻结窗口的条件是（ ）。

A. 新建窗口 B. 打开多个窗口 C. 分割窗口 D. 没有条件

78. 工作簿被保护后所有的操作都不可进行。如果要撤销保护工作簿，按设置保护工作簿的路径选择（ ），输入正确的密码后可撤销保护。

A. 保护数据 B. 工作簿 C. 保护工作簿 D. 数据

79. Excel 工具按钮（ ）。

A. 只有利用鼠标才能使用　　　　　　　B. 利用鼠标和快捷键都能使用

C. 只有利用快捷键才能使用　　　　　　D. 任何时候都能使用

80. 下列函数中主要利用年限总和法计提折旧的是（　　）。

A. DDB　　　　　　B. SLN　　　　　　C. INDEX　　　　　D. SYD

二、多项选择题

1. 编辑区可以用来显示（　　）。

A. 当前单元格的名字　　　　　　　　　B. 当前单元格的内容

C. 本次输入的数据　　　　　　　　　　D. 本次输入的公式

2. 下列属于数据透视表的值的汇总依据有（　　）。

A. 方差　　　　　　B. 乘积　　　　　　C. 计数　　　　　D. 平均值

3. 如果记录单中某个字段不能修改，有关原因下列说法不正确的有（　　）。

A. 该字段中的内容是一个公式　　　　　B. 该字段中的内容的格式不对

C. 该字段中的内容是错误的　　　　　　D. 该字段中的单元格设置为隐藏

4. 属于基本财务函数的有（　　）。

A. SLN　　　　　　B. DDB　　　　　　C. SYD　　　　　D. LOOKUP

5. Excel 2003 中，每张工作表由（　　）行和（　　）列组成。

A. 65536　　　　　B. 1048576　　　　C. 16384　　　　D. 256

6. 求工作表中 A1 到 A6 单元格中数据的和可用（　　）公式。

A. SUM（A1:A6）　　　　　　　　　　B. SUM（A1,A6）

C. A1+A2+A3+A4+A5+A6　　　　　　　D. SUM（A1,A2,A3,A4,A5,A6）

7. 关于单元格的引用类型，正确的有（　　）。

A. 可以采用相对引用方式

B. 可以采用绝对引用方式

C. 一张工作表中只能采用相对引用或绝对引用其中一种引用方式

D. 可以采用混合引用方式

8. Excel 中的算术运算符有（　　）。

A. *　　　　　　　B. /　　　　　　　C. ^　　　　　　D. &

9. 当单元格右下角出现黑色十字形的填充柄时，可以填充（　　）。

A. 相同的数据　　　　　　　　　　　　B. 具有一定规律的数据

C. 可以指定填充序列的类型　　　　　　D. 可以向上、下、左、右四个方向填充

10. Excel 电子表格内容的修改包括（　　）。

A. 修改单元格内容

B. 增删单元格和行列

C. 调整单元格和行列的顺序

D. 增删工作表和调整工作表顺序

11. 下面重命名工作表的操作正确的有（　　）。

A. 单击工作表标签，然后输入新名称

B. 右键单击工作表标签，选取快捷菜单中的"重命名"命令，然后输入新名称

C. 选取"格式"菜单"工作表"命令，再选取"重命名"子命令，然后输入新名称

D．双击工作表标签，然后输入新名称

12．下列关于单元格的说法中，正确的有（　　）。

　　A．在由多个连续的单元格组成的单元格区域中，所有单元格均为活动单元格

　　B．所有活动单元格的名称都应显示在名称框中

　　C．当前的单元格不一定是活动单元格

　　D．活动单元格、当前单元格和当前活动单元格以外的单元格，均被称为未被激活的非活动单元格

13．Excel 中，选取大范围区域，先单击区域左上角的单元格，将鼠标指针移到区域的右下角，然后（　　）。

　　A．按 Shift 键，同时单击对角单元格

　　B．按 Shift 键，同时用方向键拉伸欲选区域

　　C．按 Ctrl 键，同时单击单元格

　　D．按 Ctrl 键，同时双击对角单元格

14．下列属于电子表格软件主要功能的有（　　）。

　　A．建立工作簿　　　　　　　　　　　B．管理数据

　　C．实现数据网上共享　　　　　　　　D．制作图表

15．可以根据下列（　　）生成需要的图表。

　　A．数据清单　　　　B．列表　　　　C．数据透视表　　　　D．记录单

16．下列（　　）属于 Excel 2003 软件的用户界面的组成部分。

　　A．标题栏　　　　B．菜单栏　　　　C．工具栏　　　　D．编辑区

17．下列（　　）方法可以退出 Excel 软件。

　　A．单击标题栏最右边的关闭按钮

　　B．右键单击任务栏中的 Excel 图标，选择关闭窗口或关闭所有窗口命令

　　C．通过快捷键 Alt+F4

　　D．通过快捷键 Ctrl+F4

18．数据的高级筛选中（　　）。

　　A．同一行表示"或"的关系　　　　　　B．不同行表示"或"的关系

　　C．同一行表示"与"的关系　　　　　　D．不同行表示"与"的关系

19．下列关于保护工作簿的说法中，正确的有（　　）。

　　A．工作簿被保护后所有的操作都不可进行

　　B．工作簿被保护后部分的操作不能进行

　　C．按设置保护工作簿的路径选择"保护工作簿"，输入正确的密码后可撤销保护

　　D．经过保护的工作簿不能撤销

20．下列对 Excel 的引用类型说法正确的有（　　）。

　　A．引用类型包括相对引用、绝对引用和直接引用

　　B．单元格绝对引用的表示符号是$

　　C．Excel 默认使用的单元格引用是相对引用

　　D．输入完单元格地址后，重复按 F4 键可选择合适的引用类型

21．在 Excel 2003 中进行图表的格式修饰，下面的方法正确的有（　　）。

　　A．在格式菜单中选择相应的图表元素命令，在弹出的格式对话框中进行格式设置

　　B．双击图表中的图表元素，在显示出来的格式对话框中进行格式设置

C. 在打开的图表工具栏中，选取相应的图表元素，单击图表工具栏中的格式化工具按钮，进行格式设置

D. 将鼠标指针指向要格式化的图表元素，单击鼠标右键，在弹出的快捷菜单选取格式化命令，在弹出的格式对话框中进行格式设置

22. Excel 软件的启动方法包括（　　）。

A. 通过"开始"菜单中的 Excel 快捷命令启动

B. 通过桌面或任务栏中的快捷方式启动

C. 通过"运行"对话框启动

D. 通过打开现成的 Excel 文件启动

23. 为了建立数据透视表，可以采用（　　）。

A. Excel 2003 中，选取数据菜单中的数据透视表和数据透视图

B. Excel 2003 中，选取插入菜单中的数据透视表命令

C. Excel 2013 中，选取数据功能区的数据透视表和数据透视图

D. Excel 2013 中，选取插入功能区的数据透视表

24. Excel 的数据类型包括（　　）。

A. 数值型数据　　B. 字符型数据　　C. 逻辑型数据　　D. 日期型数据

25. 下列属于数据透视表构成要素的有（　　）。

A. 页字段　　B. 行字段　　C. 列字段　　D. 数据项

26. 计算固定资产折旧的函数有（　　）。

A. SLN　　B. DDB　　C. LEN　　D. SYD

27. 在对数据清单的数据进行排序时，可以按照以下顺序进行（　　）。

A. 按关键字升序　　B. 按关键字降序

C. 按自定义序列排序　　D. 相同主关键字时选择次关键字

28. 在 Excel 中，不能将字符型的值进行连接的字符运算符有（　　）。

A. #　　B. ?　　C. $　　D. &

29. 在 Excel 单元格中，直接输入"1/4"，则单元格不显示的是（　　）。

A. 0.25　　B. 1/4　　C. 1月4日　　D. 25%

30. Excel 数据清单的筛选可以通过（　　）形式实现。

A. 快速筛选　　B. 高级筛选　　C. 自定义排序　　D. 查找

31. 在 Excel 中，公式 SUM(B1:B4)等价于（　　）。

A. SUM(A1:B4 B1:C4)　　B. SUM(B1+B4)

C. SUM(B1+B2，B3+B4)　　D. SUM(B1，B2，B3，B4)

32. 在 Excel 中，修改工作表的名字可以从（　　）工作表标签开始。

A. 用鼠标左键单击　　B. 用鼠标右键单击

C. 用鼠标左键双击　　D. 按住 Ctrl 键的同时用鼠标左键单击

33. 利用记录单可以完成对数据的（　　）。

A. 添加　　B. 删除　　C. 查找　　D. 排序

34. 数据清单与工作表相比，具有以下特征（　　）。

A. 第一行是字段名　　B. 每列数据具有相同的性质

C. 不存在全空的列　　D. 不存在全空的行

35. 在 Excel 中，修改工作表名字的操作不可以通过（   ）工作表标签中相应工作表名实现。

　　A. 用鼠标左键单击　　　　　　　　　　B. 用鼠标右键单击

　　C. 按住 Ctrl 键的同时用鼠标左键单击　　D. 按住 Shift 的同时用鼠标左键单击

36. 通过数据透视表，可以完成数据清单的（   ）。

　　A. 求和　　　　　　B. 查找　　　　　　C. 汇总　　　　　　D. 筛选

37. Excel 的数据有（   ）等多种类型。

　　A. 字符型　　　　　B. 数值型　　　　　C. 日期型　　　　　D. 备注型

38. Excel 中对数据的保护，体现在（   ）的保护。

　　A. 工作簿　　　　　B. 工作表　　　　　C. 单元格　　　　　D. 工作组

39. 在 Excel 中，下列等式能够得到正确结果的有（   ）。

　　A. =4+7　　　　　　　　　　　　　　　B. =B3*800- SUM(D2:D8)

　　C. = SUM(B6+C9)　　　　　　　　　　　D. ="C5+C8"+"E8- E10"

40. 在 Excel 中，可利用（   ）方法进行求和运算。

　　A. 利用函数进行求和

　　B. 利用和运算进行求和

　　C. 利用常用工具栏中的"自动求和"按钮进行求和操作

　　D. 利用编辑菜单中的"求和"公式求和操作

41. 下列函数中，属于统计函数的是（   ）。

　　A. MAX　　　　　　B. SUM　　　　　　C. COUNT　　　　　D. MATCH

42. 下列快捷键使用正确的有（   ）。

　　A. 复制：Ctrl+X　　B. 粘贴：Ctrl+V　　C. 查找：Ctrl+F　　D. 替换：Ctrl+H

43. 在 Excel 中，修改工作表名字的操作可以从（   ）工作表标签开始。

　　A. 用鼠标右键双击　　　　　　　　　　B. 用鼠标右键单击

　　C. 用鼠标左键双击　　　　　　　　　　D. 按住 Ctrl 键的同时用鼠标左键单击

44. Excel 提供了（   ）等 14 类 100 多种基本图表。

　　A. 柱形图　　　　　B. 条形图　　　　　C. 气泡图　　　　　D. 三维图

45. 关于分类汇总，叙述正确的是（   ）。

　　A. 分类汇总前首先应按分类字段的值进行排序

　　B. 分类汇总只能按一个字段分类

　　C. 只能对数值型字段分类

　　D. 汇总方式只能求和

46. 在 Excel 编辑栏中输入所需的数字后，按（   ）键，不能实现当前所有活动单元格内填充相同内容。

　　A. Alt+Enter　　　　B. Del+Enter　　　　C. Shift+Enter　　　D. Ctrl+Enter

47. 某单元格的内容需要复制到其他单元格时，通常可点击该单元格右下角的填充柄，鼠标箭头随之变为黑十字形，按住鼠标左键向（   ）方向拖动，然后松开鼠标左键，该单元格的内容即被填充到相关单元格。

　　A. 上　　　　　　　B. 下　　　　　　　C. 左　　　　　　　D. 右

48. Excel 中查找的内容包括（   ）。

　　A. 公式　　　　　　B. 文本　　　　　　C. 批注　　　　　　D. 字符

49．在单元格中输入数据或公式的方法有很多种，可以直接单击单元格，并输入数据，然后按下（　　）确定输入。

    A．Enter 键　　　　　　B．Tab 键　　　　　　C．单击其他单元格　D．Ctrl 键

50．在单张工作表的多个单元格中快速录入完全相同的数据的步骤为（　　）。

    A．选定单元格区域

    B．在当前活动单元格或对应的编辑栏中录入所需的数字或文本

    C．通过组合键 Ctrl＋Enter 确认录入的内容

    D．通过组合键 Ctrl＋F4 确认录入的内容

51．如果有两个排序关键字，则对它们的关系说法错误的有（　　）。

    A．先按主关键字排序，再自动按次序关键字排序

    B．按主关键字排序，次关键字无效

    C．次关键字字段按次关键字排序，其他字段按主关键字排序

    D．先按主关键字排序，当主关键字的值相同时再按次关键字排序

52．不属于日期与时间函数的有（　　）。

    A．YEAR　　　　　　B．MONTH　　　　　　C．SLN　　　　　　D．DDB

53．关于构建数据清单的要求，下列表述中正确的有（　　）。

    A．列标志应位于数据清单的第一行

    B．尽量在一张工作表上建立一个数据清单

    C．可以在数据清单中间放置空白的行或列

    D．同一列中各行数据项的类型和格式应当完全相同

54．关于数据透视表的更新，下面说法中不正确的是（　　）。

    A．数据透视表会自动更新

    B．可选取"数据透视表工具"中的"刷新"按钮

    C．可选取"数据透视表工具"中的"更改数据源"按钮

    D．右击数据透视表选择快捷菜单中的"刷新"按钮

55．工作表区是 Excel 文件用于存储和处理数据的专门区域，由（　　）要素组成。

    A．工作表　　　　　　B．工作表标签　　　　C．滚动条　　　　　D．列、行

56．在 Excel 工作表中，可以使用的数据格式有（　　）。

    A．文本　　　　　　　B．数值　　　　　　　C．日期　　　　　　D．图形

57．下列有关图表各组成部分说法正确的是（　　）。

    A．数据标志是指明图表中的条形、面积、圆点、扇区或其他类似符号，来源于工作表单元格的单

       一数据点或数值

    B．根据不同的图表类型，数据标记可以表示数值、数据系列名称、百分比等

    C．数据系列也称分类，是图表上的一组相关数据点，取自工作表的一列或一行

    D．绘图区在二维图表中，是以坐标轴为界的区域（不包括全部数据系列）

58．有关表格排序的说法不正确是（　　）。

    A．只有数字类型可以作为排序的依据

    B．只有日期类型可以作为排序的依据

    C．笔画和拼音不能作为排序的依据

    D．排序规则有升序和降序

59. 下列有关 Excel 中的用户自定义排序次序说法正确的是（　　）。

    A. 用户可以依自己意愿输入要定义项的次序

    B. 用户只能对部分文本进行自定义排序

    C. 用户只是在"排序选项"对话框中的"自定义排序次序"下拉列表中选定要定义项的排序次序选项，并非完全用户自定义

    D. 用户可以对阿拉伯数字（1,2,3…）进行自定义排序

60. 以下关于 Excel 的说法中不正确的是（　　）。

    A. 在 Excel 中，对单元格内数据进行格式设置，必须要选定该单元格

    B. 在 Excel 的数据清单中，既可以在数据清单中输入数据，也可以在"记录单"中进行

    C. 在 Excel 中，分割成两个窗口就是把文本分成两块后分别在两个窗口中显示

    D. 删除当前工作表的某列只要选定该列，按键盘中的 Delete 键

61. 以下关于 Excel 的说法正确的是（　　）。

    A. 用 Excel 的数据清单查找记录，需在"记录单"对话框中单击"条件"按钮，在"条件"对话框中设定查找条件，条件设定后，不会自动撤销。要撤销已设定的条件，需利用"条件"对话框来清除

    B. 在对 Excel 中数据清单中的记录进行排序操作时，只能进行升序操作

    C. 在对 Excel 中数据清单中的记录进行排序操作时，若不选择排序数据区，则不进行排序操作

    D. 在对 Excel 中数据清单中的记录进行排序操作时，若不选择排序数据区，则系统自动对该清单中的所有记录进行排序操作

62. 以下关于 Excel 的说法不正确的是（　　）。

    A. 在 Excel 中提供了对数据清单中的记录"筛选"的功能，所谓"筛选"是指经筛选后的数据清单仅包含满足条件的记录，其他的记录都被删除了

    B. Excel 中分类汇总后的数据清单不能再恢复原工作表的记录

    C. Excel 的工具栏包括标准工具栏和格式工具栏，其中标准工具栏在屏幕上是显示的，但不可隐藏；而格式工具栏既可以显示也可以隐藏

    D. 利用 Excel 工作表的数据建立图表，无论是内嵌式图表还是独立式图表，都被单独保存在另一张工作表中

63. 在 Excel 电子表格中，可以进行计算的是（　　）。

    A. 数值　　　　　　　B. 文本　　　　　　　C. 分式　　　　　　　D. 日期

64. 有关 Excel 对区域名字的论述中，错误的是（　　）。

    A. 同一个区域可以有几个区域名

    B. 一个区域只能对应一个区域名

    C. 区域名字可与单元格地址相同

    D. 同一工作簿中不同工作表中的区域可有相同的名字

65. Excel 2003 中可以选择一定的数据区域建立图表。当该数据区域的数据发生变化时，下列叙述错误的是（　　）。

    A. 图表需重新生成才能随之改变

    B. 图表将自动相应改变

    C. 可以通过单击"视图"菜单中的"刷新"命令使图表发生改变

    D. 系统将给出错误提示

66. 在 Excel 2003 中，当输入的数字的长度超过单元格列宽时，该数字将会（　　）。

    A. 跨列显示
               B. 显示##

    C. 以科学计数法形式显示
      D. 靠右对齐显示

67. Excel 2003 中的数据库管理功能是（　　）。

    A. 过滤数据
    B. 排序数据
    C. 汇总数据
    D. 计算数据

68. 在 Excel 2003 中，关于位于同一工作簿中的各工作表的说法错误的是（　　）。

    A. 不能有关联
           B. 不同工作表中的数据可以相互引用

    C. 可以重名
           D. 相互支持

69. 在 Excel 2003 中，下列公式正确的是（　　）。

    A. =C1*D1
           B. A5=C1/D1

    C. =C1"OR"D1
       D. =OR（C1，D1）

70. 在 Excel 2003 工作表中，下列错误的 Excel 公式形式为（　　）。

    A. =B3*Sheet3!A2
       B. =B3*Sheet3$A2

    C. "=B3""Sheet3:A2"
     D. =B3*Sheet3%A2

71. Excel 2003 图表的类型有多种，折线图不适合反映（　　）。

    A. 各数据之间量与量的大小差异

    B. 各数据之间量的变化快慢

    C. 单个数据在所有数据构成的总和中所占比例

    D. 数据之间的对应关系

72. 在 Excel 2003 中，数据清单中的列标记不被当作数据库的（　　）。

    A. 字数
    B. 字段名
    C. 数据类型
    D. 记录

73. 下列关于 Excel 2003 工作表的描述中，正确的是（　　）。

    A. 在 Excel 中，当某单元格中的数据被显示为充满整个单元的一串"#"时，说明数字有问题

    B. 设区域 B1:B6 的单元格中均已有数据，A1、A2 单元格中的数据分别为 3 和 6，若选定 A1:A2 区域并双击填充柄，则 A3:A6 区域中的数据序列为 9、12、15、18

    C. 用 Excel 制作图表时一旦图表制作完成，其数据区域就不可更改

    D. 在 Excel 中若输入数据时键入前导符"="表示要输入公式

74. 下列 Excel 2003 工作表的描述中，正确的是（　　）。

    A. 在 Excel 中，默认的单元格宽度是"8"个字符宽

    B. 在 Excel 使用数据分类汇总命令时必须先对数据清单进行排序

    C. Excel 在排序时，若将三个以上字段进行排序，其原则是先排重要的序列，最后再排最不重要的三个字段

    D. 在 Excel 里对于日期和时间的排序，要先把日期和时间以数字的形式进行排序，然后再转换为文字形式表示

75. 下列 Excel 2003 工作表的描述中，不正确的是（　　）。

    A. Excel 为制作出美观的报表，需要对报表进行格式化，可以使用快捷方法，即自动套用 Excel 预设的表格样式

    B. Excel 在输入数字前加一个逗号","可以强制地将数字作为文本输入

    C. 在 Excel 中，在 A2 和 B2 单元格中分别输入数值 7 和 6.3，在将鼠标指针放在该区域右下角的添充柄上，拖拽至 E2，则 E2 单元格的值为（3.5）

D. 在 Excel 中，各种运算符号的优先级由高到低算术运算符、比较运算符和文本运算符

76. 下列说法中不正确的是（　　）。

A. 清除单元格是指清除该单元格

B. 单元格与单元格内的数据是相互独立的

C. 如果没有设置数字格式，则数据以通用格式存储，数值以最大精确度显示

D. 电子表格软件是对二维表格进行处理并可制作成报表的应用软件

77. 下列说法中正确的是（　　）。

A. Excel 中的公式输入到单元格中后，单元格中会显示出计算的结果

B. 在 Excel 表格中，在对数据清单分类汇总前，必须做的操作是排序

C. 在 Excel 工作表中，若在单元格 C1 中存储公式 A$4，则将其复制到 H3 单元格后，该公式仍为 A$4

D. 在一个 Excel 单元格中输入"=AVERAGE(B1:B3)"，则该单元格显示的结果必须是（B1+B2+B3）/3 的值

78. 对于 Excel 2003 工作簿的说法正确的是（　　）。

A. 如果要修改计算的顺序，则把公式中需首先计算的部分括在方括号内

B. 比较运算符可以比较两个数值并产生逻辑值 TRUE 或 FALSE

C. 可同时将数据输入到多张工作表中

D. 选取不连续的单元格时，需要用 Alt 键配合

79. 下列操作项目中可以实现数据求和功能的有（　　）。

A. 合并计算　　　　　　B. 分类汇总　　　　　　C. 数据透视表　　　　　　D. 分列

三、判断题

1. Excel 中分类汇总后的数据清单不能再恢复原工作表的记录。（　　）

2. 对汉字的排序只能使用"笔画顺序"。（　　）

3. 数据清单又称数据记录单，是快速添加、查找、修改或删除数据清单中相关记录的对话框。（　　）

4. 数据清单中的每一列的数据属性可以不同。（　　）

5. 在 Excel 中，计算工作表 C2～C5 数值的平均数，使用的函数是 SUM(C2:C5)。（　　）

6. 函数其实是一些有预定定义的公式，它们使用一些称为参数的特定数值按特定的顺序或结构进行计算。（　　）

7. 如果公式使用的是相对引用，则公式记忆的是源数据所在单元格引用源数据的单元格的绝对位置。（　　）

8. 跨工作表单元格引用时，必须加上工作表名和"!"号。（　　）

9. 如果要使复制公式时数据源的位置不发生改变，则应当使用相对引用。（　　）

10. Excel 中，乘方"^"的运算级次优先于乘"×"。（　　）

11. 在不同工作表中不能同时录入完全相同的数据。（　　）

12. Excel 中，若在某单元格内输入 5 除以 7 的计算结果，可输入 5/7。（　　）

13. 对于设置权限密码的 Excel 文件，如果输入的密码不正确，输入 10 次以上文件会自动打开。（　　）

14. 在编辑状态下，按"Backspace"键可以逐一删除光标后面的字符。（　　）

15. 在 Excel 中，可以通过快捷键 Ctrl+O 打开文件。（　　）

16. 在 Excel 2003 中，每张工作表包含 256 列，65536 行。（　　）

17．Excel 2007 中，每张工作表由 1048576 行和 16384 列组成。（   ）

18．Excel 中函数 AVERAGE（范围）的功能是求范围内所有数字的平均值。（   ）

19．锁定单元格可以使单元格的内容不能被修改，使用"锁定单元格"功能必须启用保护工作表的功能。
（   ）

20．在 Excel 中，用鼠标单击某单元格，则该单元格变为活动单元格。（   ）

21．在 Excel 中，同一工作簿内的不同工作表，可以有相同的名称。（   ）

22．保护工作簿是对工作簿的结构和窗口进行保护。（   ）

23．Excel 2007（或 Excel 2013）中，图表制作完成后，其图表类型可以随意更改。（   ）

24．Excel 可以将已输入的数据移动到其他位置，如果被移动的单元格中存放着公式，则移动完成后，公式中含有的单元地址不发生变化，公式的计算结果也不变。（   ）

25．复制单元格时，同时复制单元格的格式。（   ）

26．Excel 2003 中，在图表上单击要删除的数据系列，选择"编辑"菜单的"清除"命令的"系列"子命令可以删除图表中的数据系列。（   ）

27．对于设置了修改权限密码的 Excel 文件，只有输入正确的密码才能修改，否则不能打开，也不能修改。（   ）

28．任务窗口打开和关闭的快捷键为 Ctrl+F。（   ）

29．只能从任务栏上启动 Excel 程序。（   ）

30．在单元格显示运行结果时，选中单元格，按 Ctrl+可切换为显示公式内容。（   ）

31．MATCH 属于查找与引用函数。（   ）

32．图表制作完成后，其图表类型可以随意更改。（   ）

33．Excel 中筛选只显示符合某些条件的记录，并不改变记录。（   ）

34．在打开的 Excel 文件中，所有单元格默认处于就绪状态，可通过功能键 F2 切换当前单元格的状态。
（   ）

35．每次启动 Excel 2003 时，系统将自动建立第一个新工作簿，文件名为 Book1.xls。（   ）

36．查看公式中某一步的运算结果后，将数值结果恢复为公式时需要按击快捷键 Ctrl+。（   ）

37．如果公式中使用了相对引用的单元格，当公式被复制到同一工作表的其他位置时，公式的值不变。
（   ）

38．数据的分类汇总之前，必须要按分类的依据进行排序。（   ）

39．保护工作簿必须启用保护工作表功能。（.   ）

40．输入真分数时，需在数字前加 0 和空格，否则会被当成日期类型。（   ）

41．活动单元格不一定是当前单元格。（   ）

42．如果要对数据清单进行分类汇总，必须对要分类汇总的字段排序，从而使相同的记录集中在一起。
（   ）

43．对 Excel 中数据清单中的记录进行排序操作时，只能进行升序操作。（   ）

44．用户可以根据 Excel 自带的宏语言，自行编写和开发满足自身管理需要的应用系统，有效运用和扩大 Excel 的功能。（   ）

45．通过 Excel，用户可以创建超级链接，获取局域网或互联网上的共享数据，也可以将自己的工作簿设置成共享文件，保存在互联网的共享网站中。（   ）

46．每个工作簿含有工作表的张数不受计算机内存的限制。（   ）

47．单击分类汇总工作表窗口左边的分级显示区中的按钮"1"，实现的功能是显示列表中所有的详细数据。（　　）

48．在 Excel 中输入 1/3，定位光标后直接输入就可以了。（　　）

49．如果 Excel 软件退出前有编辑的内容未被保存，软件将自动将其保存。（　　）

50．单元格的数据格式一旦选定后，不可以再改变。（　　）

51．通过快捷键 Ctrl＋F4 或 Ctrl+W 可以关闭 Excel 文件。（　　）

52．功能区是由一系列在功能上具有较强相关性的组和命令所形成的区域，优势在于便于在同一位置查找和调用功能相关的命令。（　　）

53．在打开的 Excel 文件中，所有单元格默认处于输入状态。（　　）

54．在 Excel 2013 中，用户可以自定义快速访问工具栏。（　　）

55．Excel 软件各种版本的默认用户界面都是相同的。（　　）

56．对于选定的区域，若要一次性输入同样的数据或公式，可在该区域输入数据公式，按 Ctrl+Enter 组合键即可完成操作。（　　）

57．Excel 软件根据原文件自动创建备份文件的名称为原文件名后加上"备份"字样，图标与原文件相同。（　　）

58．Lotus Notes 软件同时可用于 iPad 等手持设备。（　　）

59．Excel 中的密码保护中，密码不区分大小写。（　　）

60．图表只能和数据源放在同一个工作表中。（　　）

61．退出 Excel 可使用 Alt+F4 组合键。（　　）

62．在 Excel 中，函数包括"="、函数名和变量。（　　）

63．一个 Excel 文件就是一个工作簿，工作簿由一张或多张工作表组成，工作表又包含单元格，一个单元格中只有一个数据。（　　）

64．$B4 中为"50"，C4 中为"=$B4"，D4 中为"=B4"，C4 和 D4 中数据没有区别。（　　）

65．通过记录单删除的记录可以被恢复。（　　）

66．在某个单元格中输入公式"=SUM($A$1:$A$10)"或"=SUM(A1:A10)"，最后计算出的值是一样的。（　　）

67．在 Excel 中，当在某单元格输入公式后，显示的是公式的计算结果。（　　）

68．锁定单元格可以使单元格的内容能被修改，使用"锁定单元格"功能必须启用保护工作表功能。（　　）

69．在 Excel 文档中，使用"复制"和"粘贴"命令时，只能在同一个文档中，选定对象进行移动和复制粘贴。（　　）

70．数据透视表不仅能够按照改变后的版面布局自动重新计算数据，而且能够根据更改后的原始数据或数据源来刷新计算结果。（　　）

71．数据的备份和恢复，在计算机故障或者由于强行关机及其他原因引起内存和外存会计数据被破坏的情况下，能够利用现有数据恢复到最近状态的功能。（　　）

72．通过筛选工作表中的信息，用户可以快速查找数值。用户可以利用筛选功能控制需要显示的内容，但是不能控制需要排除的内容。（　　）

73．"记录单"对话框打开后，只能通过"记录单"对话框来输入、查询、核对、修改或删除数据清单中的相关数据，也可以直接在工作表的数据清单中进行相应的操作。（　　）

74．图表不仅可以根据需要分别输入标题和各轴所代表的数据含义，而且可以适当调整大小及其位置。（　　）

75．在 Excel 中，自动筛选的条件只有一个，高级筛选的条件有多个。（   ）

四、Excel 操作题

1．打开 C：\EXCEL\TEXT1.XLS 工作簿文件。（附 TEXT1.XLS 图）

要求：（1）在工作表"原始表"中计算：实发工资、总计和平均值（其中：实发工资=（基本工资+职务工资＋加班工资-扣除）。

（2）插入工作表 "SHEET1"，复制工作表"原始表"，在实发工资前插入一列，取名为"补贴"，补贴为基本工资的 15%，计算实发工资（其中：实发工资=（基本工资＋职务工资＋加班工资-扣除＋补贴）。

（3）在工作表"SHEET1"中按"扣除"递减排序。

（4）在工作表"SHEET1"中筛选出"加班工资"在 80～120 元的记录，将筛选结果复制到表下方。

序号	工号	姓名	性别	出生日期	职务	基本工资	职务工资	加班工资	扣除	实发工资
1	GH402	沈小鹏	男	1954-9-1	科长	450.00	270.50	53.50	20.50	
2	GH403	张东生	男	1953-4-25	科长	450.00	270.50	79.00	30.50	
3	GH404	周吉	女	1954-12-24	副科长	450.00	156.00	157.50	36.50	
4	GH405	李前奏	男	1972-8-20	科员	340.45	120.00	106.00	21.00	
5	GH406	李洁	女	1970-10-24	科员	430.00	152.50	35.50	6.80	
6	GH407	钟丽华	女	1970-8-12	科长	420.00	200.25	127.00	78.00	
7	GH408	朱小庆	男	1970-6-21	副科长	400.25	156.00	39.00	25.00	
8	GH409	吴小宁	女	1970-9-14	科员	390.50	120.00	0.00	5.50	
9	GH410	王一民	男	1970-6-22	科员	330.50	130.50	35.00	53.50	
10	GH411	肖鹏举	男	1969-5-30	副科长	450.00	152.50	120.50	65.00	
11	GH412	王力力	女	1970-9-14	科员	430.00	120.00	95.00	34.00	
12	GH413	沈春梅	女	1956-8-31	科员	420.00	156.00	45.00	36.00	
13	GH414	吴宁生	男	1953-4-25	科长	400.25	200.25	150.00	33.50	
14	GH415	施小东	男	1954-1-20	副科长	390.50	152.50	90.50	54.00	
15	GH416	吕珠梅	女	1968-5-25	科员	330.50	120.00	200.00	45.00	
总计										
平均										

2．打开 C：\EXCEL\TEXT2.XLS 工作簿文件。（附 TEXT2.XLS 图）

要求：（1）将所有性别为 E 的改为男，性别为 F 的改为女。

（2）筛选出 1970 年后(含 1970 年)出生的男性和 1970 年出生的女性。

（3）按性别升序、基本工资降序排序，再按性别进行分类汇总，汇总实发工资总额。汇总结果放在数据下方。

基建处全体人员七月份工资汇总表

序号	工号	姓名	性别	出生日期	职务	基本工资	职务工资	加班工资	扣除	实发工资
1	GH402	沈小鹏	男	1954-9-1	科长	450.00	270.50	53.50	20.50	753.5
2	GH403	张东生	男	1953-4-25	科长	450.00	270.50	79.00	30.50	769.0
3	GH404	周吉	女	1954-12-24	副科长	450.00	156.00	157.50	36.50	727.0
4	GH405	李前奏	男	1972-8-20	科员	340.45	120.00	106.00	21.00	545.5
5	GH406	李洁	女	1970-10-24	科员	430.00	152.50	35.50	6.80	611.2
6	GH407	钟丽华	女	1970-8-12	科长	420.00	200.25	127.00	78.00	669.3
7	GH408	朱小庆	男	1970-6-21	副科长	400.25	156.00	39.00	25.00	570.3
8	GH409	吴小宁	男	1970-9-14	科员	390.50	130.50	0.00	5.50	505.0
9	GH410	王一民	男	1970-6-22	科员	330.50	130.50	35.00	53.50	442.5
10	GH411	肖鹏举	男	1969-5-30	副科长	450.00	152.50	120.50	65.00	658.0
11	GH412	王力力	女	1970-9-14	科员	430.00	120.00	95.00	34.00	611.0
12	GH413	沈春梅	女	1956-8-31	科员	420.00	156.00	45.00	36.00	585.0
13	GH414	吴宁生	男	1953-4-25	科长	400.25	200.25	150.00	33.50	717.0
14	GH415	施小东	男	1954-1-20	副科长	390.50	152.50	90.00	54.00	579.5
15	GH416	吕珠梅	女	1968-5-25	科员	330.50	120.00	200.00	45.00	605.5

3．打开 C：\EXCEL\TEXT3.XLS 工作簿文件。（附 TEXT3.XLS 图）

要求：（1）新建工作表，表名为"数据透视表"，复制工作表"原始表"。

（2）在工作表"数据透视表"中，统计出不同职务、不同性别员工的基本工资平均值。

（3）不同职务改为按行显示，性别改为按列显示。

基建处全体人员七月份工资汇总表

序号	工号	姓名	性别	出生日期	职务	基本工资	职务工资	加班工资	扣除	实发工资
1	GH402	沈小鹏	男	1954-9-1	科长	450.00	270.50	53.50	20.50	753.5
2	GH403	张东生	男	1953-4-25	科长	450.00	270.50	79.00	30.50	769.0
3	GH404	周吉	女	1954-12-24	副科长	450.00	156.00	157.50	36.50	727.0
4	GH405	李前奏	男	1972-8-20	科员	340.45	120.00	106.00	21.00	545.5
5	GH406	李洁	女	1970-10-24	科员	430.00	152.50	35.50	6.80	611.2
6	GH407	钟丽华	女	1970-8-12	科长	420.00	200.25	127.00	78.00	669.3
7	GH408	朱小庆	男	1970-6-21	副科长	400.25	156.00	39.00	25.00	570.3
8	GH409	吴小宁	男	1970-9-14	科员	390.50	130.50	0.00	5.50	505.0
9	GH410	王一民	男	1970-6-22	科员	330.50	130.50	35.00	53.50	442.5
10	GH411	肖鹏举	男	1969-5-30	副科长	450.00	152.50	120.50	65.00	658.0
11	GH412	王力力	女	1970-9-14	科员	430.00	120.00	95.00	34.00	611.0
12	GH413	沈春梅	女	1956-8-31	科员	420.00	156.00	45.00	36.00	585.0
13	GH414	吴宁生	男	1953-4-25	科长	400.25	200.25	150.00	33.50	717.0
14	GH415	施小东	男	1954-1-20	副科长	390.50	152.50	90.00	54.00	579.5
15	GH416	吕珠梅	女	1968-5-25	科员	330.50	120.00	200.00	45.00	605.5

4．打开 C：\EXCEL\TEXT4.XLS 工作簿文件。（附 TEXT4.XLS 图）

要求：（1）用记录单增加一条记录：

学　号	姓　名	口　语	语　法	听　力	作　文
99010010	李明月	75	88	81	76

（2）用记录单删除一条记录（姓名为"陈玉"）。

（3）分别用函数 SUM、AVERAGE 计算每个学生的总分、平均分。

（4）用 IF 函数统计等级，条件为总分≥300 分为合格，其余为不合格。（若不合格的用红字及删除线标出）

5．打开 C：\EXCEL\TEXT5.XLS 工作簿文件。（附 TEXT5.XLS 图）

要求：（1）复制工作表，表名为"成绩统计表"，按总分从高到低的次序排列，总分相同的按口语成绩、语法成绩和听力成绩依次递减顺序排列。

（2）新建工作表，表名为"筛选1"，复制"成绩统计表"，自动筛选出英语听力成绩大于70且小于80的学生。

（3）新建工作表，表名为"筛选2"，复制"成绩统计表"，筛选出听力成绩大于80分，且总分大于285分，或者听力成绩大于70分，且总分大于300分的学生。

6. 打开 C：\EXCEL\TEXT6.XLS 工作簿文件。（附 TEXT6.XLS 图）

要求：（1）将"地区"一列中"天津"替换为"重庆"。

（2）设置上海地区各名牌空调销售总额的数据透视表，数据透视表起始位置为 F1。

7. 打开 C：\EXCEL\TEXT7.XLS 工作簿文件。（附 TEXT7.XLS 图）

要求：（1）插入工作表"汇总1"，引用工作表"学生期末成绩表"的数据，分别求各门课程男女生的最高分。

（2）插入工作表"汇总2"，引用工作表"加班工资表"的数据，分别求男女职工各季度加班费总和。

（3）插入工作表"汇总3"，引用工作表"销售情况表"的数据，分别求各月音箱和台灯的销售总数和销售总额。

8．打开 C：\EXCEL\TEXT8.XLS 工作簿文件。（附 TEXT8.XLS 图）

要求：（1）插入工作表"透视 1"，引用工作表"学生信息表"的数据，分别统计不同性别、不同出生地学生各门课的最高分，放在 B27 开始的区域。

（2）插入工作表"透视 2"，引用工作表"学生期末成绩表"的数据，分别求各门课程男女生的平均分。

（3）插入工作表"透视 3"，引用工作表"销售情况表"的数据，分别求各地区音箱和台灯的销售总数和销售总额。

（4）按 Sheet3 的格式引用工作表"透视 3"的数据统计出各地区音箱和台灯的销售总额，将结果放到工作表"透视 4"表中。

9．打开 C：\EXCEL\TEXT9.XLS 工作簿文件。（附 TEXT9.XLS 图）

要求：（1）计算表格中每位同学的"总分"、"平均成绩"。

（2）用 LOOKUP 函数判断成绩等级（总成绩大于等于 200 分为 C，大于等于 300 分为 B，大于等于 400 分为 A，200 以下为 D）。

（3）为了了解学生对会计电算化掌握情况，如果基础会计和计算机两门学科的平均成绩高于所有学生各学科总平均成绩，则在"备注"栏中填入："擅长"；否则填入："不擅长"。

10. 打开 C：\EXCEL\TEXT10.XLS 工作簿文件。（附 TEXT10.XLS 图）

要求：（1）将工作表"Sheet1"命名为"人均外汇储备"。

（2）在工作表"人均外汇储备"的 B 列中，引用工作表"人口"中的数据，利用公式分别计算各年度男女人口之和。

（3）在工作表"人均外汇储备"的 C 列中，引用工作表"储备"中的数据，利用公式分别计算相应年度人均外汇储备，结果显示 2 位小数。（人均外汇储备（美元）=外汇储备（亿美元）× 10000/人口总数（万人））

（4）参考样张，根据工作表"人均外汇储备"2000—2004 年数据，生成一张人均外汇储备"簇状柱形图"，嵌入当前工作表中，分类(X)轴标志为相应年度，图表标题为"近年人均外汇储备"，数值轴标题为"美元"，无图例。

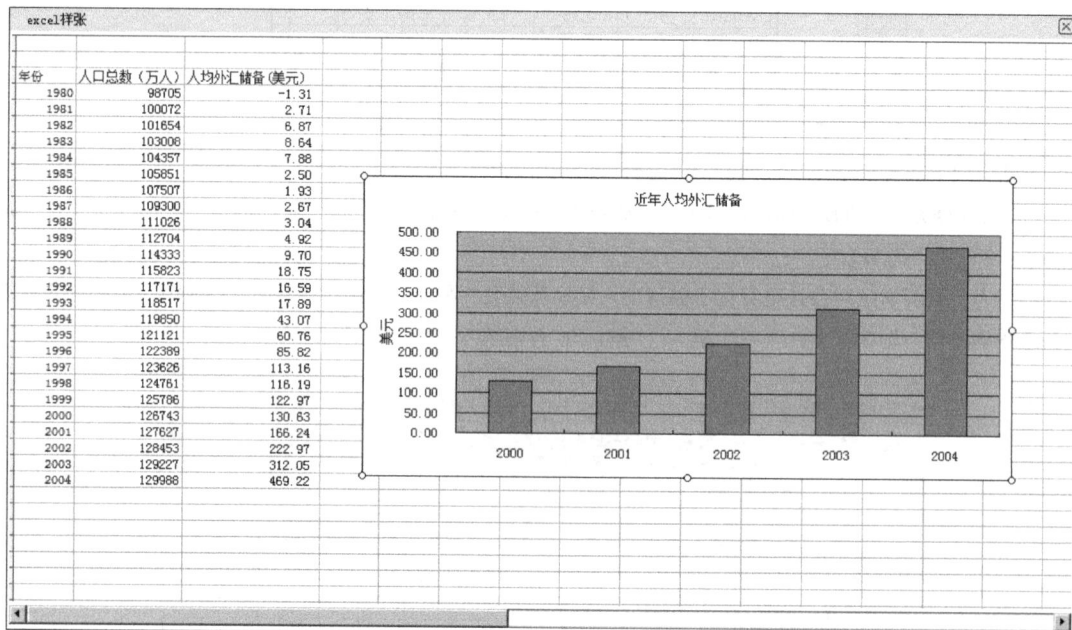

11．打开 C：\EXCEL\TEXT11.XLS 工作簿文件。（附 TEXT11.XLS 图）

要求在附表中用函数统计缺考人数、不合格人数、优秀人数、男生平均分、女生平均分、总分第一名学生姓名。

	A	B	C	D	E	F	G	H	I
	Q28			fx					
1	姓名	性别	会计实务	会计法规	会计电算化		附表：		
2	张元斌	1	52	60	58		缺考人数		
3	齐观铭	1	91	99	90		不合格人数		
4	茹芸	2	84	66	67		优秀人数		
5	陈宇宙	1	60	65	75		男生平均分		
6	李光祖	1	缺考	62	60		女生平均分		
7	任美琴	2	98	77	56		总分第一名姓名		
8	陈国芬	2	86	59	76				
9	许静	2	83	缺考	68				
10	应强国	1	缺考	70	84				
11	周亚军	1	67	79	57				
12	李明	1	60	53	56				
13	张英	2	98	75	76				
14	周明	1	86	76	56				
15	杨瑞	1	83	78	76				
16	胡天	2	缺考	76	68				
17	蔡元	1	90	95	84				

12．打开 C：\EXCEL\TEXT12.XLS 工作簿文件。（附 TEXT12.XLS 图）

要求：（1）将工作表中的数据按"类别"列递增排序。

（2）以"类别"为分类字段，对"点击（每周）"进行平均值分类汇总，汇总结果显示在数据下方。

Microsoft Excel - text12.xls

文件(F) 编辑(E) 视图(V) 插入(I) 格式(O) 工具(T) 数据(D) 窗口(W) 帮助(H)

宋体 ▼ 12 ▼ B I U | 三 三 三 国 | % ， 紐 絽 | 拝 拝 | 田 ▼ ◇ ▼ A ▼

J9 ▼ fx

	A	B	C	D	E
1	排名	站名	类别	点击（每周）	全球排序(Alexa)
2	1	百度搜索	搜索	7 656	4
3	2	腾讯qq	综合	3 281	5
4	3	新浪网	综合	8 581	7
5	4	网易	综合	3 735	10
6	5	搜狐	综合	5 163	11
7	6	淘宝网	商务	1 556	21
8	7	阿里巴巴	商务	1 614	30
9	8	Tom. com	综合	2 422	31
10	9	3721网络实名	搜索	1 445	37
11	10	搜狗网	搜索	2 208	42
12	11	网易126免费电邮	其他	1 144	55
13	12	Chinaren	综合	1 958	60
14	13	中国搜索	搜索	1 506	70
15	14	Ebay中国	商务	1 175	79
16	15	猫扑网	社区	4 381	80
17	16	新华通讯社	传媒	3 695	82
18	17	搜房网	商务	1 270	88
19	18	中国互联网络信息中心	科技	1 208	97

◄ ◄ ► ►◄ \Sheet1/

就绪

13. 打开 C：\EXCEL\TEXT13.XLS 工作簿文件。（附 TEXT13.XLS 图）

要求：（1）筛选出北京地区的销售记录。

（2）在筛选的基础上，对北京的销售记录按商品进行升序排列。

（3）排序后，按商品字段对销售额进行汇总，汇总方式为求和。

	A	B	C	D	E
1	家电销售统计表				
2	地区	商品	品牌	销售额	
3	北京	彩电	TCL	200	
4	北京	彩电	长虹	150	
5	北京	彩电	海尔	250	
6	北京	洗衣机	三洋	50	
7	北京	洗衣机	海尔	80	
8	北京	洗衣机	小鸭	60	
9	北京	空调	海尔	500	
10	北京	空调	科龙	400	
11	北京	空调	长虹	200	
12	天津	空调	TCL	400	
13	天津	彩电	TCL	600	
14	天津	彩电	长虹	500	

14. 打开 C：\EXCEL\TEXT14.XLS 工作簿文件。（附 TEXT14.XLS 图）

要求：（1）用函数计算每个学生的平均分和总分。

（2）第 33 行计算各门课程的平均分，前三门课程用求和函数与记数函数计算，后四门课程用求平均值函数。

（3）评定等级，平均分大于等于 80 分为优秀，大于等于 60 分为合格，其余不合格。

（4）第 34 行统计各门课程得分在 85 分(含 85 分)以上的人数。

（5）第 35 行和第 36 行统计各门课程的最高分和最低分。

	A	B	C	D	E	F	G	H	I	J	K	L	M
1	班级	学号	住宿情况	语文	数学	外语	政治	物理	化学	生物	均分	总分	等级
2	高三	1	走读	63	78	85	78	85	78	65			
3	高三	2	住宿	75	57	75	90	85	68	87			
4	高三	3	走读	78	89	98	86	84	57	82			
5	高三	4	走读	86	73	84	91	81	64	68			
6	高三	5	走读	73	85	85	85	68	84	85			
7	高三	6	走读	90	75	98	75	98	66	81			
8	高三	7	走读	75	85	68	56	86	68	85			
9	高三	8	走读	85	65	89	58	65	65	89			
10	高三	9	住宿	89	95	95	98	98	84	88			
11	高三	10	住宿	92	92	65	87	56	85	98			
12	高三	11	住宿	86	85	58	86	68	75	82			

15．打开 C：\EXCEL\TEXT15.XLS 工作簿文件。（附 TEXT15.XLS 图）

要求：用 INDEX 和 MATCH 函数显示林红的工作部门、住宅电话、办公室电话及手机号码。

	A	B	C	D	E	F	G	H
1			员工通讯录					
2	工作部门	姓名	住宅电话	办公室电话	手机			
3	生产部	李项	010-43588258	010-32525223	13441601216			
4	生产部	罗明	010-87858259	010-35669044	13431000234		员工电话查询	
5	销售部	叶红	010-33882560	010-32529265	13412066347			
6	销售部	林丽丽	010-34348261	010-32529265	13414000460		请输入要查找员工的	
7	客户部	吴大宇	010-87848262	010-32569376	13541007655		姓名： 林红	
8	客户部	陈佳丽	010-87848263	010-32567934	13409995550		工作部门：	
9	市场部	何勇	010-54882564	010-32956550	13340990956		住宅电话：	
10	生产部	张强	010-87882655	010-32569600	13410045608		办公室电话：	
11	市场部	明月	010-87882666	010-32565656	13341000921		手机号码：	
12	销售部	林红	010-33882667	010-32569555	13241001834			
13	客户部	朱小丽	010-34882648	010-32569966	13641564011			
14	生产部	赵军	010-65882569	010-35702076	13540998188			
15	生产部	罗思杰	010-87882770	010-32708154	13340996365			
16	生产部	方世杰	010-44482761	010-35702155	13450994542			
17	生产部	林国栋	010-85882472	010-32573745	15340992719			
18	生产部	陈林	010-34652473	010-32574900	13740990896			

16．打开 C：\EXCEL\TEXT16.XLS 工作簿文件。（附 TEXT16.XLS 图）

要求：（1）在上半年应交税额计算表中，根据税率基准表中税率及上半年应交税额表中销售收入计算使用税率。

（2）计算每月应交税额。

（3）分别计算上半年销售合计及应交税额合计。

	A	B	C	D	E
1		税率基准表			
2	收入下限（元）	收入上限（元）	税率		
3	2000	5000	8.00%		
4	5001	10000	12.00%		
5	10001	20000	16.00%		
6	20001	30000	20.00%		
7	30001	40000	25.00%		
8	40001	50000	30.00%		
9	50001		35.25%		
10		上半年应交税额计算			
11	月份	销售收入（元）	适用税率	应交税额（元）	
12	1月	1952.80			
13	2月	4798.78			
14	3月	9768.00			
15	4月	18688.56			
16	5月	39200.00			
17	6月	58000.00			
18	合计		——		
19					

17. 打开 C：\EXCEL\TEXT17.XLS 工作簿文件，要求按样张用"年数总和法"计算每年的折旧值。

18. 打开 C：\EXCEL\TEXT18.XLS 工作簿文件，要求按样张用"双倍余额递减法"计算每年的折旧值。

19. 打开 C：\EXCEL\TEXT19.XLS 工作簿文件，要求按样张用平均年限法计算每年的年折旧额和月折旧额。

20．打开 C：\EXCEL\TEXT20.XLS 工作簿文件。（附 TEXT20.XLS 图）

要求：（1）在"人员数"工作表 E 列，引用"人口"工作表数据，利用公式分别计算相应年度每千人口医生数。（每千人口医生数（人）=医生（万人）/总人口（万人）× 1000）

（2）在"人员数"工作表 F 列，利用函数分别标注"是"或"否"。(每千人口医生数大于 1.5 人为达标)

（3）在"人员数"工作表中，筛选出"达标"为"是"的记录。

（4)参考样张，根据筛选出的数据生成一张反映达标年份医生人数的"簇状柱形图"，嵌入当前工作表中，分类(X)轴标志为相应年度，图表标题为"达标年份医生人数"，数值轴标题为"万人"，无图例。

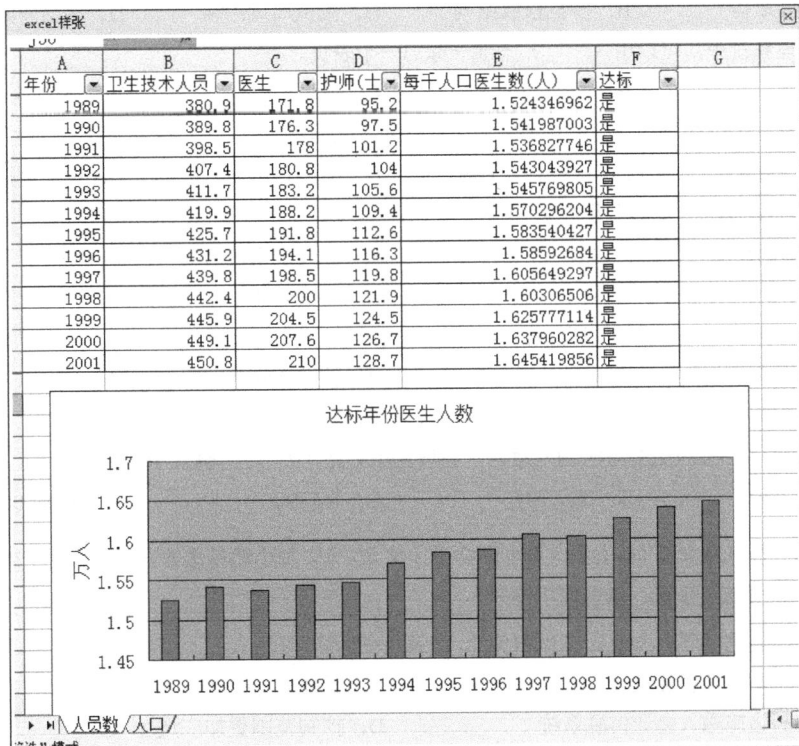

全真模拟试题一

一、**单项选择题**（本大题 10 小题。每小题 1 分，共 10 分。每小题的备选答案中，只有一个符合题意的正确答案，多选、错选、不选均不得分）

1. 购买通用会计软件的缺点主要是（   ）。
   A. 成本高　　　　　B. 见效慢　　　　　C. 维护没有保障　　　D. 软件针对性不强

2. 下列不属于会计电算化特点的是（   ）。
   A. 人机结合　　　　　　　　　　　B. 会计核算自动化、集中化
   C. 会计核算主动性　　　　　　　　D. 数据处理及时准确

3. 下列软件中，（   ）不属于数据库管理系统。
   A. Access　　　　　B. FoxPro　　　　　C. SQL Server　　　D. FTP

4. 下列软件中不属于应用软件的是（   ）。
   A. 字表处理软件　　B. 财务管理软件　　C. 高级语言编译程序　D. 会计软件

5. 使用简单，配置成本低，数据共享程度高，一致性好，但集中输入速度低，不能同时允许多个成员进行操作，不能进行分布式处理的硬件结构是（   ）。
   A. 单机结构　　　　B. 多机松散结构　　C. 微机局域网络　　D. 多用户结构

6. 报表管理系统中，可以用（   ）来唯一标志一个表页。
   A. 单元　　　　　　B. 函数　　　　　　C. 区域　　　　　　D. 关键字

7. 银行对账是指企业的银行存款日记账与（   ）之间的核对。
   A. 银行对账单　　　B. 银行存款总账　　C. 现金日记账　　　D. 现金总账

8. 采用序时控制时，凭证日期（   ）。
   A. 可以超出业务日期　　　　　　　B. 应大于系统启用日期
   C. 应小于系统启用日期　　　　　　D. 不受限制

9. "选择性粘贴"命令，不可以完成的操作是（   ）。
   A. 粘贴单元格的全部信息　　　　　B. 粘贴单元格的部分字符
   C. 粘贴单元格的格式　　　　　　　D. 粘贴单元格的批注

10. 如果用预置小数位数的方法输入数据，当设定小数是"2"时，输入 56789 表示（   ）。
    A. 567.89　　　　B. 0056789　　　　C. 5678900　　　　D. 56789.00

二、**多项选择题**（本大题 10 小题。每小题 2 分，共 20 分。每小题备选答案中，有两个或两个以上符合题意的正确答案，多选、少选、错选均不得分）

11. 会计电算化方式下，与会计工作相关的内部控制形式可以是（   ）。
    A. 人工与计算机相结合　　　　　　B. 无须人工控制
    C. 控制措施融入会计信息系统　　　D. 控制范围更加广泛

12. 关于会计信息化，下列说法正确的有（   ）。
    A. 企业利用计算机、网络通信等现代信息技术手段开展会计核算，并将会计核算与其他经营管理活动有机结合的过程
    B. 相对于会计电算化而言，会计信息化是一次质的飞越

C. 会计信息化按照其功能和管理层次的高低，可分为会计核算系统、会计管理系统和会计决策支持系统

D. 会计信息化是企业管理信息系统的一个重要子系统

13. 安全使用会计软件的基本要求是（   ）。

    A. 严格管理账套使用权限　　　　　　B. 定期打印备份重要的账簿和报表数据

    C. 严格管理版本升级　　　　　　　　D. 防范计算机病毒

14. 电算化会计信息系统中常见的硬件结构通常包括（   ）。

    A. 单机结构　　　B. 多机松散结构　　　C. 多用户结构　　　D. 微机局域网络

15. 常见的输出设备有（   ）。

    A. 显示器　　　B. 扫描仪　　　　　C. 打印机　　　　　D. 键盘

16. 一个报表的标题可以包括（   ）。

    A. 使用的货币单位　B. 报表名称　　　C. 编制单位　　　　D. 报表编制日期

17. 报表函数的函数类别包括（   ）。

    A. 数学与三角函数　B. 财务计算函数　C. 常用报表函数　　D. 逻辑函数

18. 关于记账的操作控制说法正确的有（   ）。

    A. 期初余额试算不平衡不能进行记账工作

    B. 未审核的凭证不能记账，记账范围应小于等于已审核范围

    C. 记账每个月只能进行一次

    D. 上月未结账，本月不能记账

19. 为了建立数据透视表，可以采用（   ）。

    A. Excel 2003 中，选取数据菜单中的数据透视表和数据透视图

    B. Excel 2003 中，选取插入菜单中的数据透视表命令

    C. Excel 2013 中，选取数据功能区的数据透视表和数据透视图

    D. Excel 2013 中，选取插入功能区的数据透视表

20. 下列对 Excel 的引用类型说法正确的有（   ）。

    A. 引用类型包括相对引用、绝对引用和直接引用

    B. 单元格绝对引用的表示符号是 $

    C. Excel 默认使用的单元格引用是相对引用

    D. 输入完单元格地址后，重复按 F4 键可选择合适的引用类型

三、判断题（本大题 10 小题。每小题 1 分，共 10 分。每小题的判断结果正确的得 1 分，每小题的判断结果错误的得 0 分）

21. XBRL 的主要作用是将财务和商业数据电子化，促进了财务和商业信息的显示、分析和传递。（   ）

22. 会计软件的界面只能使用中文并且提供对中文处理的支持。（   ）

23. 计算机病毒的检测可以采用人工检测，人工检测是通过一些软件工具进行病毒检测的，所以操作难度不大，使用简便。（   ）

24. 会计软件是基于数据库系统的应用软件。（   ）

25. 计算机病毒可通过键盘进行传播。（   ）

26. 账龄分析主要是用来对已核销的往来账余额、账龄进行分析，及时发现问题，加强对往来款项动态的监督管理。（   ）

27. 工资模块结账后，会自动进入下一个期间。（   ）

28．查询总账时，只能查询全部内容。（　　）

29．任务窗口打开和关闭的快捷键为 Ctrl+F。（　　）

30．只能从任务栏上启动 Excel 程序。（　　）

四、实务题（本大题 15 小题。每小题 4 分，共 60 分）

1．新建账套，要求如下：

（1）账套名称：中脉科技有限公司

（2）采用的会计制度：企业会计制度

（3）科目预置：生成预设科目

（4）本位币编码：USD

（5）本位币名称：美元

（6）账套启用时间：2014-1-1

2．（操作员：系统主管；账套：101 账套；操作日期：2014 年 1 月 1 日）
新增一个姓名为"乔峰"的操作员。

3．（操作员：刘主管；账套：101 账套；操作日期：2014 年 1 月 1 日）
新增会计科目。

科目编码：6602-02

科目名称：汽油费

辅助核算：部门

4．（操作员：刘主管；账套：101 账套；操作日期：2014 年 1 月 1 日）
新增付款条件。

付款条件编码：100D

付款条件名称：100（天）

到期日期（天）：100

优惠日：30，折扣率：3%

优惠日：60，折扣率：1%

5．（操作员：刘主管；账套：101 账套；操作日期：2014 年 1 月 1 日）
设置凭证类别。

类别字	类别名称	限制类型	限制科目
收	收款凭证	借方必有	1001,1002
付	付款凭证	贷方必有	1001,1002
转	转账凭证	凭证必无	1001,1002

6．（操作员：苏会计；账套：201 账套；操作日期：2014 年 1 月 31 日）
1 月 3 日，销售部胡歌预支差旅费 3500 元，现金支付，请填制记账凭证。

7．（操作员：卞会计；账套：202 账套；操作日期：2014 年 1 月 31 日）
作废转账凭证的第 0003 号凭证。
作废付款凭证的第 0004 号凭证。

8．（操作员：王主管；账套：601 账套；操作日期：2014 年 1 月 31 日）
计提本月固定资产折旧，并生成记账凭证。

9．(操作员：刘主管；账套：101 账套；操作日期：2014 年 1 月 31 日)

1 月 30 日，以银行存款（工行存款）110 000 元取得一项交易性金融资产，确定该资产的入账价值为 110 000 元。

10．打开考生文件夹(D:\Exam\报表\练习考号)下的"资产负债表-1.srp"报表，合并 A1:F1 单元格。

11．打开报表平台，设置报表公式。

打开考生文件夹(D:\Exam\会计电算化\练习考号)下的"资产负债表-B3.srp"，完成下列操作后，将报表以原文件名进行保存。

利用本表单元格间的勾稽关系，计算 F34 单元格的公式，并设置 E28 单元格的计算公式。

12．（操作员：李主管；账套：501 账套；操作日期：2014 年 1 月 31 日）

将"销售人员"工资表名称修改为"2014 年 1 月份销售人员工资表"。

13．（操作员：李主管；账套：501 账套；操作日期：2014 年 1 月 31 日）

修改并设置工资项目。

工资表名：1 月份工资表

项目名称：岗位工资

类型：数字

长度：12

小数：2

14．（操作员：刘主管；账套：101 账套；操作日期：2014 年 1 月 31 日）

设置固定资产类别。

固定资产类别编码：1

固定资产类别名称：通用设备

折旧类型：正常计提折旧

折旧方法：平均年限法

预计使用年限：50

预计净残值率：5%

15．（操作员：赵主管；账套：301 账套；操作日期：2014 年 1 月 31 日）

录入应收单。

1 月 18 日，旭丰制衣有限公司欠货款 11 700 元，请录入应收单。

摘要：应收所欠货款

应收科目：1122 金额：11 700

对方科目：6001 金额：10 000

2221-01-01 金额：1700

全真模拟试题二

一、**单项选择题**（本大题 10 小题。每小题 1 分，共 10 分。每小题的备选答案中，只有一个符合题意的正确答案，多选、错选、不选均不得分）

1. 根据实际需要分别定义为不同类型的责任中心，然后确立各责任中心的预算方案，实现对各个责任中心的控制、分析和绩效考核，是（　　）模块的功能。

    A．财务分析模块　　　B．预算管理模块　　　C．项目管理模块　　　D．成本核算模块

2. 会计信息系统可以是一个独立的系统，也可以是（　　）的一个子系统。

    A．ERP　　　　　　　B．XBRL　　　　　　　C．AIS　　　　　　　D．EML

3. （　　）用来控制计算机运行，管理计算机的各种资源，为应用软件提供支持和服务。

    A．控制器　　　　　　B．操作系统　　　　　　C．系统软件　　　　　D．CPU

4. 对黑客常用手段表述正确的是（　　）。

    A．IP 嗅探是一种主动式攻击，又称网络监听

    B．欺骗是一种被动式攻击，目的是使网络中的其他计算机误将冒名顶替者当成原始的计算机而向其发送数据

    C．黑客的主要目的是截取其他计算机的数据报文或口令

    D．黑客利用程序在设计、实现和操作上存在的错误，攻击网络中的目标计算机

5. RAM 具有的特点是（　　）。

    A．RAM 是外存储器

    B．存储在其中的信息可以永久保存

    C．一旦断电，存储在其上的信息将全部消失且无法恢复

    D．存储在其中的数据不能被改写

6. （　　）是制作报表的基础，它决定了整张报表的外观和结构。

    A．建立账套　　　　　B．会计账簿　　　　　C．报表格式设计　　　D．创建报表文件

7. 用友 T3 中，若凭证类别只设置一种，通常为（　　）。

    A．记账凭证　　　　　B．收款凭证　　　　　C．现金凭证　　　　　D．银行凭证

8. 会计电算化环境下的财务分工实现的基础是会计软件的用户管理功能与（　　）。

    A．数据备份　　　　　B．数据还原　　　　　C．操作权限设置　　　D．维护审批手续

9. 已知 D2 单元格的内容为=B2*C2，当 D2 单元格被复制到 E3 单元格时，E3 单元格的内容为（　　）。

    A．=B2*C2　　　　　B．=C2*D2　　　　　C．=B3*C3　　　　　D．=C3*D3

10. （　　）默认位于菜单栏的下方，由一系列与菜单选项命令具有相同功能的按钮组成。

    A．工具栏　　　　　　B．标题栏　　　　　　C．菜单栏　　　　　　D．编辑区

二、**多项选择题**（本大题 10 小题。每小题 2 分，共 20 分。每小题备选答案中，有两个或两个以上符合题意的正确答案，多选、少选、错选均不得分）

11. 下列对于会计软件各模块之间的关系描述正确的有（　　）。

    A．报表管理和财务分析模块可以从各模块取数编制相关财务报表，进行财务分析

    B．成本管理模块的成本核算完成后，要将结转制造费用等记账凭证数据传递到账务处理系统

C. 存货核算模块为应付管理模块提供材料出库核算的结果

D. 应收应付管理模块完成销售采购单据的处理等业务后，生成相应的记账凭证传递到账务处理模块

12. 关于会计信息化，下列说法正确的有（ ）。

A. 企业利用计算机、网络通信等现代信息技术手段开展会计核算，并将会计核算与其他经营管理活动有机结合的过程

B. 相对于会计电算化而言，会计信息化是一次质的飞越

C. 会计信息化按照其功能和管理层次的高低，可分为会计核算系统、会计管理系统和会计决策支持系统

D. 会计信息化是企业管理信息系统的一个重要子系统

13. 下列关于广域网的描述中，正确的有（ ）。

A. 广域网又称远程网

B. 广域网覆盖范围可以是一个国家或多个国家

C. 广域网是介于城域网和局域网之间的网络

D. Internet 是广域网

14. 黑客的攻击目标几乎遍及计算机系统的每一个组成部分，其中主要攻击对象有（ ）。

A. 网络组件   B. 网络服务

C. 计算机系统   D. 信息资源

15. 若发现磁盘中文件染上病毒，可用（ ）方法清除。

A. 将磁盘重新格式化   B. 使用清洗盘

C. 用 CIS 命令   D. 使用杀毒软件

16. 报表的表间项目是指报表的固定单元内容，主要包括（ ）。

A. 表头内容   B. 表体项目   C. 表尾项目   D. 报表名称

17. 下列（ ）情况出现时，会计软件当期不能结账。

A. 上期未结账   B. 机内总分类账与机内明细账不一致

C. 会计凭证未全部记账   D. 存在未经审核的记账凭证

18. 往来单位设置的信息包括（ ）。

A. 编码   B. 分类   C. 名称   D. 开户银行

19. 下列属于数据透视表构成要素的有（ ）。

A. 页字段   B. 行字段   C. 列字段   D. 数据项

20. 计算固定资产折旧的函数有（ ）。

A. SLN   B. DDB   C. LEN   D. SYD

三、判断题（本大题 10 小题。每小题 1 分，共 10 分。每小题的判断结果正确的得 1 分，每小题的判断结果错误的得 0 分）

21. 会计软件应当提供不可逆的记账功能，确保对同类已记账凭证的连续编号，不得提供对已记账凭证的删除和插入功能。（ ）

22. ERP 是会计信息系统的一个子系统。（ ）

23. 应用软件是为解决各类应用问题而设计的各种计算机软件，文字处理和电子表格软件都属于应用软件。（ ）

24. 与 B/S 架构相比，C/S 架构的最大优点是部署和维护方便、易于扩展。（ ）

25. 在会计软件中，鼠标一般用来完成会计数据或相关信息的输入工作。（　　）

26. 核销时，一般可以一张发票对应一张收/付款单分次核销，但不可以一张发票一次对应多张收/付款单核销。（　　）

27. 固定资产编码是区分每一项固定资产的唯一标识。（　　）

28. 会计软件应当提供不可逆的记账功能，不得提供对已记账凭证日期、金额、会计科目和操作人的修改功能。（　　）

29. 对汉字的排序只能使用"笔画顺序"。（　　）

30. MATCH 属于查找与引用函数。（　　）

四、实务题（本大题 15 小题。每小题 4 分，共 60 分）

1. （操作员：赵主管；账套：301 账套；操作日期：2014 年 1 月 31 日）

1 月 23 日，由于采购甲材料（已入库，数量：100，单价：600），欠正基实业有限公司货款 60 000 元。请录入应付单。

应付科目：2202　　金额：60 000

对方科目：1403-01　　金额：60 000

2. （操作员：王主管；账套：601 账套；操作日期：2014 年 1 月 31 日）

设置固定资产变动方式。

固资变动方式编码：06

固资变动方式名称：接受捐赠

变动类型：增加固定资产

3. （操作员：李主管；账套：501 账套；操作日期：2014 年 1 月 31 日）

将市场部王少华的事假天数修改为 1 天，请重新计算"管理人员"工资表数据。

4. （操作员：李主管；账套：501 账套；操作日期：2014 年 1 月 31 日）

在"生产人员"工资表中，录入以下人员的工资变动数据。

职员姓名	代扣税额	加班天数	病假天数	事假天数
王华	99	4	2	0
江琪	126	3	0	1

5. 打开报表平台，设置报表公式。

打开考生文件夹（D:\Exam\会计电算化\练习考号\）下的"资产负债表-B4.srp"，完成下列操作后，将报表以原文件名进行保存。

判断并设置 C17、E18 单元格的计算公式。

6. 打开报表平台，设置报表格式并保存文件。

打开考生文件夹（D:\Exam\报表\练习考号\）下的"管理费用明细表-1.srp"报表，设置 A1 单元格中的文字为"黑体"，16 号字，A1 单元格内容修改为"2014 年管理费用明细表"。

7. （操作员：苏会计；账套：201 账套；操作日期：2014 年 1 月 31 日）

1 月 19 日，用工行转账支票向东方股份有限公司购买甲材料（计划成本核算），数量 800 千克，单价 50 元，增值税税率 17%，转账支票号码 008，材料尚未验收入库，请填制记账凭证。

8. 新建账套，要求如下：

（1）账套名称：天互科技有限公司

（2）采用的会计制度：企业会计制度

（3）科目预置：生成预设科目

（4）本位币编码：EUR

（5）本位币名称：欧元

（6）账套启用时间：2014-1-1

9.（操作员：刘主管；账套：101 账套；操作日期：2014 年 1 月 1 日）

新增会计科目。

科目编码：1402-03

科目名称：丙材料

数量核算，计量单位：千克

10.（操作员：刘主管；账套：101 账套；操作日期：2014 年 1 月 1 日）

新增付款条件。

付款条件编码：60D

付款条件名称：60 天

到期日期（天）：60

11.（操作员：顾主管；账套：202 账套；操作日期：2014 年 1 月 31 日）

复核转账凭证第 0003 号

复核收款凭证第 0001 号

12. 操作员：刘主管；账套：101 账套；操作日期：2014 年 1 月 1 日)

设置职员类型。

职员类型编码：012

职员类型名称：临时人员

13.（操作员：王主管；账套：602 账套；操作日期：2014 年 1 月 31 日）

固定资产减少。

卡片编号：0005

资产编号：2001

固资名称：联想电脑

固资类别：专用设备

使用状态：未使用

减少方式：盘亏

减少日期：2014-1-15

原值：6000

累计折旧：2000

使用部门：办公室

折旧费用科目：6602-01 折旧费

折旧方法：平均年限法

预计使用年限：5（年）

14.（操作员：赵主管；账套：301 账套；操作日期：2014 年 1 月 31 日）

1 月 15 日，由于采购丙材料（已入库），欠奋发电子有限公司货款 23 400 元。请录入应付单。

应付科目：2202   金额：23 400

对方科目：1403-03   金额：20 000

2221-01-02　　金额：3400

15．（操作员：苏会计；账套：201 账套；操作日期：2014 年 1 月 31 日）

1 月 4 日，收取鼎鑫科技有限公司预付购货款 100 000 元，转账支票号码 112，款项已存入工行，请填制记账凭证。

全真模拟试题三

一、单项选择题（本大题 10 小题。每小题 1 分，共 10 分。每小题的备选答案中，只有一个符合题意的正确答案，多选、错选、不选均不得分）

1. 会计软件中的账务处理系统以（　　）作为数据的处理起点，它是账簿数据和报表数据的主要来源。
    A. 凭证　　　　　B. 科目汇总表　　　　C. 账簿　　　　D. 汇总记账凭证

2. 会计软件中，最核心的功能模块是（　　）。
    A. 成本管理模块　　B. 账务处理模块　　C. 财务分析模块　　D. 报表管理模块

3. 会计信息系统的网络组成部分不包括（　　）。
    A. 服务器　　　　B. 客户机　　　　C. 网络通信设备　　D. 交换机

4. 在使用会计软件时，下列做法不正确的是（　　）。
    A. 用户不能随便让他人使用自己的计算机
    B. 在离开计算机时，必须立即退出软件，以防止他人偷窥系统数据
    C. 用户应该对账套使用权限进行严格管理，防止数据外泄
    D. 用户的密码可以由他人进行更改

5. 下列不属于安全使用会计软件基本要求的是（　　）。
    A. 严格管理账套使用权限
    B. 严格管理下载与接收网络上的文件和电子邮件
    C. 严格管理软件版本升级
    D. 定期打印备份重要的账簿和报表数据

6. （　　）是制作报表的基础，它决定了整张报表的外观和结构。
    A. 建立账套　　　B. 会计账簿　　　C. 报表格式设计　　D. 创建报表文件

7. 应收模块账龄区间一般以（　　）为单位。
    A. 天　　　　　　B. 月　　　　　　C. 季度　　　　　D. 年

8. 关于记账操作，下列说法中错误的是（　　）。
    A. 记账工作由计算机自动进行数据处理
    B. 记账一般采用向导方式，使记账过程更加明确
    C. 未经审核的凭证也可记账
    D. 第一次记账时，若期初余额试算不平衡，不能记账

9. 在 Excel 中，在单元格中输入 2/5，则表示（　　）。
    A. 分数 2/5　　　B. 2 月 5 日　　　C. 0.4　　　　　D. 2 除以 5

10. 给 Excel 文件加上读写权限，进行加密设置，应采用的操作是（　　）。
    A. 在"另存为"对话框中，打开"保存选项"对话框设置
    B. 通过"审阅"页签下的"保护工作表"命令进行设置
    C. 通过"审阅"页签下的"保护工作簿"命令进行设置
    D. 通过"属性"对话框进行设置

二、多项选择题（本大题 10 小题。每小题 2 分，共 20 分。每小题备选答案中，有两个或两个以上符合题意的正确答案，多选、少选、错选均不得分）

11. 关于企业与外部单位联合开发方式说法正确的有（   ）。

    A. 软件开发完成后，对系统的重大修改由网络信息部门负责

    B. 软件开发完成后，日常维护工作由财务部门负责

    C. 有利于企业日后进行系统维护和升级

    D. 开发时间会延长，因为开发人员需要花大量的时间了解业务流程和客户需求

12. 下列关于会计软件和服务的规范描述中，正确的有（   ）。

    A. 会计软件应当保障企业按照国家统一会计准则制度开展会计核算，不得有违背国家统一会计准则制度的功能设计

    B. 会计软件的界面应当使用中文并且提供对中文处理的支持，可以只提供外国或少数民族文字界面对照和处理支持

    C. 会计软件应当提供符合国家统一会计准则制度的会计科目分类和编码功能

    D. 会计软件应当提供符合国家统一会计准则制度的会计凭证、账簿和报表的显示和打印功能

13. 电算化会计信息系统中常见的硬件结构通常有（   ）形式。

    A. 单机结构   B. 多机松散结构   C. 多用户结构   D. 微机局域网络

14. CPU 能直接访问的存储器有（   ）。

    A. ROM   B. RAM   C. 软盘   D. 硬盘

15. 在会计电算化领域，会计人员一般用（   ）来完成会计数据或相关信息的输入工作。

    A. 键盘   B. 鼠标   C. 扫描仪   D. 打印机

16. 下列对于会计报表的打印输出正确的有（   ）。

    A. 库存现金日记账、银行存款日记账需要每日打印

    B. 资产负债表要求每月打印

    C. 利润表要求每年打印

    D. 库存日记账和银行存款日记账不多的经济业务，可以不必每日打印

17. 编制记账凭证的方式包括（   ）。

    A. 手工编制完成记账凭证后录入计算机

    B. 根据原始凭证直接在计算机上编制记账凭证

    C. 由账务处理模块以外的其他业务子系统生成会计凭证数据

    D. 计算机自动填列记账凭证

18. （   ）属于部门档案设置的内容。

    A. 部门编码   B. 部门名称   C. 部门属性   D. 部门负责人

19. 在对数据清单的数据进行排序时，可以按照以下顺序进行（   ）。

    A. 按关键字升序   B. 按关键字降序

    C. 按自定义序列排序   D. 主关键字相同时选择次关键字

20. Excel 中的算术运算符有（   ）。

    A. *   B. /   C. ^   D. &

三、判断题（本大题 10 小题。每小题 1 分，共 10 分。每小题的判断结果正确的得 1 分，每小题的判断结果错误的得 0 分）

21. XBRL 的主要作用是将财务和商业数据电子化，促进了财务和商业信息的显示、分析和传递。（   ）

22．2010 年 4 月财政部在《关于全面推进我国会计信息化工作的指导意见》中将 XBRL 纳入会计信息化的标准。（　　）

23．Access 是目前网络环境下常用的大型数据库管理系统。（　　）

24．使用杀毒软件可以检查和清除所有的病毒。（　　）

25．解释程序和汇编语言是语言处理程序所使用的翻译方式。（　　）

26．应收/应付账款核算模块中只有设置了账龄区间才能进行账龄分析。（　　）

27．在固定资产系统中生成的记账凭证会自动传递给账务处理系统，如果发现生成的某张凭证有错误，可以在账务处理系统中直接修改。（　　）

28．对账完成后，系统根据本期期末的银行存款日记账的余额、银行对账单的余额对未达账项进行调整，自动生成银行存款余额调节表，调整后，银行存款日记账和银行对账单的余额应该相等。（　　）

29．图表制作完成后，其图表类型可以随意更改。（　　）

30．如果公式使用的是相对引用，公式记忆的是源数据所在单元格引用源数据的单元格的绝对位置。（　　）

四、实务题（本大题 15 小题。每小题 4 分，共 60 分）

1．新建账套，账套信息如下。

账套名称：生益科技有限公司

会计制度：采用小企业会计制度(2013)的单位

所属行业：小企业会计制度(2013)

本位币：人民币

启用会计期间：2014-1-1

2．打开报表平台，设置报表格式并保存文件。

打开考生文件夹（D:\Exam\报表\练习考号\）下的"利润表-2.srp"报表，设置 A1 单元格的文字为"黑体"，24 号字，加下划线。

3．（操作员：刘主管；账套：101 账套；操作日期：2014 年 1 月 1 日）

新增付款方式。

付款方式编码：05

付款方式名称：商业承兑汇票

进行票据管理：需要

4．打开报表平台，设置报表公式。

打开"资产负债表-B2.srp"，完成下列操作后，将报表以原文件名进行保存。

判断并设置 B36、C36 单元格的计算公式。

5．（操作员：刘主管；账套：101 账套；操作日期：2014 年 1 月 1 日）

设置往来单位的地区选项。

地区编码：14

地区名称：国内

6．（操作员：李主管；账套：501 账套；操作日期：2014 年 1 月 31 日）

在"1 月份工资表"中设置工资计算公式。

交通费：200

物价补贴：300

实发合计=应发合计-代扣税额

7．（操作员：系统主管；账套：101 账套；操作日期：2014 年 1 月 1 日）

设置外汇币种及汇率，要求如下：

币种编码：USD

币种名称：美元

币种小数位：2

折算方式：原币×汇率=本位币

8．（操作员：李主管；账套：501 账套；操作日期：2014 年 1 月 31 日）

将"销售人员"工资表生成记账凭证。

选择公式：销售人员：实发合计

设置科目：贷方科目：2211-01 工资；借方科目：6601-01 工资

9．（操作员：卞会计；账套：202 账套；操作日期：2014 年 1 月 31 日）

将转账第 0002 号凭证的借贷方丙材料的数量全部修改为 1000 千克，每千克 10 元。

10．（操作员：刘主管；账套：101 账套；操作日期：2014 年 1 月 31 日）

设置固定资产类别。

固定资产类别编码：3

固定资产类别名称：交通运输设备

折旧类型：正常计提折旧

折旧方法：双倍余额递减法

预计使用年限：10

预计净残值率：5%

11．（操作员：苏会计；账套：201 账套；操作日期：2014 年 1 月 31 日）

1 月 31 日，期末盘盈存货(甲原材料)90 000 元，原因尚未查明。

12．（操作员：王主管；账套：601 账套；操作日期：2014 年 1 月 31 日）

设置固定资产变动方式。

固资变动方式编码：16

固资变动方式名称：正常报废

变动类型：减少固定资产

13．（操作员：苏会计；账套：201 账套；操作日期：2014 年 1 月 31 日)

1 月 13 日，向大同公司销售 A 产品 500 件，价款 500 000 元，增值税税率 17%，同日收到大同公司转账支票一张（支票号码 06），款项已存入工行，请填制记账凭证。

14．（操作员：赵主管；账套：301 账套；操作日期：2014 年 1 月 31 日）

选择单据号为 0003（单据类型为应收借项）的应收单，生成凭证。

15．（操作员：赵主管；账套：301 账套；操作日期：2014 年 5 月 31 日）

3 月 18 日，旭丰制衣有限公司欠货款 23 400 元，请录入应收单。

摘要：应收所欠货款

应收科目：1122 金额：23 400

对方科目：6001 金额：20 000

2221-01-01 金额：3400

全真模拟试题四

一、单项选择题（本大题 10 小题。每小题 1 分，共 10 分。每小题的备选答案中，只有一个符合题意的正确答案，多选、错选、不选均不得分）

1. 商品化会计软件与定点开发会计软件的最大区别在于（　　）。
   A．是否准确　　　　B．是否通用　　　　C．是否迅速　　　　D．是否安全

2. 购买通用会计软件的缺点是（　　）。
   A．软件的针对性不强，通常针对一般用户设计，难以适应企业特殊的业务或流程
   B．购置成本高
   C．服务与维护承诺不宜做好
   D．需要大量的计算机专业人才

3. 下列关于计算机病毒的表述中，正确的是（　　）。
   A．潜伏性是指病毒可以寄生在正常程序中，跟随正常程序一起运行
   B．传染性是指病毒可通过不同途径传播
   C．寄生性是指病毒可以事先不发作，在某一时间集中大规模爆发
   D．隐蔽性是指病毒可以在条件成熟时被触发

4. 下面的（　　）行为，会威胁到会计软件的安全。
   A．合理的财务分工
   B．定期打印账簿和报表
   C．经常使用安装有会计软件的机器下载资料
   D．及时进行软件升级

5. 下列各项中，不属于控制器功能的是（　　）。
   A．控制计算机各部件协调工作
   B．做出逻辑判断
   C．从内存中存取和执行指令
   D．对指令进行译码后产生一系列控制信号

6. 在报表管理系统中，保存报表的默认扩展名是（　　）。
   A．.rep　　　　　　B．.xls　　　　　　C．.doc　　　　　　D．.txt

7. 通过工资分摊生成的会计凭证，将传递到（　　）。
   A．销售模块　　　　B．固定资产模块　　　C．报表模块　　　　D．账务处理管理模块

8. 在固定资产管理系统的卡片中，能够唯一确定每项资产的数据项是（　　）。
   A．资产名称　　　　B．资产编码　　　　C．类别编号　　　　D．规格型号

9. 将数据添加到已有图表中的方法之一是（　　）。
   A．在嵌入图表的工作表中选定想要添加的数据，用"编辑"菜单的"复制"和"粘贴"命令添加到已有的图表中
   B．在嵌入图表的工作表中选定想要添加的数据，然后将其直接拖放到嵌入的图表中
   C．先用"插入"菜单的"图表"命令，选择要添加的数据，再将数据添加到已有的图表中

D. 在嵌入图表的工作表中选定想要添加的数据，用"插入"菜单的"图表"命令，将数据添加到已有的图表中

10. 下列说法错误的是（　　）。

  A. 在 Excel 2013 中，执行"审阅—更改—保护工作簿"命令可以实现对工作簿限制编辑权限的操作

  B. 在 Excel 2013 中，执行"文件—信息—保护工作簿—用密码进行加密"命令可以实现设置工作簿，打开权限密码操作

  C. 在 Excel 2013 中，设置工作簿打开权限密码时，密码不区分大小写

  D. 在 Excel 2013 中，使用锁定单元格功能必须启用保护工作表功能

二、多项选择题（本大题 10 小题。每小题 2 分，共 20 分。每小题备选答案中，有两个或两个以上符合题意的正确答案，多选、少选、错选均不得分）

11. 下列属于会计软件功能的是（　　）。

  A. 数据输入   B. 生成凭证、账簿、报表等会计资料

  C. 对会计资料进行输出   D. 对会计资料进行分析

12. ERP 将企业与其外部的供应商、客户等市场要素有机结合实现对企业（　　）等资源进行一体化管理。

  A. 物资资源   B. 人力资源   C. 财务资源   D. 信息资源

13. 下列说法正确的是（　　）。

  A. 服务器是网络环境中的高性能计算机

  B. 客户机能够享受服务器提供的各种资源和服务

  C. 服务器和客户机的性能必须适应会计软件的运行要求

  D. 路由器是一根网线上网，上网分别拨号，各自使用自己的宽带，上网互不影响

14. 计算机网络中的资源共享是指可以共同使用网络中的（　　）。

  A. 硬件资源   B. 软件资源   C. 信息资源   D. 数据

15. 会计软件从系统环境看，包括（　　）。

  A. 硬件环境   B. 网络环境   C. 软件环境   D. 操作环境

16. 一个报表的标题可以包括（　　）。

  A. 使用的货币单位 B. 报表名称   C. 编制单位   D. 报表编制日期

17. 在固定资产系统的下列操作中，需要进行资产变动处理的有（　　）。

  A. 原值增加   B. 净残值（率）调整 C. 使用状况变动   D. 累计折旧调整

18. 固定资产卡片包括的内容有（　　）。

  A. 固定资产编号 B. 名称   C. 类别   D. 使用部门

19. 在 Excel 中，不能将字符型的值进行连接的字符运算符有（　　）。

  A. #   B. ?   C. $ D. &

20. 在 Excel 单元格中，直接输入"1/4"，则单元格不显示的是（　　）。

  A. 0.25   B. 1/4   C. 1 月 4 日   D. 25%

三、判断题（本大题 10 小题。每小题 1 分，共 10 分。每小题的判断结果正确的得 1 分，每小题的判断结果错误的得 0 分）

21. 企业进行会计信息系统的建设和改造，应当安排负责会计信息化工作的专门机构或者岗位参与，充分考虑会计信息系统的数据需求。（　　）

22．委托外部单位开发会计软件的缺点主要有软件的针对性不强，软件功能设置过于复杂，不易操作。
（　　）

23．会计软件的用户不能随便让他人使用自己的计算机。（　　）

24．计算机系统负荷过重时，可以将其处理的任务传送到网络中较空闲的其他计算机系统中，提高整个系统的利用率，是体现计算机网络的数据通信的特点。（　　）

25．安装会计软件前要确保计算机的操作系统符合会计软件运行要求，可能要对操作系统进行一些简单的配置，检查完操作系统后即可安装会计软件。（　　）

26．工资核算系统中，应先设置工资项目，再进行计算机公式设置。（　　）

27．会计软件中计提固定资产折旧方法包括直线法、先进先出法、双倍余额递减法等。（　　）

28．设置往来单位信息中的往来单位指的是企业的供应商。（　　）

29．跨工作表单元格引用时，必须加上工作表名和"！"号。（　　）

30．在打开的 Excel 文件中，所有单元格默认处于就绪状态，可通过功能键 F2 切换当前单元格的状态。
（　　）

四、实务题（本大题 15 小题。每小题 4 分，共 60 分）

1．（操作员：刘主管；账套：101 账套；操作日期：2014 年 1 月 1 日）

设置往来单位的地区选项。

地区编码：11

地区名称：华北地区

2．打开报表平台，设置报表格式并保存文件。

打开考生文件夹（D:\Exam\报表\练习考号\）下的"利润表-1.srp"报表，设置 B 列的列宽为 83。

3．账套名称：天隆科技有限公司

采用的会计制度：企业会计制度

科目预置：生成预设科目

本位币编码：RMB

本位币名称：人民币

账套启用时间：2014-1-1

4．（操作员：赵主管；账套：301 账套；操作日期：2014 年 1 月 31 日）

选择单据号为 0001（单据类型为应付贷项）的应付单，生成凭证。

5．（操作员：刘主管；账套：101 账套；操作日期：2014 年 1 月 1 日）

新增会计科目。

科目编码：2221-02

科目名称：应交城市维护建设税

6．（操作员：赵主管；账套：301 账套；操作日期：2014 年 1 月 31 日）

1 月 17 日，由于采购乙材料（已入库），欠三乐电子有限公司货款 17 000 元。请录入应付单。

应付科目：2202　金额：17 000

对方科目：1403-02　金额：17 000

7．（操作员：刘主管；账套：101 账套；操作日期：2014 年 1 月 1 日）

新增付款条件。

付款条件编码：90D

付款条件名称：90 天

到期日期（天）：90

8．（操作员：李主管；账套：501 账套；操作日期：2014 年 1 月 31 日）
将"全员工资表"的工资表名称修改为"2014 年 1 月份工资表"。

9．（操作员：苏会计；账套：201 账套；操作日期：2014 年 1 月 31 日）
1 月 28 日，按工资比例 2%计提销售人员工会经费 2000 元，请填制记账凭证。

10．（操作员：李主管；账套：501 账套；操作日期：2014 年 1 月 31 日）
修改并设置指定工资发放项目。

工资表名：管理人员

项目名称：职务补贴

类型：数字

长度：12

小数：0

11．（操作员：刘主管；账套：201 账套；操作日期：2014 年 1 月 31 日）
1 月 26 日，将本月制造费用折旧费 50 000 元在 A、B 产品之间分配，其中 A 产品 30 000 元，B 产品 20 000 元，请填制记账凭证。

12．（操作员：王主管；账套：601 账套；操作日期：2014 年 1 月 31 日）
新增固定资产。

卡片编号：0002

资产编号：5001

固资名称：仓库

固资类型：房屋及建筑物

使用状态：使用中

增加方式：在建工程转入

原值：1 200 000

预计净残值：100 000

增加日期：2014-1-30

使用部门：生产车间

折旧费用科目：5101-01 折旧费

折旧方法：平均年限法

预计使用年限：30（年）

13．（操作员：顾主管；账套：202 账套；操作日期：2014 年 1 月 31 日）
将已审核的转 0005 号凭证进行记账。

14．（操作员：刘主管；账套：101 账套；操作日期：2014 年 1 月 31 日)
设置固定资产类别。

固定资产类别编码：4

固定资产类别名称：电气设备

折旧类型：正常计提折旧

折旧方法：平均年限法

预计使用年限：4

预计净残值率：5%

15．打开报表平台，设置报表公式。

打开考生文件夹（D:\Exam\报表\练习考号\）下的"资产负债表-B1.srp"，完成下列操作后，将报表以原文件名进行保存。

利用本表单元格间的勾稽关系，计算 E34 单元格的值，并设置 E35 单元格的计算公式。

全真模拟试题五

一、单项选择题（本大题 10 小题。每小题 1 分，共 10 分。每小题的备选答案中，只有一个符合题意的正确答案，多选、错选、不选均不得分）

1. 下列不属于会计电算化特点的是（　　）。
   A. 人机结合　　　　　　　　　　B. 会计核算自动化、集中化
   C. 会计核算主动性　　　　　　　D. 数据处理及时准确

2. 企业利用计算机、网络通信等现代信息技术手段开展会计核算，以及利用上述技术手段将会计核算与其他经营管理活动有机结合的过程，以上描述的是（　　）。
   A. 会计电算化　　B. 会计信息化　　C. XBRL　　　　D. 会计软件

3. 下列各项中，（　　）一般用来存放大量暂时不用的程序和数据。
   A. 运算器　　　　B. 控制器　　　　C. 内存储器　　　D. 外存储器

4. 计算机网络按其所覆盖的地理范围的大小不同，其类型可分为（　　）。
   A. 局域网、广域网和万维网　　　　B. 局域网、广域网和国际互联网
   C. 局域网、广域网和城域网　　　　D. 广域网、因特网和万维网

5. 下列各计算机器件中，负责从计算机内存中读取和执行指令的是（　　）。
   A. 运算器　　　　B. 控制器　　　　C. 外存储器　　　D. 主机

6. （　　）是实现计算机自动处理报表数据的关键步骤。
   A. 报表编制　　　B. 报表公式设置　　C. 报表名称登记　　D. 报表格式设置

7. 会计软件中，固定资产的唯一标识是（　　）。
   A. 固定资产名称　　B. 固定资产类别　　C. 固定资产增加方式　　D. 固定资产编码

8. 若某一科目既有一级科目又有二级科目，输入科目余额时应（　　）。
   A. 只输入一级科目余额　　　　　B. 只输入二级科目余额
   C. 两者都输入　　　　　　　　　D. 输入任何一级都可以

9. 在 Excel 中，在打印学生成绩单时，对不及格的成绩用醒目的方式表示，当要处理大量的学生成绩时，利用（　　）命令最为方便。
   A. 查找　　　　　B. 条件格式　　　C. 数据筛选　　　D. 分类汇总

10. 关于高级筛选，下列说法中错误的是（　　）。
    A. 筛选条件和表格之间必须有一行或者一列的间隙
    B. 可以在原有区域显示筛选结果
    C. 可以将筛选结果复制到其他位置
    D. 不需要写筛选条件

二、多项选择题（本大题 10 小题。每小题 2 分，共 20 分。每小题备选答案中，有两个或两个以上符合题意的正确答案，多选、少选、错选均不得分）

11. 下列关于会计信息化建设的说法中，正确的有（　　）。
    A. 企业开展会计信息化工作，应当重视信息系统与经营环境的契合
    B. 企业应当促进会计信息系统与业务信息系统的一体化，通过会计记账直接驱动业务的处理

C．企业应当安排负责会计信息化工作的专门机构或者岗位参与

D．企业应当遵循企业内部控制规范体系要求

12．会计软件和服务的规范中规定，会计软件不得提供对已记账凭证的删除和插入功能，不得提供对已记账凭证（　　）的修改功能。

A．日期　　　　　B．金额　　　　　C．科目　　　　　D．操作人

13．按照覆盖的地理范围进行分类，计算机网络可以分为（　　）。

A．局域网　　　　B．城域网　　　　C．省域网　　　　D．广域网

14．下列设备中，属于输出设备的有（　　）。

A．键盘　　　　　B．打印机　　　　C．显示器　　　　D．扫描仪

15．控制器的主要功能有（　　）。

A．控制计算机各部件自动连续地工作　　　B．控制计算机各部件协调工作

C．进行逻辑测试　　　　　　　　　　　　D．从内存中读取指令和执行指令

16．报表函数的函数类别包括（　　）。

A．数学与三角函数　　B．财务计算函数　　C．常用报表函数　　D．逻辑函数

17．固定资产原值变动的原因包括（　　）。

A．根据国家规定，对固定资产重新估价　　B．增加补充设备或改良设备

C．将固定资产的一部分拆除　　　　　　　D．发现原记录固定资产的价值有误

18．在会计软件中，系统通常提供的限制条件有（　　）。

A．借方必有　　　B．借方必无　　　C．凭证必有　　　D．无限制

19．Excel 数据清单的筛选可以通过（　　）形式实现。

A．快速筛选　　　B．高级筛选　　　C．自定义排序　　D．查找

20．在 Excel 中，公式 SUM(B1.B4)等价丁（　　）。

A．SUM(A1:B4 B1:C4)　　　　　　　B．SUM(B1+B4)

C．SUM(B1+B2，B3+B4)　　　　　　D．SUM(B1，B2，B3，B4)

三、判断题（本大题 10 小题。每小题 1 分，共 10 分。每小题的判断结果正确的得 1 分，每小题的判断结果错误的得 0 分）

21．XBRL 的主要作用是将财务和商业数据电子化，促进了财务和商业信息的显示、分析和传递。（　　）

22．会计信息系统是 ERP 系统的一个子系统。（　　）

23．用高级语言编写的程序称为源程序，只有将其翻译成机器语言的指令序列，计算机才能识别和执行。（　　）

24．应用软件是为解决各类应用问题而设计的各种计算机软件，文字处理和电子表格软件都属于应用软件。（　　）

25．操作系统是软件系统的核心。（　　）

26．核销时，一般可以一张发票对应一张收/付款单分次核销，但不可以一张发票一次对应多张收/付款单核销。（　　）

27．利用会计核算软件进行账龄分析，必须先设置分析区间。（　　）

28．结转本年利润，是指将本年利润科目余额转入盈余公积。（　　）

29．在打开的 Excel 文件中，所有单元格默认处于就绪状态，可通过功能键 F2 切换当前单元格的状态。（　　）

30．每次启动 Excel 2003 时，系统自动建立的第一个新工作簿，文件名为 Book1.xls。（　　）

四、实务题（本大题 15 小题。每小题 4 分，共 60 分）

1．（操作员：系统主管；账套：101 账套；操作日期：2014 年 1 月 1 日）

设置操作员权限。

设置操作员"郑钧"具有"系统管理"、"账务处理"、"应收管理"和"应付管理"的权限。

2．（操作员：赵主管；账套：301 账套；操作日期：2014 年 1 月 31 日）

选择单据号为 0002（单据类型为应收借项）的应收单，生成凭证。

3．（操作员：刘主管；账套：101 账套；操作日期：2014 年 1 月 1 日）

修改会计科目。

将科目编码为 1122 的科目辅助核算修改为"部门"，多币种核算修改为"核算所有币种"。

4．（操作员：王主管；账套：601 账套；操作日期：2014 年 1 月 31 日）

新增固定资产。

卡片编号：0001

资产编号：3001

固资名称：奇瑞汽车

固资类别：交通设备

使用状态：使用中

增加方式：购入

原值：107 000

预计净残值：1000

增加日期：2014-1-15

使用部门：办公室

折旧费用科目：6602-01 折旧费

折旧方法：平均年限法

预计使用年限：6（年）

5．（操作员：刘主管；账套：101 账套；操作日期：2014 年 1 月 1 日）

设置外汇币种及汇率，要求如下：

（1）币种编码：HKD

（2）币种名称：港元

（3）汇率小数位：4

（4）折算方式：原币×汇率=本位币

（5）2014 年 1 月 1 日汇率：0.7825

6．（操作员：刘主管；账套：101 账套；操作日期：2014 年 1 月 1 日）

新增固定资产类别。

固定资产类别编码：5

固定资产类别名称：电子产品及通信设备

折旧方法：年数总和法

预计使用年限：10（年）

7．新建账套，要求如下：

（1）账套名称：文达通科技有限公司

（2）采用的会计制度：企业会计制度

（3）科目预置：生成预设科目

（4）本位币编码：RMB

（5）本位币名称：人民币

（6）账套启用时间：2014-1-1

8．（操作员：李主管；账套：501账套；操作日期：2014年1月31日）

将"部门工资表"名称修改为"办公室部门工资表"。

9．（操作员：刘主管；账套：101账套；操作日期：2014年1月1日）

设置往来单位的地区选项。

地区编码：12

地区名称：华西区

10．（操作员：李主管；账套：501账套；操作日期：2014年1月31日）

设置工资项目。

工资表名：1月份工资表

项目名称：病假扣款

类型：数字

长度：10

小数：2

11．（操作员：苏会计；账套：201账套；操作日期：2014年1月1日）

应收账款期初余额录入。

单位：鼎鑫科技有限公司

金额：5000

12．（操作员：赵主管；账套：301账套；操作日期：2014年1月31日）

1月15日，由于采购丙材料（已入库），欠奋发电子有限公司货款23 400元。请录入应付单。

应付科目：2202　　　　金额：23 400

对方科目：1403-03　　　金额：20 000

　　　　2221-01-02　　金额：　3400

13．（操作员：苏会计；账套：201账套；操作日期：2014年1月31日）

1月13日，用工行存款偿还鼎鑫科技有限公司货款43 100元。

14．（操作员：赵主管；账套：301账套；操作日期：2014年1月31日）

选择单据号为0002（单据类型为应收借项）的应收单，生成凭证。

15．（操作员：苏会计；账套：201账套；操作日期：2014年1月31日）

1月23日，企业对存货进行清查，盘盈乙材料100千克，单价50元，已经报上级主管部门审批，请填制记账凭证。

全真模拟试题六

一、单项选择题（本大题 10 小题。每小题 1 分，共 10 分。每小题的备选答案中，只有一个符合题意的正确答案，多选、错选、不选均不得分）

1. 因为企业内部人员参与开发，对系统的结构和流程较熟悉，有利于企业日后进行系统维护和升级的配备方式是（　　）。
    A. 购买通用会计软件
    B. 自行发开
    C. 委托外部单位开发
    D. 企业与外部单位联合开发

2. 下列关于 ERP 说法错误的是（　　）。
    A. ERP 的中文含义是企业资源计划
    B. ERP 系统的信息集成要求数据来源唯一
    C. ERP 软件是会计信息系统软件
    D. ERP 系统继承了信息技术与先进管理思想

3. 将高级语言源程序翻译成计算机能识别的目标程序的是（　　）。
    A. 操作系统
    B. 语言处理程序
    C. 数据库管理系统
    D. 支撑软件

4. 下列各项中，不属于控制器功能的是（　　）。
    A. 控制计算机各部件协调工作
    B. 做出逻辑判断
    C. 从内存中存取和执行指令
    D. 对指令进行译码后产生一系列控制信号

5. 下列各组设备中，全部属于输入设备的一组是（　　）。
    A. 键盘、磁盘和打印机
    B. 键盘、扫描仪和鼠标
    C. 键盘、鼠标和显示器
    D. 硬盘、打印机和键盘

6. 月末结转时将要生成新月份的工资数据表，在该表中需要清零的是（　　）。
    A. 变动数据项
    B. 固定数据项
    C. 字符数据项
    D. 数值数据项

7. 下列关于系统结账的说法，正确的是（　　）。
    A. 本系统结账与其他子系统相互独立
    B. 如果与其他子系统联合使用，其他子系统没有结账，本系统不能结账
    C. 如果其他系统没有结账，可以先结本系统，再补结其他系统
    D. 结账后发现有未记账凭证的，可以补记

8. 关于结账操作，下列说法中错误的是（　　）。
    A. 结账只能由有结账权限的人进行
    B. 结账后，不能输入凭证
    C. 本月还有未记账时，本月不能结账
    D. 结账必须按月连续进行，上月未结账，则本月不能结账

9. 在 Excel 中，数据库的表现形式是（　　）。
    A. 工作簿
    B. 工作表
    C. 数据清单
    D. 工作组

10. 下列快捷键可以打开 Excel 文件的是（　　）。
    A. Ctrl＋O
    B. Ctrl＋F4
    C. Ctrl＋W
    D. Ctrl＋S

二、多项选择题（本大题 10 小题。每小题 2 分，共 20 分。每小题备选答案中，有两个或两个以上符合题意的正确答案，多选、少选、错选均不得分）

11. 关于会计电算化特征的说法正确的有（   ）。

   A. 计算机将根据程序和指令自动完成会计数据的分类、汇总、计算、传递及报告等工作

   B. 计算机网络在会计电算化中的广泛应用，提高了数据汇总的速度，增强了企业集中管控的能力

   C. 在会计电算化方式下，会计软件运用适当的处理程序和逻辑控制，能够避免在手工会计处理方式下的某些错误

   D. 内部控制由过去的纯粹人工控制变为由计算机控制

12. 下列关于可扩展业务报告语言（XBRL）的说法正确的有（   ）。

   A. 主要作用在于将财务和商业数据电子化，促进了财务和商业信息的显示、分析和传递

   B. 通过定义统一的数据格式标准，规定了企业报告信息的表达方法

   C. 提供更为精确的财务报告与更具可信度和相关性的信息

   D. 降低数据采集成本提高数据流转及交换效率

13. 下列软件属于数据库管理系统的有（   ）。

   A. Oracle   B. Excel   C. Windows   D. Access

14. 下列关于微机局域网络的说法正确的有（   ）。

   A. 微机局域网络分为 C/S 结构和 B/S 结构两种结构

   B. C/S 结构的优点是技术成熟、相应速度快、适合处理大量数据

   C. C/S 结构只需安装一个浏览器，用户通过浏览器向分布在网络上的服务器发出请求

   D. B/S 结构的优点在于维护和升级方式简单，运行成本低

15. 下列各项中，属于单机结构优点的有（   ）。

   A. 使用简单   B. 配置成本低   C. 数据共享程度高   D. 一致性好

16. 对于应付款一般按照（   ）方式核销。

   A. 单据   B. 存货

   C. 核销是否生成凭证   D. 预付冲应付是否生成转账凭证

17. 下列对科目初始数据录入说法正确的有（   ）。

   A. 在系统中一般只需要对末级科目录入期初余额

   B. 会计科目设置了数量核算，还应该输入相应的数量和单价

   C. 会计科目设置了外币核算，应该先录入本币余额，再录入外币余额

   D. 会计科目设置了辅助核算，应该从辅助账录入期初余额数据

18. 收付结算方式一般包括（   ）。

   A. 现金支票   B. 转账支票   C. 电汇   D. 信汇

19. 在 Excel 中，可利用（   ）方法进行求和运算。

   A. 利用函数进行求和

   B. 利用和运算进行求和

   C. 利用常用工具栏中的"自动求和"按钮进行求和操作

   D. 利用编辑菜单中的"求和"公式进行求和操作

20. 下列函数中，属于统计函数的是（   ）。

   A. MAX   B. SUM   C. COUNT   D. MATCH

三、判断题（本大题 10 小题。每小题 1 分。共 10 分。每小题的判断结果正确的得 1 分，每小题的判断结果错误的得 0 分）

21. ERP 系统软件经历了物料需求计划、制造资源计划、企业资源计划三个阶段。（　　）

22. ERP 系统的目的是整合并优化企业资源，要求数据"来源统一，实时共享"。（　　）

23. 应用软件是计算机各种应用程序的总称，主要功能是处理实际问题或完成某一具体工作。（　　）

24. 多机松散结构适用于数据输入量大的企业。（　　）

25. B/S 结构的优点在于维护和升级方式简单，运行成本低。（　　）

26. 对于一些常用的报表模板中没有提供的报表，在自定义完这些报表的格式和公式后，可以将其定义为报表模块，也可以直接调用。（　　）

27. 期末结账是结束本期的采购业务单据录入和处理，计算本期相关账户的余额，并将账户余额和基础数据转入下期的过程。（　　）

28. 固定资产折旧费用不需要按部门或类别归入不同的成本费用科目。（　　）

29. 输入真分数时，需在数字前加 0 和空格，否则会被当成日期类型。（　　）

30. 活动单元格不一定是当前单元格。（　　）

四、实务题（本大题 15 小题。每小题 4 分，共 60 分）

1.（操作员：刘主管；账套：101 账套；操作日期：2014 年 1 月 1 日）

设置往来单位的地区选项。

地区编码：13

地区名称：国外

2. 打开考生文件夹(D:\Exam\报表\练习考号)下的"资产负债表-1.srp"报表，合并 Al:Fl 单元格。

3.（操作员：刘主管；账套：101 账套；操作日期：2014 年 1 月 1 日）

新增付款方式。

付款方式编码：04

付款方式名称：银行承兑汇票

进行票据管理：需要

4. 打开报表平台，设置报表公式。

打开资产负债表-B2.srp"，完成下列操作后，将报表以原文件名进行保存。

判断并设置 B36、C36 单元格的计算公式。

5.（操作员：刘主管；账套：101 账套；操作日期：2014 年 1 月 1 日）

设置部门档案。

部门编码：12

部门名称：办公室

6.（操作员：李主管；账套：501 账套；操作日期：2014 年 1 月 31 日）

在"管理人员"工资表中，录入以下员工的考勤数据。

职员姓名	事假天数	病假天数
李程	2	1
孙悦		3

7.（操作员：刘主管；账套：201 账套；操作日期：2014 年 1 月 31 日）

1 月 28 日，分配本期职工工资 88 000 元，其中制造 A 产品生产工人工资 30 000 元；

制造 B 产品工人工资 40 000 元；车间管理人员工资 8 000 元；企业管理人员工资 10 000 元。

8．（操作员：李主管；账套：501 账套；操作日期：2014 年 1 月 31 日）

在"1 月份工资表"中设置工资计算公式。

交通费：200

物价补贴：300

实发合计=应发合计-代扣税额

9．（操作员：苏会计；账套：201 账套；操作日期：2014 年 1 月 31 日）

1 月 2 日，开出工行转账支票一张（票号 101）缴纳上月未交增值税 68 000 元，请填制记账凭证。

10．（操作员：赵主管；账套：301 账套；操作日期：2014 年 1 月 31 日）

选择单据号为 0003(单据类型为应收借项)的应收单，生成凭证。

11．（操作员：赵主管；账套：301 账套；操作日期：2014 年 1 月 31 日）

1 月 15 日，由于采购丙材料(已入库)，欠奋发电子有限公司货款 23 400 元。请录入应付单。

应付科目：2202 　　　　金额：23 400

对方科目：1403-03 　　　金额：20 000

　　　　　2221-01-02 　　金额：3400

12．（操作员：李主管；账套：501 账套；操作日期：2014 年 1 月 31 日）

将"销售人员"工资表名称修改为"2014 年 1 月份销售人员工资表"。

13．（操作员：卞会计；账套：202 账套；操作日期：2014 年 1 月 31 日）

将转账第 0002 号凭证的借贷方丙材料的数量全部修改为 1000 千克，每千克 10 元。

14．（操作员：顾主管；账套：202 账套；操作日期：2014 年 1 月 31 日）

复核转账凭证第 0003 号

复核收款凭证第 0001 号

15．（操作员：顾主管；账套：202 账套；操作日期：2014 年 1 月 31 日）

将已审核的转 0005 号凭证进行记账。

全真模拟试题七

一、单项选择题（本大题 10 小题。每小题 1 分，共 10 分。每小题的备选答案中，只有一个符合题意的正确答案，多选、错选、不选均不得分）

1. 下列说法不正确的是（　　）。
   A. 会计软件应当提供不可逆的记账功能
   B. 会计软件应当确保对同类已记账凭证的连续编号
   C. 会计软件可以提供对已记账凭证的删除功能
   D. 会计软件不能提供对已记账凭证的插入功能

2. 会计电算化下，许多会计核算基本上实现了自动化，但（　　）工作仍需手工完成。
   A. 登记账簿　　　　　B. 会计数据的收集　　　C. 记账　　　　　　　D. 审核签字

3. 下列关于计算机网络的说法中，错误的有（　　）。
   A. 局域网是一种在小区域内使用的网络
   B. 城域网的覆盖范围可以是一个国家或多个国家，甚至整个世界
   C. 城域网是作用范围在广域网与局域网之间的网络
   D. 广域网是一种远程网，涉及长距离的通信

4. Lotus 1-2-3 是（　　）。
   A. 文字处理软件　　　B. 表格处理软件　　　　C. 演示软件　　　　　D. 图形软件

5. 下列四条叙述中，正确的是（　　）。
   A. 内存中的信息可以直接被 CPU 访问
   B. 计算机在使用过程中突然断电，RAM 中的信息不会丢失
   C. 计算机在使用过程中突然断电，ROM 中的信息会丢失
   D. 外存储器中的信息可以直接被 CPU 处理

6. 以下需要设置账龄区间的模块是（　　）。
   A. 账务处理模块　　　B. 固定资产模块　　　　C. 工资模块　　　　　D. 应收模块

7. 月末结转时将要生成新月份的工资数据表，在该表中需要清零的是（　　）。
   A. 变动数据项　　　　B. 固定数据项　　　　　C. 字符数据项　　　　D. 数值数据项

8. 固定资产核算系统中，不属于资产变动的是（　　）。
   A. 原值变动　　　　　B. 部门转移　　　　　　C. 使用状况变动　　　D. 代码变动

9. Excel 工作表中，为显示数据的组成部分，可插入（　　）图表。
   A. 饼图　　　　　　　B. 散点图　　　　　　　C. 折线图　　　　　　D. 柱状图

10. 在公式运算中，如果要引用第 4 行的绝对地址，第 C 列的相对地址，则应为（　　）。
    A. 4C　　　　　　　B. C$4　　　　　　　　C. 4C　　　　　　　　D. $C4

二、多项选择题（本大题 10 小题。每小题 2 分，共 20 分。每小题备选答案中，有两个或两个以上符合题意的正确答案，多选、少选、错选均不得分）

11. 下列选项中，属于会计核算软件功能模块的有（　　）。
    A. 账务处理系统　　　B. 财务管理系统　　　　C. 会计报表系统　　　D. 会计管理系统

12. 固定资产模块可以实现（　　　）。

    A. 固定资产的会计核算　　　　　　　　B. 固定资产折旧计提和分配

    C. 固定资产统计分析　　　　　　　　　D. 固定资产卡片管理

13. 下列软件中，属于系统软件的有（　　　）。

    A. 操作系统　　　　B. 语言处理程序　　　C. 企业管理软件　　　D. 各种用途的软件包

14. 防止黑客进入的主要措施有（　　　）。

    A. 制定相关法律　　　B. 采用防火墙　　　C. 安装防毒软件　　　D. 数据加密

15. 下列属于辅助存储器的有（　　　）。

    A. RAM　　　　　　B. 软盘　　　　　　C. 硬盘　　　　　　D. 光盘

16. 下列（　　　）可以在数据状态下输入。

    A. 输入数据　　　　B. 增加表页　　　　C. 报表汇总　　　　D. 制作图形

17. 工资核算系统的建账工作内容主要包括（　　　）。

    A. 工资类别等参数设置　　　　　　　　B. 计算公式的设置

    C. 扣税和扣零设置　　　　　　　　　　D. 职工编码规则设置

18. 支票领用时需要登记的内容包括（　　　）。

    A. 领用部门　　　　B. 领用人信息　　　C. 领用日期　　　　D. 支票用途

19. 下列快捷键使用正确的有（　　　）。

    A. 复制：Ctrl+X　　B. 粘贴：Ctrl+V　　C. 查找：Ctrl+F　　D. 替换：Ctrl+H

20. 在 Excel 中，修改工作表名字的操作可以从（　　　）工作表标签开始。

    A. 用鼠标右键双击　　　　　　　　　　B. 用鼠标右键单击

    C. 用鼠标左键双击　　　　　　　　　　D. 按住 Ctrl 键的同时用鼠标左键单击

三、判断题（本大题 10 小题。每小题 1 分，共 10 分。每小题的判断结果正确的得 1 分，每小题的判断结果错误的得 0 分）

21. 会计软件应当具有符合国家统一标准的数据接口，满足内部和外部会计监督的需要。（　　　）

22. 客户以远程访问、云计算等方式使用会计软件生成的电子会计资料不能归客户所有。（　　　）

23. 计算机病毒造成的损坏主要是程序和数据。（　　　）

24. 汇编语言在计算机中不需要编译，能直接执行。（　　　）

25. 安装会计软件前要确保计算机的操作系统符合会计软件运行要求，可能要对操作系统进行一些简单的配置，检查完操作系统后即可安装会计软件。（　　　）

26. 对工资费用分配定义转账关系后，系统才会自动生成转账凭证。（　　　）

27. 固定资产变动影响折旧的因素有年限调整、折旧方法调整、使用部门变动等。（　　　）

28. 在会计核算软件中，可以选定多个会计期间同时结账。（　　　）

29. 如果要对数据清单进行分类汇总，必须对要分类汇总的字段排序，从而使相同的记录集中在一起。（　　　）

30. MATCH 属于查找与引用函数。（　　　）

四、实务题（本大题 15 小题。每小题 4 分，共 60 分）

1.（操作员：系统主管；账套：101 账套；操作日期：2014 年 1 月 1 日）

增加部门档案。

部门编码：11

部门名称：销售部

2．打开报表平台，设置报表公式。

打开考生文件夹（D:\Exam\会计电算化\练习考号）下的"资产负债表-B3. srp"，完成下列操作后，将报表以原文件名进行保存。

利用本表单元格间的勾稽关系，计算 F34 单元格的公式，并设置 E28 单元格的计算公式。

3．（操作员：刘主管；账套：101 账套；操作日期：2014 年 1 月 1 日）

设置职员类型。

职员类型编码：011

职员类型名称：在职人员

4．（操作员：李主管；账套：501 账套；操作日期：2014 年 1 月 31 日）

将"销售人员"工资表生成记账凭证。

选择公式：销售人员：实发合计

设置科目：贷方科目：2211-01 工资；借方科目：6601-01 工资

5．（操作员：刘主管；账套：101 账套；操作日期：2014 年 1 月 1 日）

新增付款方式。

付款方式编码：03

付款方式名称：转账支票

进行票据管理：需要

6．（操作员：李主管；账套：501 账套；操作日期：2014 年 1 月 31 日）

将"部门工资表"名称修改为"办公室部门工资表"。

7．（操作员：苏会计；账套：201 账套；操作日期：2014 年 1 月 31 日）

1 月 22 日，经批准，将上期期末盘亏存货 9 000 元转做管理费用。

8．（操作员：李主管；账套：501 账套；操作日期：2014 年 1 月 31 日）

新增并设置工资项目。

工资表名：1 月份工资表

项目名称：加班补贴

类型：数字

长度：8

小数：2

9．（操作员：苏会计；账套：201 账套；操作日期：2014 年 1 月 31 日）

1 月 20 日，以工行转账的形式支付本期工资 80 000 元。

10．（操作员：赵主管；账套：301 账套；操作日期：2014 年 1 月 31 日）

1 月 17 日，由于采购乙材料(已入库)，欠三乐电子有限公司货款 17 000 元。请录入应付单。

应付科目：2202　　金额：17 000

对方科目：1403-02　　金额：17 000

11．（操作员：赵主管；账套：301 账套；操作日期：2014 年 1 月 31 日）

选择单据号为 0002（单据类型为应收借项）的应收单，生成凭证。

12．（操作员：王主管；账套：601 账套；操作日期：2014 年 1 月 31 日）

设置固定资产变动方式。

固资变动方式编码：06

固资变动方式名称：接受捐赠

变动类型：增加固定资产

13．（操作员：王主管；账套：601 账套；操作日期：2014 年 1 月 31 日）

新增固定资产。

卡片编号：0001

资产编号：3001

固资名称：奇瑞汽车

固资类别：交通设备

使用状态：使用中

增加方式：购入

原值：107 000

预计净残值：1000

增加日期：2014-1-15

使用部门：办公室

折旧费用科目：6602-01 折旧费

折旧方法：平均年限法

预计使用年限：6（年）

14．新建账套，要求如下：

（1）账套名称：中脉科技有限公司

（2）采用的会计制度：企业会计制度

（3）科目预置．生成预设科目

（4）本位币编码：USD

（5）本位币名称：美元

（6）账套启用时间：2014-1-1

15．（操作员：卞会计；账套：202 账套；操作日期：2014 年 1 月 31 日

作废转账凭证的第 0003 号凭证。

作废付款凭证的第 0004 号凭证。

全真模拟试题八

一、单项选择题（本大题 10 小题。每小题 1 分，共 10 分。每小题的备选答案中，只有一个符合题意的正确答案，多选、错选、不选均不得分）

1. 商品化会计软件与定点开发会计软件的最大区别在于（   ）。
   A. 是否准确　　　　B. 是否通用　　　　C. 是否迅速　　　　D. 是否安全
2. 会计信息系统简称（   ）。
   A. AIS　　　　　　B. BIS　　　　　　C. ALS　　　　　　D. BLS
3. 下列表述中对计算机病毒的检测方法说法正确的是（   ）。
   A. 计算机病毒的检测方法有人工检测与定期检测
   B. 人工检测是通过诊断软件来判断系统是否有计算机病毒
   C. 自动检测比较简单，一般用户都可以进行
   D. 自动检测是通过软件工具进行病毒检测
4. 使用编译或解释两种方式将高级语言编写的源程序翻译成机器指令，下列表述中正确的是（   ）。
   A. 机器语言经编译方式转换为计算机能执行的指令
   B. 汇编语言必须经解释方式转换为计算机能执行的指令
   C. 编译方式是将源程序逐句翻译，边翻译边执行
   D. 解释过程不产生目标程序
5. 下列（   ）不属于操作系统。
   A. OFFICE　　　　B. DOS　　　　　C. Windows XP　　　D. Windows 2000
6. 应收账款核算系统中录入的销售发票的发票号在本年内不能（   ）。
   A. 跳号　　　　　B. 重复　　　　　C. 跳号或重复　　　D. 可跳号重复
7. 下列关于凭证记账描述中，表述错误的是（   ）。
   A. 期初余额不平衡，不能记账
   B. 上月未结账，本月可以记账
   C. 未被审核的凭证不能记账
   D. 一个月可以一天记一次账，也可以一天记多次账，还可以多天记一次账
8. 在总账系统中，只要有凭证审核权，就可以审核（   ）。
   A. 自己输入的凭证　　　　　　　　　B. 任何人输入的凭证
   C. 自己以外的其他人输入的凭证　　　D. 以上全部
9. （   ）用于返回数值参数中最大值。
   A. MIN　　　　　　B. MAX　　　　　C. SUM　　　　　D. SUMIF
10. 给 Excel 文件加上读写权限，进行加密设置，应采用的操作是（   ）。
    A. 在"另存为"对话框中，打开"保存选项"对话框进行设置
    B. 通过"审阅"页签下的"保护工作表"命令进行设置
    C. 通过"审阅"页签下的"保护工作簿"命令进行设置
    D. 通过"属性"对话框进行设置

二、多项选择题（本大题 10 小题。每小题 2 分，共 20 分。每小题备选答案中，有两个或两个以上符合题意的正确答案，多选、少选、错选均不得分）

11. 下列说法中，属于购买通用会计软件优点的有（　　）。

A. 软件的针对性较强

B. 企业投入少，见效快，实现信息化的过程简单

C. 软件性能稳定，质量可靠

D. 当会计软件需要改进时，能够及时纠错和调整

12. 会计电算化方式下，与会计工作相关的内部控制形式可以是（　　）。

A. 人工与计算机相结合 　　　　　　　B. 无须人工控制

C. 控制措施融入会计信息系统 　　　　D. 控制范围更加广泛

13. 下列描述属于感染计算机病毒的主要症状的有（　　）。

A. 系统启动时间比平时长，运行速度减慢

B. 系统异常重新启动

C. 系统不识别硬盘

D. 系统的蜂鸣器出现异常响声

14. 下列软件中，属于系统软件的有（　　）。

A. 操作系统　　　B. 语言处理程序　　　C. 企业管理软件　　　D. 各种用途的软件包

15. 按功能划分，键盘总体可分为（　　）。

A. 主键盘区　　　B. 功能键区　　　C. 编辑控制键区　　　D. 数字键区

16. 下列（　　）可以在数据状态下输入。

A. 输入数据　　　B. 增加表页　　　C. 报表汇总　　　D. 制作图形

17. 工资费用分摊项目一般包括（　　）。

A. 应付工资　　　B. 应付福利费　　　C. 职工教育经费　　　D. 工会经费

18. 下列属于账务处理模块中控制参数设置内容的有（　　）。

A. 制单序时控制 　　　　　　　　　　B. 现金流量项目必录设置

C. 出纳凭证必须经由出纳签字设置 　　D. 资金及往来赤字控制

19. 下列可以关闭 Excel 文件的是（　　）。

A. 使用快捷键 Ctrl+F4 　　　　　　　B. 单击文件菜单中的"关闭"命令

C. 单击工具栏中的"关闭"命令 　　　D. 使用快捷键 Ctrl+N

20. Excel 提供了（　　）等 14 类 100 多种基本图表。

A. 柱形图　　　B. 条形图　　　C. 气泡图　　　D. 三维图

三、判断题（本大题 10 小题。每小题 1 分，共 10 分。每小题的判断结果正确的得 1 分，每小题的判断结果错误的得 0 分）

21. 存货核算、工资管理、固定资产管理、项目管理等模块均可从成本管理模块获得有关的成本数据。（　　）

22. 会计信息系统的实质是将会计信息转换为会计数据的系统。（　　）

23. 按照地理有效范围，我们将计算机网络分为局域网、都市网、广域网和互联网。（　　）

24. 单机结构适用于数据输入量大的企业。（　　）

25. 为防止硬盘上的会计数据遭到意外或被人为破坏，用户需要定期将硬盘数据备份到其他磁性介质上。（　　）

26. 经营租出的固定资产，不需计提折旧。（　　）

27. 资金日报表以月为单位，列示现金、银行存款科目当月累计借方发生额和贷方发生额，计算出当月的余额，并累计当月发生的业务笔数，对每月的资金收支业务、金额进行详细汇报。（　　）

28. 对账完成后，系统根据本期期末的银行存款日记账的余额、银行对账单的余额对未达账项进行调整，自动生成银行存款余额调节表，调整后，银行存款日记账和银行对账单的余额应该相等。（　　）

29. 对 Excel 中数据清单中的记录进行排序操作时，只能进行升序操作。（　　）

30. 用户可以根据 Excel 自带的宏语言，自行编写和开发满足自身管理需要的应用系统，有效运用和扩大 Excel 的功能。（　　）

四、实务题（本大题 15 小题。每小题 4 分，共 60 分）

1. （操作员：刘主管；账套：101 账套；操作日期：2014 年 1 月 1 日）

设置职员类型。

职员类型编码：013

职员类型名称：离休人员

2. （操作员：赵主管；账套：301 账套；操作日期：2014 年 1 月 31 日）

选择单据号为 0003(单据类型为应收借项)的应收单，生成凭证。

3. （操作员：刘主管；账套：101 账套；操作日期：2014 年 1 月 1 日）

设置部门档案。

部门编码：13

部门名称：生产车间

4. （操作员：赵主管；账套：301 账套；操作日期：2014 年 1 月 31 日）

1 月 15 日，由于采购丙材料(已入库)，欠奋发电子有限公司货款 23 400 元。请录入应付单。

应付科目：2202　　金额：23 400

对方科目：1403-03　　金额：20 000

2221-01-02　　金额：　3400

5. （操作员：王主管；账套：601 账套；操作日期：2014 年 1 月 31 日）

新增固定资产。

卡片编号：0003

资产编号：4001

固资名称：传真机

固资类别：电子产品及通信设备

使用状态：使用中

增加方式：直接购入

原值：1500

增加日期：2014-01-28

使用部门：办公室

折旧费用科目：6602-01 折旧费

折旧方法：平均年限法

预计使用年限：15（年）

6. 打开报表平台，设置报表公式。

打开考生文件夹（D:\Exam\会计电算化\练习考号\）下的"资产负债表-B4.srp"，完成下列操作后，将报表以原文件名进行保存。

判断并设置 C17、E18 单元格的计算公式。

7．（操作员：苏会计；账套：201 账套；操作日期：2014 年 1 月 31 日）

1 月 8 日，办公室杨颖用现金购买办公用品 5500 元，请填制记账凭证。

8．打开报表平台，设置报表格式并保存文件。

打开考生文件夹（D:\Exam\报表\练习考号\）下的"利润表-2.srp"报表，设置 A1 单元格的文字为"黑体"，24 号字，加下划线。

9．（操作员：刘主管；账套：101 账套；操作日期：2014 年 1 月 31 日）

1 月 23 日，从银行提现 10 000 元。

10．（操作员：李主管；账套：501 账套；操作日期：2014 年 1 月 31 日）

将"销售人员"工资表名称修改为"2014 年 1 月份销售人员工资表"。

11．（操作员：李主管；账套：501 账套；操作日期：2014 年 1 月 31 日）

修改并设置工资项目。

工资表名：1 月份工资表

项目名称：岗位工资

类型：数字

长度：12

小数：2

12．（操作员：李主管；账套：501 账套；操作日期：2014 年 1 月 31 日）

将市场部王少华的事假天数修改为 1 天，请重新计算"管理人员"工资表数据。

13．（操作员：李主管；账套：501 账套；操作日期：2014 年 1 月 31 日）

在"1 月份工资表"中设置工资计算公式。

交通费：200

物价补贴：300

实发合计=应发合计-代扣税额

14．（操作员：赵主管；账套：301 账套；操作日期：2014 年 1 月 31 日）

1 月 23 日，由于采购甲材料（已入库，数量：100，单价：600），欠正基实业有限公司货款 60 000 元。请录入应付单。

应付科目：2202　　金额：60 000

对方科目：1403-01　金额：60 000

15．（操作员：赵主管；账套：301 账套；操作日期：2014 年 1 月 31 日）

选择单据号为 0001（单据类型为应付贷项）的应付单，生成凭证。

全真模拟试题九

一、单项选择题（本大题 10 小题。每小题 1 分，共 10 分。每小题的备选答案中，只有一个符合题意的正确答案，多选、错选、不选均不得分）

1. 会计软件和服务的规范中，关于供应商的规定不正确的是（   ）。
   A. 软件供应商应当努力提高会计软件相关服务质量，按照合同约定及时解决用户使用中的故障问题
   B. 鼓励软件供应商采用呼叫中心、在线客服等方式提供实时技术支持
   C. 软件供应商应当努力提高会计软件相关服务质量，及时解决用户使用中计算机故障问题
   D. 软件供应商应当就如何通过会计软件开展会计监督工作，提供专门教程和相关资料

2. 主要是对企业的项目进行核算、控制与管理的是（   ）。
   A. 预算管理模块　　　B. 项目管理模块　　　C. 报表管理模块　　　D. 成本管理模块

3. 下列软件中，（   ）不属于数据库管理系统。
   A. Access　　　　　B. FoxPro　　　　　C. SQL Server　　　D. FTP

4. 系统软件中的核心是（   ）。
   A. 操作系统　　　　B. 语言处理程序　　　C. 工具软件　　　　D. 数据库管理系统

5. 下列说法正确的是（   ）。
   A. 客户机是提供某些服务的程序
   B. 服务器是一个需要某些服务的程序
   C. 交换机各自使用自己的宽带，上网互不影响
   D. 交换机是共用一个宽带账号，上网要相互影响

6. 报表管理系统中，可以用（   ）来唯一标志一个表页。
   A. 单元　　　　　　B. 函数　　　　　　C. 区域　　　　　　D. 关键字

7. 下列关于系统结账的说法，正确的是（   ）。
   A. 本系统结账与其他子系统相互独立
   B. 如果与其他子系统联合使用，其他子系统没有结账，本系统不能结账
   C. 如果其他系统没有结账，可以先结本系统，再补结其他系统
   D. 结账后发现有未记账凭证的，可以补记

8. 下面属于科目账查询范围的是（   ）。
   A. 客户往来明细账　　　　　　　　　B. 项目核算明细账
   C. 余额表　　　　　　　　　　　　　D. 部门核算明细账

9. 下列地址中使用相对地址的是（   ）。
   A. A1　　　　　　　B. A1　　　　　　　C. $A1　　　　　　D. A$1

10. 关于公式的运算次序说法中，不正确的是（   ）。
    A. 对于只由一个运算符或者多个优先级次相同的运算符构成的公式，Excel 将按照从左到右的顺序自动进行运算
    B. 对于由多个优先级次不同的运算符构成的公式，Excel 将自动按照公式中运算符优先级次从高到低进行运算

C. 为了改变运算优先顺序，应将公式中需要最先计算的部分使用一对中括号括起来

D. 公式中左右小圆括号的对数超过一对时，Excel 将自动按照从内向外的顺序进行计算

二、多项选择题（本大题 10 小题。每小题 2 分，共 20 分。每小题备选答案中，有两个或两个以上符合题意的正确答案，多选、少选、错选均不得分）

11. 对委托外部单位开发方式配备会计软件说法正确的有（　　）。

A. 这种配备方式下的会计核算软件的针对性较强，降低了用户的使用难度

B. 这种配备方式系统开发要求高、周期长、成本高

C. 这种配备方式开发人员需要花费大量的时间了解业务流程和客户需求，延长开发时间

D. 这种配备方式下外部单位的服务与维护承诺不易做好

12. 购买通用会计软件即可获得软件的（　　）服务。

A. 使用　　　　　B. 维护　　　　　C. 升级　　　　　D. 人员培训

13. 防范计算机病毒的措施包括（　　）。

A. 使用正版软件，杜绝购买盗版软件　　　B. 经常升级杀毒软件

C. 经常检测系统内存　　　　　　　　　　D. 在计算机上安装防火墙

14. 处理设备主要是指计算机主机，中央处理器主要包括（　　）。

A. 运算器　　　　B. 控制器　　　　C. 寄存器　　　　D. 存储器

15. 下列属于计算机输入设备的有（　　）。

A. CPU　　　　　B. 鼠标　　　　　C. 扫描仪　　　　D. POS 机

16. 属于工资核算模块初始化设置的有（　　）。

A. 部门设置　　　B. 工资项目设置　　C. 工资计算公式定义　　D. 客户设置

17. 下列关于审核的操作控制说法正确的有（　　）。

A. 审核人员和记账人员不能是同一个人

B. 审核凭证只能由具有审核权限的人员进行

C. 已经通过审核的凭证不能被直接修改或者删除

D. 凭证通过审核后方可被记账

18. 会计科目的辅助核算包括（　　）。

A. 往来核算　　　B. 部门核算　　　C. 项目核算　　　D. 明细账核算

19. 下列对 Excel 的引用类型说法正确的有（　　）。

A. 引用类型包括相对引用、绝对引用和直接引用

B. 单元格绝对引用的表示符号是 $

C. Excel 默认使用的单元格引用是相对引用

D. 输入完单元格地址后，重复按 F4 键可选择合适的引用类型

20. Excel 的数据类型包括（　　）。

A. 数值型数据　　B. 字符型数据　　C. 逻辑型数据　　D. 日期型数据

三、判断题（本大题 10 小题。每小题 1 分，共 10 分。每小题的判断结果正确的得 1 分，每小题的判断结果错误的得 0 分）

21. 会计核算软件可以将分散的数据统一汇总到会计软件证进行集中处理，提高了数据汇总速度，而且增强了企业集中管控的能力，是会计电算化的会计核算自动化、集中化的特点。（　　）

22. 降低数据采集成本，提高数据流转及交换效率是 XBRL 的一个优势。（　　）

23. 如果新版软件更能满足实际需要，企业应该对软件进行升级。（　　）

24．为防止硬盘上的会计数据遭到意外或被人为破坏，用户需要定期将硬盘上的数据备份到 U 盘上。（　　）

25．随 Windows95 操作系统流行的是 83 键键盘。（　　）

26．固定资产模块月末提供账表查询功能，根据不同标准对数据进行分类汇总，以满足各方面管理决策的需求。（　　）

27．用户可以在系统中查询和修改银行余额调节表。（　　）

28．已经通过审核的凭证可以由审核人员直接修改或删除。（　　）

29．通过 Excel，用户可以创建超级链接，获取局域网或互联网上的共享数据，也可以将自己的工作簿设置成共享文件，保存在互联网的共享网站中。（　　）

30．每个工作簿含有工作表的张数不受计算机内存的限制。（　　）

四、实务题（本大题 15 小题。每小题 4 分，共 60 分）

1．（操作员：刘主管；账套：101 账套；操作日期：2014 年 1 月 1 日）

设置职员档案。

职员编码：101

职员名称：张延

所属部门：人事部

职员类型：管理人员

2．（操作员：李主管；账套：501 账套；操作日期：2014 年 1 月 31 日）

新增并设置工资项目。

工资表名：1 月份工资表

项目名称：住房公积金

类型：数字

长度：10

小数：2

3．（操作员：系统主管；账套：101 账套；操作日期：2014 年 1 月 1 日）

新增客户档案。

单位编码：101

单位名称：天津国名有限责任公司

4．（操作员：李主管；账套：501 账套；操作日期：2014 年 1 月 31 日）

将管理部齐玉的病假天数修改为 2 天，请重新计算"管理人员"工资表数据。

5．（操作员：刘主管；账套：101 账套；操作日期：2014 年 1 月 1 日）

新增供应商往来单位。

单位编码：001

单位名称：三乐电子有限公司

单位类型：无

付款条件：现金

所属地区：华北区

6．（操作员：李主管；账套：501 账套；操作日期：2014 年 1 月 31 日）

新增并设置工资项目。

工资表名：1 月份工资表

项目名称：加班补贴

类型：数字

长度：8

小数：2

7.（操作员：王主管；账套：601 账套；操作日期：2014 年 1 月 31 日）

新增固定资产。

卡片编号：0004

资产编号：1001

固资名称：空调

固资类别：通用设备

使用状态：使用中

增加方式：购入

原值：8000

预计净残值：100

增加日期：2014-01-10

使用部门：办公室

折旧费用科目：6602-01 折旧费

折旧方法：平均年限法

预计使用年限：20(年)

8.（操作员：李主管；账套：501 账套；操作日期：2014 年 1 月 31 日）

在"管理人员"工资表中，录入以下员工的考勤数据。

职员姓名	事假天数	病假天数
李程	2	1
孙悦		3

9.（操作员：苏会计；账套：201 账套；操作日期：2014 年 1 月 31 日）

1 月 4 日，支付销售网点的展览费 5000 元，工行转账支票号码 104，请填制记账凭证。

10.（操作员：赵主管；账套：301 账套；操作日期：2014 年 1 月 31 日）

1 月 17 日，由于采购乙材料(已入库)，欠三乐电子有限公司货款 17 000 元。请录入应付单。

应付科目：2202　　　金额：17 000

对方科目：1403-02　　金额：17 000

11.（操作员：刘主管；账套：201 账套；操作日期：2014 年 1 月 31 日）

1 月 9 日，结转本月工资费用 200 000 元，其中，管理人员工资 20 000 元，销售人员工资 20 000 元，车间管理人员工资 20 000 元，生产 A 产品工人工资 80 000 元，生产 B 产品工人工资 60 000 元，请填制记账凭证。

12.（操作员：赵主管；账套：301 账套；操作日期：2014 年 1 月 31 日）

选择单据号为 0002(单据类型为应收借项)的应收单，生成凭证。

13.（操作员：顾主管；账套：202 账套；操作日期：2014 年 1 月 31 日）

将已审核的转 0006 号凭证进行记账。

14．打开报表平台，设置报表公式。

打开考生文件夹（D:\Exam\会计电算化\练习考号\）下的"资产负债表—B4.srp"，完成下列操作后，将报表以原文件名进行保存。

判断并设置 C17、E18 单元格的计算公式。

15．（操作员：苏会计；账套：201 账套；操作日期：2014 年 1 月 31 日）

1 月 30 号，车间产品生产完工入库，进行成本结转，其中，A 产品完工产品成本为 10 000 元，B 产品完工产品成本为 20 000 元。

全真模拟试题十

一、单项选择题（本大题10小题。每小题1分，共10分。每小题的备选答案中，只有一个符合题意的正确答案，多选、错选、不选均不得分）

1. 下列配备方式中，成本最高的是（　　）。
   A. 购买通用会计软件
   B. 自行开发
   C. 委托外部单位开发
   D. 企业与外部单位联合开发

2. （　　）是专门用于会计核算、财务管理的计算机软件、软件系统及其功能模块。
   A. 会计电算化　　　B. 会计信息化　　　C. 会计软件　　　D. 会计信息系统

3. 安装会计软件的前期准备之前，必须首先要做的是（　　）。
   A. 确保计算机的操作系统符合会计软件的运行要求
   B. 安装数据库管理系统
   C. 安装计算机缺少的支撑软件
   D. 进行病毒的查杀

4. 下列关于计算机硬件设备组成部分的描述中，不正确的是（　　）。
   A. 扫描仪在会计软件中一般用来完成原始凭证和单据的扫描
   B. 会计软件中的各种数据一般存储在外存储器中
   C. 处理设备主要是指中央处理器
   D. 随机存储器断电后，数据将消失

5. 使用编译或解释两种方式将高级语言编写的源程序翻译成机器指令，下列表述正确的是（　　）。
   A. 机器语言经编译方式转换为计算机能执行的指令
   B. 汇编语言必须经解释方式转换为计算机能执行的指令
   C. 编译方式是将源程序逐句翻译，边翻译边执行
   D. 解释过程不产生目标程序

6. 新建的报表，所有单元的单元类型均默认为（　　）。
   A. 常规　　　　　B. 数值　　　　　C. 字符　　　　　D. 表样

7. 支票领用时登记的内容不包括（　　）。
   A. 领用部门　　　B. 领用日期　　　C. 支票类型　　　D. 支票用途

8. 用友T3中，系统管理员可以（　　）。
   A. 启用账套　　　B. 管理年度账　　　C. 设置操作员权限　　　D. 修改账套信息

9. 使用Excel的数据筛选功能，是将（　　）。
   A. 满足条件的记录显示出来，而删除掉不满足条件的数据
   B. 不满足条件的记录暂时隐藏起来，只显示满足条件的数据
   C. 不满足条件的数据用另外一个工作表来保存
   D. 将满足条件的数据突出显示

10. 在Excel中指定A2至A6五个单元格的表示形式是（　　）。
    A. A2，A6　　　B. A2&A6　　　C. A2；A6　　　D. A2:A6

二、多项选择题（本大题 10 小题。每小题 2 分，共 20 分。每小题备选答案中，有两个或两个以上符合题意的正确答案，多选、少选、错选均不得分）

11. 工资管理模块，主要完成（   ），并按照部门、项目、个人时间等条件进行工资分析、查询和打印输出。

    A. 职工工资数据的收集   B. 员工工资的核算

    C. 工资费用的汇总   D. 个人所得税计算

12. 会计信息系统根据信息技术的影响程度可划分为（   ）。

    A. 会计核算系统   B. 手工会计信息系统

    C. 传统自动化会计信息系统   D. 现代会计信息系统

13. 防止黑客进入的主要措施有（   ）。

    A. 制定相关法律   B. 采用防火墙   C. 安装防毒软件   D. 数据加密

14. 网络连接设备包括（   ）。

    A. 服务器   B. 中继器   C. 交换机   D. 路由器

15. 控制器的主要功能有（   ）。

    A. 控制计算机各部件自动连续地工作   B. 控制计算机各部件协调工作

    C. 进行逻辑测试   D. 从内存中读取指令和执行指令

16. 报表处理子系统功能设计比较完整、全面，其优点是在于（   ）。

    A. 可以完全提供会计报表编制、打印功能

    B. 使用起来比较烦琐，用户必须具备一定的专业知识，很难在短时间内被广大财务人员所接受

    C. 能够从相关的账务软件模块或其他核算模块中自动提取数据

    D. 可以进行报表数据的计算

17. 下列说法正确的有（   ）。

    A. 企业固定资产增加或减少的具体方式不同，其固定资产的确认和计量方法也不同

    B. 设置折旧方法是系统自动计算折旧的基础

    C. 折旧对应科目的设置，便于系统根据部门生成折旧凭证

    D. 企业可以根据需要定义适合自己的折旧方法的名称和计算公式

18. 关于编码方案，以下说法正确的是（   ）。

    A. 具体的编码规则包括编码级次、各级编码长度及其含义

    B. 编码符号能唯一地确定被标识的对象

    C. 设置编码的对象包括部门、职员、客户、供应商、科目等

    D. 科目编码方案为 4-2-2，则 100201 是二级科目

19. 在 Excel 中，不能将字符型的值进行连接的字符运算符有（   ）。

    A. #   B. ?   C. $ D. &

20. Excel 中，选取大范围区域，先单击区域左上角的单元格，将鼠标指针移到区域的右下角，然后（   ）。

    A. 按 Shift 键，同时单击对角单元格   B. 按 Shift 键，同时用方向键拉伸欲选区域

    C. 按 Ctrl 键，同时单击单元格   D. 按 Ctrl 键，同时双击对角单元格

三、判断题（本大题 10 小题。每小题 1 分，共 10 分。每小题的判断结果正确的得 1 分，每小题的判断结果错误的得 0 分）

21. 企业会计资料的归档管理，应遵循会计法的规定。（   ）

22. 会计软件可以提供对已记账凭证的删除和插入功能。（　　）

23. 为防止硬盘上的会计数据遭到意外或被人为破坏，用户需要定期将硬盘上的数据备份到 U 盘上。（　　）

24. 在安装会计软件前，技术人员必须首先确保计算机的操作系统符合会计软件的运行要求。（　　）

25. 系统软件是为解决各类实际问题而专门设计的软件。（　　）

26. 工资数据处理结果最终通过工资报表的形式反映。（　　）

27. 结账工作由计算机自动进行数据处理，每月可多次进行。（　　）

28. 账套主管可以对用户的密码进行修改。（　　）

29. 单击分类汇总工作表窗口左边的分级显示区中的按钮"1"，实现的功能是显示列表中所有的详细数据。（　　）

30. 用户可以根据 Excel 自带的宏语言，自行编写和开发满足自身管理需要的应用系统，有效运用和扩大 Excel 的功能。（　　）

四、实务题（本大题 15 小题。每小题 4 分，共 60 分）

1.（操作员：苏会计；账套：201 账套；操作日期：2014 年 1 月 31 日）

1 月 15 日，开出工行转账支票(支票号码 007)预缴 1 月份所得税 300 000 元，请填制记账凭证

2.（操作员：李主管；账套：501 账套；操作日期：2014 年 1 月 31 日）

设置工资项目。

工资表名：1 月份工资表

项目名称：事假扣款

类型：数字

长度：10

小数：2

3.（操作员：苏会计；账套：201 账套；操作日期：2014 年 1 月 31 日）

1 月 31 日，计提所得税费用 80 000 元，请填制记账凭证。

4.（操作员：李主管；账套：501 账套；操作日期：2014 年 1 月 31 日）

将办公室张亮的事假天数修改为 1 天，基本工资上调至 3200 元，请重新计算"管理人员"工资表数据。

5.（操作员：苏会计；账套：201 账套；操作日期：2014 年 1 月 31 日）

1 月 23 日，管理部门用现金支付业务招待费 3000 元，请填制记账凭证。

6.（操作员：赵主管；账套：301 账套；操作日期：2014 年 1 月 31 日）

1 月 20 日，长城有限公司欠货款 11 700 元，请录入应收单。

摘要：应收所欠货款

应收科目：1122 金额：11 700

对方科目：6001 金额：10 000

2221-01-01 金额：1700

7.（操作员：刘主管；账套：201 账套；操作日期：2014 年 1 月 31 日）

1 月 20 日，以工行存款支付销售 A 商品应负担的运输费 80 000 元。填制记账凭证。

8.（操作员：赵主管；账套：301 账套；操作日期：2014 年 1 月 31 日）

选择单号为 0001（单据类型为应付贷项）的应付单，生成凭证。

9.（操作员：苏会计；账套：201 账套；操作日期：2014 年 1 月 31 日）

1 月 30 日，计提短期借款利息 8000 元，请填制记账凭证。

10．打开报表平台，设置报表格式并保存文件。

打开考生文件夹（D:\Exam\报表\练习考号\）下的"利润表-1.srp"报表，设置 B 列的列宽为 83。

11．（操作员：苏会计；账套：201 账套；操作日期：2014 年 1 月 31 日）

1 月 26 日，计提本月固定资产折旧 4000 元，其中管理部门 2000 元，生产车间 2000 元，请填制记账凭证。

12．打开报表平台，设置报表公式。

打开考生文件夹（D:\Exam\报表\练习考号\）下的"资产负债表-B1.srp"，完成下列操作后，将报表以原文件名进行保存。

利用本表单元格间的勾稽关系，计算 E34 单元格的值，并设置 E35 单元格的计算公式。

13．（操作员：刘主管；账套：101 账套；操作日期：2014 年 1 月 31 日）

设置固定资产类别。

固定资产类别编码：1

固定资产类别名称：通用设备

折旧类型：正常计提折旧

折旧方法：平均年限法

预计使用年限：50（年）

预计净残值率：5%

14．（操作员：王主管；账套：601 账套；操作日期：2014 年 1 月 31 日）

设置固定资产变动方式。

固资变动方式编码：16

固资变动方式名称：正常报废

变动类型：减少固定资产

15．（操作员：苏会计；账套：201 账套；操作日期：2014 年 1 月 31 日）

1 月 28 日，按工资比例 2.5% 计提销售人员职工教育经费 2500 元，请填制记账凭证。